하나님이 우리에게 허락하시는 충만함으로 하나님을 아는 것은 오늘날 교회의 가장 고귀한 우선순위이며 가장 위대한 특권이다. 신비의 위엄에 대한 스콧 올리핀트 박사의 설명은 매우 강렬하다. 우리 시대에 만연한, 가볍고 저급한 신학에 적절히 대처하게 도와주는 시기적절한 책이다.
오스 기니스, 『소명』 저자

하나님이 신비로운 분임을 처음 들을 때 우리는 그분이 이해할 수 없는 분이라고 생각한다. 그러나 이 범상치 않은 책에서 스콧 올리핀트 박사가 주장하는 것은 오히려 정반대다. 그는 하나님의 신비야말로 우리가 하나님을 아는 데 대한 유일한 소망을 제공한다는 점을 성경을 통해 입증한다. 하나님의 위대하심 때문에 우리가 하나님을 이해할 수 있다는 것이다. 하나님은 우리의 모든 생각을 초월하신다. 그러나 하나님은 그 사랑 안에서 뜻을 이루기 위해 수치를 감내하셨다. 신비가 우리 삶 모든 영역에 스며들지 않는다면, 우리는 흐릿하고 무의미한 존재로 남게 될 것이다. 이 책은 냉랭한 신학 연구와는 전혀 거리가 멀다. 이 책은 우리로 하여금 찬양하게 한다! 이 책을 손에서 내려놓는 순간, 독자들은 "이 책 정말 대단한걸!"이 아니라, "하나님은 얼마나 위대하고 존귀하신가!"라고 고백하게 될 것이다.
윌리엄 에드거, 필라델피아 웨스트민스터 신학교 변증학 교수

하나님을 알고자 할 때 기억해야 할 중요한 점이 있다. 하나님을 아는 지식은 그분의 불가해성에서 출발하며 시종일관 그에 대한 인식에 묶여 있다는 사실이다. 이 책에는 지난 수년 간 강의와 저술 활동에 매진해 온 올리핀트 박사의 연구 결과가 그대로 드러나 있다. 이 책의 중심 주제는 하나님 자신이 성경을 통해 우리에게 말씀하시는 방식 자체를 존귀히 여기며 하나님과 그분의 역사를 둘러싼 신비에 대해 논하는 것이다. 저자는 이 장엄한 신비를 신중하고 통찰력 있는 안목으로 다루는데, 예배의 어조로 그 울림을 고양시킨다. 하나님을 아는 지식 안에서 더 성장하길 바라는 사람들에게 가르침을 주는 유익한 책이 아닐 수 없다.
리차드 개핀, 웨스트민스터 신학교 성경신학 조직신학 명예교수

The Majesty of Mystery

:Celebrating the Glory of an Incomprehensible God

하나님의 신비를 예배하다

인간의 지평으로 불가해한 하나님의 영광을 헤아려 보기

하나님의 신비를 예배하다

스콧 올리핀트 | 김태형 옮김

좋은씨앗

형제보다 더 친밀한 친구들
스티브와 파울라 케언즈에게(잠 18:24)

목차

서문	11
1장. 신비: 우리 신앙의 생명소	15
2장. 하나님의 깊은 신비의 위엄	37
3장. 삼위일체에 담긴 신비의 위엄	64
4장. 성육신에 담긴 신비의 위엄	94
5장. 하나님과 우리의 관계에 담긴 신비의 위엄	134
6장. 하나님의 작정과 열망에 담긴 신비의 위엄	184
7장. 하나님의 섭리와 우리의 선택에 담긴 신비의 위엄	234
8장. 우리의 기도에 담긴 신비의 위엄	278
9장. 우리의 영원한 기쁨에 담긴 신비의 위엄	302
결론	328
부록: 웨스트민스터 신앙고백(1-9장)	334
참고문헌	351

✝

'위엄'이라는 단어가 하나님께 적용될 때, 이는 언제나 하나님의 위대하심을 선포하며 그분을 향한 예배로 초대한다. … 그러나 오늘날 그리스도인들은 대부분 이 지식을 놓치고 있다. 그것은 우리의 신앙이 나약해지고 우리의 예배가 활력을 잃게 된 하나의 원인이기도 하다.
- 제임스 패커, 『하나님을 아는 지식』 저자

서문

나는 오랫동안 신학교에서 하나님에 관한 교리, 즉 신론을 가르쳐 왔다. 학생들은 매번 하나님의 불가해성이라든가, 그리스도 안에서 우리에게 베푸신 하나님의 자기계시 같은 교리를 놓고 씨름을 벌인다. 그러다가 많은 경우 우리가 예배하는 하나님의 실체를 비로소 인식하기 시작한다. 우리의 이해력으론 도무지 붙잡을 수 없는 하나님, 그분의 영광을 얼핏이라도 목격한다면 우리는 모든 걸 제쳐두고 하나님을 예배하는 자리로 나아가게 된다.

하나님의 성품과 우리의 예배 사이의 관계를 탐구하는 이 책은 내가 신학교에서 강의했던 경험을 토대로 집필되었다. 하나님의 성품은 우리의 능력으론 도무지 헤아릴 수 없다. 그렇기에 하나님의 성품과 하나님의 길에 담긴 신비야말로 우리가 하나님을 예배하는 근거가 되어야 한다. 혹여라도 하나님의 깊고도 영원한 신비들로 인해 씨름해 왔거나, 씨름 중인 성도가 있다면 나는 이 책의 논의가 부디 도움이 되길 바란다.

신비와 역설이 존재할 수밖에 없는 한 가지 원인은 우리가 하나님과의 언약 관계 안에서 하나님을 알고 행하는 것의 실체와 관련이 있다. 이 책 전체에서 나는 이 관계를 한쪽 성(性)에 국한된 표현을 사용해 하나님과 '사람'man과의 관계로 칭할 것이다. 상당수의 성경 신학 저작에서 이러한 용례가 더 이상 선호되지 않는 것이 현실이지만, 나는 개인적으로 이러한 용례가 여전히 유용하며 적절하다고 여긴다. 다음 세 가지 이유에서다.

(1) 대략 40여 년 전까지 '사람'man이란 용어는, 그것이 총칭적으로 사용되었을 때 남성과 여성 두 젠더 모두를 대표하는 것으로 이해되었다. 이러한 용례는 하나님이 '사람'을 남자와 여자로 창조하고자 하셨다는 성경의 내러티브에 기원한다(창 1:26; 여기서 '사람'을 의미하는 히브리어 단어는 '아담'이다).

(2) '사람'man이라는 용어가 이처럼 풍부한 성경적 의미로 사용된 것은, 언약적 관점에서 보았을 때 아담 한 사람이 모든 사람을 대표한다는 것을 암묵적으로 인정하는 셈이다. 성별과 무관하게 모든 인류는 아담의 후손이다. "아담의 아들들과 하와의 딸들"과 같은 표현은 등장하지 않는다.

(3) '인류'humanity는 정의상 우리의 공통된 본성을 가리키는 추상적인 개념이다. 그런 의미에서 역설적이게도 '인류'는 흔히 생각하는 것만큼 포괄적이지 않다. 인류는 어떤 성별도, 어떤 사람도 대표하지 않는다. 나의 사견을 말하자면, 이 추상적 용어는 포괄적 의미로 사용될

때조차 세계 여러 문화 곳곳에서 심각하고 과격한 성(性) 혼란을 과중시키는 편협한 기능만 수행할 뿐이다. 하나님은 추상적 개념으로서의 인류를 만들지 않으셨다. 그분은 아담을 모든 사람(남자와 여자)의 언약 대표자로 창조하셨고, 아담에게서 하와를 창조하셨다.

나는 이런 문제에 있어 교회가 성경적 언어(와 그 기저에 있는 근거)로 돌아감으로써 복음의 대의를 더 잘 섬길 수 있을 것이라고 확신한다. 렉스햄 출판사 편집자들은 내가 이 같은 표현을 사용할 수 있게 관용을 베풀었다.

편집 과정에 있어 브래넌 엘리스, 데이비드 보마르, 그리고 렉스햄 출판사 편집부의 특별한 노고와 격려에 감사한다. 이들과 함께 작업한 시간은 내게 큰 기쁨이었다. 각 장을 인내심 있게 읽으면서 유익한 조언을 해준, 사랑하는 아내 페기에게 감사한다. 마지막으로 그동안 꾸준히 응원해 주었던 웨스트민스터 신학교 학생들에게 감사한다.

K. 스콧 올리핀트

웨스트민스터 신학교

✝

신비는 교의학의 생명소다. … 사실, 하나님이 자연과 성경 안에 자신에 관해 계시하신 지식은 인간의 모든 사고와 이해를 초월한다. 그런 의미에서 교의학은 결국 신비에 관심을 갖는 학문이라 할 수 있다. 이는 교의학이 유한한 피조물을 다루지 않고, 처음부터 마지막까지 모든 피조물을 넘어 영원하고 무한하신 하나님 한 분께 초점을 두기 때문이다.
— 헤르만 바빙크, 『개혁교의학: 하나님과 창조』에서

1
신비: 우리 신앙의 생명소

하나님이 어떻게 삼위일체로 존재하시는지 궁금해한 적이 있는가? 당신이 믿고 있는 그분이 전혀 다른 두 본성을 지니신 분이란 사실을 누군가에게 설명하느라 난감했던 적은 없는가? 시대와 역사 가운데 일하시는 하나님을 염두에 둔 채 그분이 영원하시다는 점에 대해 생각해 보았는가? '하나님이 모든 것을 주관하신다면, 우리의 행위에 대해 우리가 책임질 수 없는 것 아닐까?' 하는 생각이 든 적은 없는가? 하나님의 주권에 대한 고백은 기도에 대한 이해와 상충되지 않는가? 혹시 하나님의 주권을 부정하는 것이 오히려 더 말이 되는 것처럼 여겨지지는 않는가?

이 가운데 한 가지 의문이라도 머릿속을 스쳐 지나간 적이 있는가? 대부분의 그리스도인이 그러할 것이다. 그리스도인으로서 성경이 우리에게 긍정하길 요구하는 진리 사이에 긴장이 있음을 인식하는 데는 그리 오랜 시간이 걸리지 않는다. 그러나 특정 진리에 대해 긍정할 때조차 이 세상의 수많은 다른 것에 대해 사유하는 방식으로 그 진리를 사유할 수 없다는 사실 또한 인정하게 된다. 이러한 문제들은 우리 안에 지적인 긴장을 유발하며, 어떤 면에서 서로 상충되는 듯 보인다. 앞으로 이 책에서 다루겠지만, 이것은 당연한 사실이다. 하나님 자신에 대해, 그리고 이 세상에서 역사하시는 방식에 대해 계시하실 때 하나님은 피조물로서의 우리의 한계를 지적하신다. 하나님은 오직 당신만이 하나님이며, 우리는 아니란 사실을 우리에게 환기하신다.

그렇다면 우리는 이 사실에 어떻게 반응해야 하는가? 이 책에서 나는 성경에 나타난 몇 가지 신비를 제시할 생각이다. 또한 이러한 신비를 어떻게 대해야 적절한지 보이고자 한다. 이를 통해 특히 예배하는 방식을 포함해 우리가 그리스도인으로서 살아가는 방식이 더욱 견고해지길 바란다. 구체적으로 말하자면 성경이 우리에게 믿도록 권고하는 진리에 비추어, 하나님이 우리에게 계시하신 신비들로 인해 하나님을 사모하고 찬양해야 할 핵심적인 이유가 무엇인지 강조하려 한다.

신비에서 출발하다

하나님의 위엄에 찬 신비보다 참된 예배를 향한 동기를 부여하는 것은 없다. 우리가 이해하고 우리 머리로 사고할 수 있는 것들은 우리 예배의 대상이 되지 않는다. 우리는 그런 것들을 통제하거나 조종하거나 바꾸려 할 뿐, 진짜로 예배하지는 않는다. 우리가 추구하는 것이 참된 예배라 한다면, 우리 안에 하나님을 향한 예배를 일으키고 동기를 부여하는 것은 하나님과 그분의 길에 담긴 풍성한 신비다.

기독교 예배는, 기독교 신학과 마찬가지로 신비에서 출발한다. 신비는 하나님에 대한 우리의 사유에서 단지 하나의 결론 역할을 하는 것이 아니다. 우리가 최선을 다해 배우고 생각하고 추론한 후에 마지막까지 남겨진 신비로운 문제를 인정하는 것을 말하는 것이 아니다. 오히려 반대로, 우리는 하나님과 그분의 길에 담긴 신비를 인정하는 데서 출발한다. 우리는 하나님과 그분의 역사를 궁극적으로 이해하기란 불가능하다는 사실을 행복하게 인정하며 출발한다. 그러한 인식과 함께 출발할 때, 우리는 하나님을 제대로 이해하는 첫걸음을 내디딜 수 있으며, 하나님이 어떤 분인지, 그분이 무엇을 행하셨는지에 대한 바른 인식 속에서 그분을 예배할 수 있다.

헤르만 바빙크Herman Bavinck는 자신의 기념비적인 신학 저서에서 "신비는 곧 신학의 생명소"라고 말했다.[1] 여기서 "생명소"Lifeblood, 즉 혈액이란 표현은 매우 적절한 비유가 아닐 수 없다. 누군가 어떤 질병에 걸렸을 때, 이를 진단하기 위해 행하는 가장 기본적인 방식은 환자의 혈액을 분석하는 것이다. 우리의 혈액은 우리 몸 안의 장기와 근육, 그리고 신경 세포 속에서 일어나는 무수히 많은 일에 대해 말해 준다. 우리 신체의 모든 기관은 혈액의 적절한 공급이 필요하기에 혈액이 신체에, 신체가 혈액에 미치는 영향은 의학적 진단에서 주요한 도구다. 피

---

1. 같은 책, 29. 『개혁교의학』 부흥과개혁사.

가 없으면 생명도 없다(레 17:11). 우리 몸 전체에 스며들어 생명을 주는 것, 그것은 바로 피다.

이와 마찬가지로 하나님의 성품과 일하심의 신비라는 혈액이야말로 그리스도인의 사고와 삶 구석구석에 생명력을 불어넣는다. 만일 기독교의 진리를 이해하는 데 있어 이러한 신비가 중요하지 않다고, 그저 해결하지 못한 '나머지'에 불과하다고 여긴다면, 이는 기독교의 진리가 아무런 생명력도 없는, 그저 무미건조하고 생기 없는 관념일 뿐이라고 생각하는 것과 다를 바 없다.

이 비유를 또 다른 방식으로 적용해 보자. 최근에 출간된, 구원을 주제로 하는 기독교 서적을 한 권 골랐다고 가정해 보자. 그 책을 읽다 보니 주제에 대한 저자의 사고방식에 어딘가 잘못된 부분이 느껴진 것이다. 예를 들어, 저자가 우리 믿음에 대해 이야기하면서 믿음이 우리 안에서 자연 발생한 것이란 식의 주장을 펼친다면 어떻게 해야 하는가? 우리가 그 믿음을 생산했고 하나님은 이에 반응하셨다고 주장한다면, 이런 관점에 담긴 문제가 정확히 무엇인지 어떻게 판단해야 하는가?

우리는 구원에 대해, 구원의 다면적인 아름다움과 복잡성에 대해 하나님이 실제로 말씀하신 내용이 무엇인지 들여다보는 데서 시작할 수 있다. 그런 가운데 우리가 제기할 수 있는 첫 번째 질문은 과연 신비에 관한 성경적 개념이 저자의 구원 관념과 조화를 이룰 수 있는가, 있다면 어떻게 조화를 이룰 수 있는가 하는 것이다. 우리는 우리의 믿음이 하나님이 아닌 우리 자신에게서 비롯되었다고 저자가 주장하는 이유에 대해, '혹시 믿음이 우리에게서 온 것이 아니라면 우리가 믿음을 갖거나 발휘하는 것도 우리 책임이 아닐 것이라 생각하기 때문은 아닐까?' 하고 질문할 수 있다. 저자는 믿음은 완전히 우리 안에서 생긴 우리의 믿음이어야 한다고 주장할 것이다. 그렇지 않으면 '예수 그리스도를 믿으라'는 성경의 명령은 도저히 납득할 수 없지 않은가.

그러한 주장은 우리의 믿음에 대해 성경이 말하는 내용과 일치하는가? (한 구절만 예를 들어 엡 2:8을 보라.) 우리가 지닌 믿음은 우리의 것이며, 믿음을 가질 책임이 우리에게 있다는 진리. 그와 동시에 하나님이 우리 마음을 변화시키시고 우리에게 믿음을 주시지 않는 한, 우리는 그 믿음을 가질 수 없다는 진리. 성경은 이 두 진리 모두를 확증하지 않는가? 앞서 말한 가상의 책에 담긴 저자의 관점은 성경적 사고방식이 지닌 '생명소'를 미처 인정하지 못한 것은 아닐까? 이제 믿음에 대한 우리의 관점이 우리를 향한 하나님의 구원의 신비에 대한 성경적 진리를 약화시키고 있지는 않은지 돌아보아야 할 때다.

곧 살펴보겠지만, 우리 그리스도인의 생각과 삶 모든 곳에 신비가 자리하고 있기에, 성경의 다양한 진리들을 고찰할 때 그 신비에 대한 적절하고도 성경적인 설명을 제공하는 것이 중요하다. 성경적 진리에 대한 우리의 고찰 속에 신비가 자리하고 있지 않다면, 우리는 신학의 '생명소'를 염두에 둔 채 그 진리들을 재고해야 할 것이다. 우리가 하나님이나 성경, 구원 등에 대한 특정 사실들을 믿게 된 것은 어쩌면 하나님과 그분의 길의 신비에 대한 역동적이고 장엄하고 성경적인 관점이 불편하게 느껴졌기 때문일지 모른다.

합리주의의 반사 작용

신비가 정말 성경적 진리의 생명소라면, 우리가 진리를 깨닫고자 노력하는 데 있어 신비를 경계하게 되는 이유는 무엇인가? 이 질문에 여러 답이 있겠지만, 적어도 역사적 관점에서 볼 때 가장 중요한 답은 우리가 믿는 모든 것이 어느 시대 어떤 사람에게건 쉽고 명백하게 다가가길 바라는 자연적(즉, 부패한) 성향이 우리에게 있다는 것이다.

우리는 사상사에서 이러한 사실을 분명히 볼 수 있다. 예를 들어, 17세기 철학자 존 로크John Locke는 『기독교의 이치』The Reasonableness of Christianity란 제목의 소책자를 출간했다. 로크는 자신의 저술을 통해 인간의 사고로 온전히 이해 가능한 성경의 진리가 무엇인지 제시했다. 그는 오직 합리적인 진리라야 믿을 가치가 있다고 주장했다. 우리의 일반적인 사고방식으로는 신비를 담아낼 수 없기에, 로크는 성경 안에서 모든 신비를 제거하기 위해 매우 고심했다. 결과적으로 기독교에 대한 로크의 관점은 생기 없는 것이 되어버렸다. 그 안에는 아무 생명도 남지 않았다. 로크에게 기독교는 우리의 제한된(그리고 부패한) 마음으로 이해 가능한 내용만 가르쳐야 했다. 결국 로크는 활력 없고 공허하며 최소화된 종교를 만들어냈다. 로크의 이러한 '이성적' 종교는 기독교 신앙의 진리가 가진 영광스럽고 위엄 있는 신비로부터 동떨어지고 말았다.

로크의 책이 갖는 아이러니는, 그가 당대의 이신론을 논박하고자 했다는 것이다. 이신론자들은 신a god을 믿었지만, 이 세계 안에 현존하는 신은 아니었다. 로크의 책이 출간된 때와 비슷한 시기에 이신론자였던 존 톨런드John Toland는 장황하고 만만찮은 제목의 책, 『신비하지 않은 기독교 : 복음 안에 이성과 반대되거나 이성을 뛰어넘는 부분이 없기에 기독교 교리를 신비로 부르는 것이 온당치 않음을 증명하는 논문』을 출간했다. 톨런드의 이신론이 개진된 것은 하나님을 사유하는 것이 이 세상 다른 어떤 것을 사유하는 것보다 어렵지 않게 하기 위해서였다. 톨런드의 관점 하나를 예로 들면, 우리가 하나님의 성품을 바라보는 방식은 사람의 성품을 바라보는 방식과 같아야 한다는 것이었다. 그것은 전적으로 합리적이어야 하며, 신비의 영역으로 남겨지는 것은 없어야 했다.

로크는 이러한 관점과 맞서 싸우고자 했다. 그러나 톨런드의 주장에 대한 로크의 반론은 로크 자신이 거부하고자 했던 그것과 너무나 유사했다. 로크와 톨런드 두 사람 모두에게 우리의 신념은 오직 인간의 생각으로 이해할 수 있는 것으로 제한되었다. 로크와 톨런드를 비롯한 일부 사람들에게 기독교는 신비로운 것일 수 없었다. 그들은 기독교가 신비롭다면 충분히 이해할 수 없을 것이며, 충분히 이해할 수 없다면 믿어서도 안 된다고 생각했다.

그들의 이러한 사상은 근본적으로 기독교의 영광을 폄하한다. 그들은 인간의 이성이야말로 진리를 판가름하는 유일한 재판관이라고 여긴다. 인간의 이성이 재판관이라면, 인간의 전형적인 사고로 용납할 수 있는 것만 참되다고 인정받을 것이다. 로크의 관점을 따르다간, 하나님의 길에 담긴 풍성함의 깊이는 메말라버리고, 얕은 웅덩이 안에

피상적 단어들만 남을 뿐이다.

　이러한 관점은 기독교의 생명소와는 너무나도 거리가 멀다. 우리는 우리의 온 지성을 다해 주 하나님을 사랑하도록 부름 받았지만, 우리의 지성 안에 그분을 억지로 가두고자 해서는 안 된다. 보편적인 사고방식에 반하는 것을 모두 제거하는 로크의 방식대로 성경의 진리에 접근한다면, 그 과정에서 기독교 신앙의 핵심과 정신을 잃게 될 것이다. 지불해야 할 대가가 너무 크지 않은가? 우리는 영광스러운 삼위일체 하나님의 위엄을 잃게 될 것이다.

신비주의인가, 아니면 신비인가?

성경의 신비적 요소를 대할 때 대부분의 그리스도인은 앞서 논의했던 유혹, 즉 자신의 사고방식을 선호하고 자신의 생각을 신뢰하고픈 유혹에 직면한다. 하지만 그러한 유혹에 넘어간다면, 우리는 기독교 신앙에 담긴 풍성한 신비를 상실할 것이다.

　비록 그만큼 만연하지는 않다 하더라도, 또 하나의 유혹이 될 만한 성향이 더 있다. 우리 자신의 사고에 대한 신뢰가 신비에 대한 성경적 관념을 매장시킬 수 있지만, 그 반대 역시 마찬가지다. 기독교 진리의 생명소인 신비는 이성에 대한 지나친 신뢰와 양립할 수 없을 뿐 아니라, 이성 사용 자체를 부정하는 태도와도 양립할 수 없다. 우리는 때로 이것을 '신비주의'mysticism라고 부른다. 이 책에서 신비주의라는 용어는 이해와 사유의 전적인 결여를 권장하고 칭송하는 태도를 가리킨다. 신비주의는 형언할 수 없는 것을 가장 고귀하게 여기며, 이성과 사유는 참 믿음에 이르지 못하게 방해하는 장애물이라고 여긴다.

다소 애매하기는 하지만, 이에 대한 하나의 일례를 중세의 신비주의자, 마이스터 에크하르트^{Meister Eckhart}에게서 찾을 수 있다. 신비주의자로서 에크하르트는 이해의 결핍 상태야말로 하나님과 관계를 맺는 최선의 길이라고 판단했다. 예를 들어 마태복음 5:3("심령이 가난한 자는 복이 있나니 천국이 그들의 것임이요")에 대한 에크하르트의 설교에서 우리는 신비에 대한 왜곡된 관점의 일례를 읽을 수 있다.

에크하르트의 설교는 세 가지 요점으로 정리할 수 있다. 에크하르트는 마음의 가난에 중점을 두고 이를 "고요"^{stilling}라고 불렀다. 첫째로 그는 우리 마음이 가난해지려면 의지의 고요함이 있어야 한다고 주장했다. 둘째로 그는 지성의 고요함이 있어야 한다고 주장하면서, 우리의 목표는 하나님에 대한 관념적 지식을 소유하지 않는 데 있다고 했다. 이러한 주장을 관철시키기 위해 그는 이렇게 말했다.

> 내가 나에게서 하나님을 없애 달라고 기도하는 이유는 어떤 조건도 없는 상태가 하나님을 넘어서고 차이를 넘어서기 때문이다. 바로 그 속에서 나는 나 자신이 되었고, 나의 의지가 발동했으며, 나 자신도 알게 되어 나라는 존재를 형성할 수 있었다. 그리고 그런 의미에서 나는 나 자신에게, 영원한 나의 본성과 일시적인 나의 본성 모두에게 존재의 근원이 된다. 이를 위해 내가 태어났으며, 영원한 나의 탄생에 관하여 말할 것 같으면, 나는 결단코 죽지 않는다. 영원한 탄생 양식 안에서 나는 언제나 존

재해 왔고, 지금 이 순간 존재하고 있으며, 앞으로도 영원히 존재할 것이다. 나라는 이 존재는 때가 되면 죽을 것이고 영원한 무로 돌아갈 것이다. 그것은 한날에 속한 것이고 날과 함께 지나가는 것이기 때문이다. 나의 탄생 안에서 모든 것이 탄생했고, 나는 나 자신과 모든 것의 존재 이유였다. 내가 만약 그것을 의도했다면 나는 결코 존재하지 않았을 것이며, 그 무엇도 존재하지 않았을 것이다. 그리고 만일 내가 존재하지 않았다면 하나님도 마찬가지로 존재하지 않았을 것이다. 하지만 그 이치를 깨닫는 것은 필수적인 것이 아니다.[2]

에크하르트의 청중이나 독자들은 이 설교의 마지막 문장—"이치를 깨닫는 것은 필수적인 것이 아니다"—을 듣고서 기뻐했을지 모르겠다. 이 설교를 이해하는 것은 필수적인 것이 아닐 뿐 아니라 사실상 불가능에 가깝다! 그런데 마지막 문장에서 에크하르트가 의도했던 것은 자신이 전하고자 하는 내용을 독자들이 머리로 이해하지 않는 편이 더 낫다는 것이었다. 이는 독자들이 머리로 이해하는 만큼, 정작 하나님이 누구인지에 대한 중요한 개념을 놓칠 것이기 때문이었다. 다른 말로 하자면, 하나님을 아는 길은 그분(또는 그것)을 알지 못함으로써 시작된다는 것이다.

이러한 관점은 특히 하나님, 그리고 그분의 성품과 길을 이해하고

---

2. Meister Eckhart, *Meister Eckhart*, trans. C. de B. Evans, 2 vols. (London: John M. Watkins, 1924), 1:220.

자 지적으로 노력하는 것이 하나님과의 올바른 관계에 이롭지 못하다고 여긴다. 신비주의자라면, 하나님을 아는 최선의 길은 그분이 정말 어떤 존재인지 이해할 수 없음을 확언하는 것이라고 말할 것이다. 따라서 우리에게 남은 과제는 오직 하나님을 체험하는 일뿐이라는 것이다.

오늘날 우리 기독교에도 이와 유사한 종류의 유혹이 있을까? 아마도 그럴 것이다. 한때 일부 그리스도인들 사이에 "다 내려놓고 하나님께 맡기라"let go and let God는 표현이 일종의 주문처럼 유행하던 때가 있었다. 그것은 단지 스스로 구원을 쟁취하려는 노력을 중단하라는 의미가 아니었다. 오히려 그랬다면 다행이었을 것이다. 이 표현은 믿음에 대해 유순하고 경험적인 태도를 갖는 것이 그리스도인에게 최선임을 강조하기 위한 것이었다. 하나님을 더 알고 순종하려 하면 할수록, 그분을 덜 의지하게 된다는 것이다.

물론 우리가 하나님을 더 의지해야 한다는 주장, 또는 우리 그리스도인의 삶에서 경험의 중요성을 인식해야 한다는 주장 자체가 잘못된 것은 아니다. 그러나 만일 경험을 하나님께 접근하는 근본적인 방법으로 삼거나, 하나님이 기록된 말씀 안에서 선포하신 뜻을 이해하려는 모든 노력을 경험으로 대체하고자 한다면, 우리는 기독교에 대해 점차 신비주의적 관점을 취하게 될 것이다.

여기에 역설이 있다. 신비에 대한 참되고 성경적인 관점은 이해 부족이 아닌 성경의 가르침에 뿌리를 두고 있다. 사실 우리가 신비롭게 여기는 성경적 진리를 우리에게 제공하는 것은 바로 성경의 가르침 자체다. 다른 말로 하면, 성경이 조망하는 신비는 진리로 충만하다. 그 진리는 참되고 영광스러운 내용들로 가득 차 있다. 그 내용에는 우리가 거부해야 할 거짓뿐 아니라 우리가 확언해야 할 진리가, 그리고 진리에 주목하게 하는 외침뿐 아니라 신비에 대한 성경적 이해를 담은 진술이 포함되어 있다. 따라서 우리가 성경적으로 이해할 때, 신비는 하나님의 말씀 안에서 발견되는 진리 곳곳에 스며들어 있을 것이다. 신비는 우리가 하나님의 계시 안에서 소유하는 진리의 생명소다. 신비는 하나님이 우리에게 주신 모든 진리를 통해 흘러나온다.

다면적인 문제

아마도 우리는 합리주의적 이신론이나 신비주의에 미혹되지는 않을지 모른다. 로크나 톨런드, 에크하르트 같은 이들의 생각에 매력을 느끼지 않을 수 있다. 하지만 오늘날 많은 그리스도인 사이에 이보다 더 은밀하고 미묘한 한 가지 문제가 있다. 비록 우리가 지금껏 주목하지 못했을 수 있지만, 이 문제는 우리 문화에 전염병처럼 퍼져 교회 안으로 침투해 들어왔다. 이 문제의 핵심은 우리 그리스도인의 삶에 '생각하기'와 '알기'가 결핍된 데 있다. 주님께서는 우리가 그분에 대해 생각하고 배우고 알아가는 과정을 중요하게 여기셨다. 이러한 과정은 그리스도인의 순종의 삶에서 매우 중요한 요소다. 그러나 우리 대부분의 그리스도인들은 자신의 생각을 순종적으로 사용한다는 개념이 낯설 것이다.

예수님이 어느 날 자신을 훼방하는 자들을 향해 (늘 그렇듯) 응대하시는 장면이 성경에 기록되어 있다(막 12:13-34ff.). 이 훼방꾼들은 예수님을 시험하여 덫에 빠뜨리고자, 그리고 자신들의 성경(즉 구약) 지식을 과시해 우월함을 입증해 보이고자 예수님께 접근했다. 사두개인들과 서기관들은 자신에게 교리적 난제라 느껴지는 질문을 예수님께 던진다. 죽은 자들의 부활을 믿지 않던 사두개인들은 부활 사상이 (자신들의 관점에 따른) 혼인 제도와 어떻게 모순되지 않을 수 있는지 설명해 달라고 예수님께 요청한다.

이에 예수님은 아주 명료한 방식으로 그들이 틀렸다고 답변하신다. 그런데 그들은 단지 어떤 사소한 문제에 관해 틀린 것이 아니었다. 예수님은 그들이 어떤 세부적인 부분을 잘못 이해했다고 책망하지 않으셨다. 오히려 예수님은 그들이 성경에 대해, 그리고 하나님에 대해 본질적으로 잘못 이해하고 있다고 분명히 밝히신다(막 12:24).

예수님의 말씀을 듣고 깊은 인상을 받은 한 서기관이 단념하지 않고 자신도 논쟁에 끼어들기로 결심한다.

서기관 중 한 사람이 그들이 변론하는 것을 듣고 예수께서 잘 대답하신 줄을 알고 나아와 묻되 모든 계명 중에 첫째가 무엇이니이까 예수께서 대답하시되 첫째는 이것이니 이스라엘아 들으라 주 곧 우리 하나님은 유일한 주시라 네 마음을 다하고 목숨을 다하고 뜻을 다하고 힘을 다하여 주 너의 하나님을 사랑하라 하신 것이요(막 12:28-30).

대부분의 그리스도인들은 예수님의 이 답변에 친숙할 것이다. 그리고 이러한 답변이 주어진 이유 역시 잘 알 것이다. 예수님의 이 대답에는 하나님을 향한 우리의 책무가 잘 요약되어 있다. 우리가 하나님을 향한 사랑을 지니고 있다면, 즉 우리 인격 전체를 아우르는 그러한 참 사랑을 지니고 있다면, 성경의 나머지 말씀은 모두 우리 삶에 견고히 뿌리내리게 될 것이다. 그런데, 이 가장 큰 계명에서 때로 간과되거나 축소되는 부분은 우리의 전 인격을 다해 하나님을 온전히 사랑하는 일에는 '지성'mind(개역개정에서는 '뜻')을 다해 그분을 사랑하는 것도 포함된다는 사실이다.

과도한 낭만적 감성으로 치우친 오늘날 우리 문화에서 사랑과 지성은 서로 어울리지 않아 보인다. 멜로 영화에서 남성이 여성을 향해 "나의 모든 지성을 다해 너를 사랑해"라고 고백하는 일은 좀처럼 보기 어려울 것이다. 또한 상대방에 대한 지적인 사랑의 깊이를 표현하는 문구가 담긴 축하 카드도 찾아볼 수 없다.

우리는 지성, 즉 사고가 추상적이고 차갑고 계산적이고 냉담하기만 한 영역이라고 생각하는 경향이 있다. 그 영역은 전형적으로 '마음'heart이라 불리는 또 다른 영역과 극한의 대조를 이룬다. 우리는 지성이 현실 세계로부터 동떨어져 있는 것처럼 생각하기도 한다. 인간의 지적인 사고 능력은 마치 스포츠 통계를 내거나 처방전을 기술하는 데나 필요한 것처럼 여긴다. 우리의 지성적 활동은 누군가를 사랑하는 데 도움이 되기보다는 오히려 방해가 된다는 것이다.

그러나 우리는 우리가 가진 모든 것―우리의 마음, 우리의 영혼,

우리의 힘, 그리고 우리의 지성—을 다해 하나님을 사랑하도록 명령받았다. 하나님을 향한 우리의 사랑에는 우리 존재의 모든 측면이 스며들어 있어야 한다. 만일 우리 인격의 일부만으로 하나님을 사랑한다면, 우리는 사실 마땅히 그래야 하는 만큼 하나님을 사랑하지 않는 셈이다. 예를 들어, 우리가 온 힘을 다해 하나님을 사랑하는 데는 전념하면서도 온 마음으로 사랑하는 데는 소홀하다고 생각해 보라. 그런 사랑은 과연 어떤 모습이겠는가? 그것은 아마도 오래 수고하고 애쓴 사랑이면서도, 우리 마음은 그 속에 전혀 들어 있지 않은, 표면적이고 공허한 사랑이 되고 말 것이다. 그런 종류의 사랑은 성경에서 말하는 사랑이 아니다. 그것은 사랑의 왜곡된 형태일 뿐이다.

우리가 우리의 지성을 다해 하나님을 사랑하는 데 소홀할 때 역시 마찬가지다. 그렇다면 지성을 다해 하나님을 사랑한다는 것은 무엇을 의미하는가? 최소한 이것은 우리가 하나님을 알아야 한다는 것을 의미한다. 즉, 성경을 읽고 성경이 말하는 하나님에 대해 이해하고, 성경의 가르침에 나 자신의 모든 생각과 지각을 복종시켜야 한다는 것이다. 우리는 하나님을 좇아 하나님의 생각대로 생각해야 한다. 그러한 하나님의 뜻은 오직 하나님의 계시 안에서 발견된다.[3] 성경을 읽고 공부할 때 우리는 그 성경을, 진정한 실재가 무엇인지 말해 주는 참되고

---

3. 그러나 반드시 숙지해야 할 사실은 그렇게 계시된 하나님의 뜻조차 피조물인 우리에게 적합한 방식으로 주어진다는 것이다. 하나님의 계시는 우리에게 진리를 주지만 그 진리는 피조물적인(creaturely) 진리이며, 따라서 항상 피조물적인 한계에 종속되어 있다. 본래 하나님의 진리는 그런 한계에 종속되지 않는다. 그러나 그 진리는 계시된 진리와 항상 연계성을 유지한다.

유일한 진술로 보아야 한다. 우리는 우리 자신의 생각을 재정립해야 한다. 그럴 때 우리 주변과 내면의 모든 것은 하나님이 말씀하신 진리에 온전히 사로잡히게 될 것이다.

이를 위해서는 우리의 지적인 노력이 요구된다. 그렇다고 해서 어떤 높은 수준의 학위가 필요한 것은 아니다. 이를 위해 우리는 오직 "그 책(성경)의 사람들"people of the Book이 되어야 한다. 그 책이 하나님에 대해, 그리고 다른 모든 것에 대해 정확히 무엇을 말하는지 날마다 생각하고 묵상하며 더 이해하길 갈망하는 사람이 되어야 한다.

여기서 한 가지 테스트를 해 보겠다. 지성을 다해 하나님을 사랑하는 데 대한 단락을 읽으면서 "하지만 우리가 기독교를 과도하게 지적인 것으로 만들어서는 안 될 텐데" 하는 생각이 먼저 떠올랐다면, 아마도 당신은 스스로 생각하는 것보다 더 이 시대의 사조에 휩쓸려 있을 가능성이 크다. 이 시대의 사조는 대체로 반지성주의에 가깝다. 미국의 TV 퀴즈 쇼를 예로 들자면, '제퍼디'Jeopardy보다는 '휠 오브 포춘'Wheel of Fortune과 결을 같이 한다고 할 수 있다. '제퍼디'에서는 지성의 활용이 요구된다. 그것이 없으면 참가자가 될 수 없다. 반대로, '휠 오브 포춘'에서 요구되는 것은 회전하는 원형 판의 운, 알파벳 지식, 기본적인 철자 능력, 그리고 "빅머니! 빅머니!"를 외칠 열정이 전부다.

오늘 우리 문화는 '제퍼디'보다는 '휠 오브 포춘'에 가깝다. 우리에게는 문자 메시지나 전자 우편을 보낼 정도의 기본적인 알파벳 지식이 있다. 많은 사람에게 있어 그 외의 삶은 단지 원형 판의 운에 달린 것이자, 언젠가 '빅머니'가 찾아오길 바라는 것에 불과하다.

혹시 교회가 '휠 오브 포춘'의 정신을 흡수한 것은 아닐까? 우리는 기독교에 대한 기본적인 알파벳 지식에 만족하고 있지는 않는가? 하나님께 대한 피상적인 믿음, 그리고 언젠가는 큰 상급으로 대박날 것이란 허황된 바람에 따라 영적인 삶을 영위하고 있지는 않는가?

히브리서 기자가 한탄하며 권했던 말을 기억하는가? 히브리서 기자는 독자들의 기독교적 성장, 즉 거룩함에 대해 염려했다. 그는 이 거룩함 없이는 아무도 주님을 보지 못할 것이라고 경고했다(히 12:14). 하지만 그는 그리스도인으로서 이들의 성숙 수준에 깊이 실망했다. 히브리서 기자는 그리스도와 그분의 사역에 담긴 심오한 내용에 대해 쓰길 원했다. 그러나 히브리서 기자는 그들의 상태를 잘 알고 있었기에 그들 대부분이 성경적 진리의 단단한 음식은 소화하지 못할 것이라고 예상했다.

> 멜기세덱에 관하여는 우리가 할 말이 많으나 너희가 듣는 것이 둔하므로 설명하기 어려우니라 때가 오래 되었으므로 너희가 마땅히 선생이 되었을 터인데 너희가 다시 하나님의 말씀의 초보에 대하여 누구에게서 가르침을 받아야 할 처지이니 단단한 음식은 못 먹고 젖이나 먹어야 할 자가 되었도다 이는 젖을 먹는 자마다 어린 아이니 의의 말씀을 경험하지 못한 자요 단단한 음식은 장성한 자의 것이니 그들은 지각을 사용함으로 연단을 받아 선악을 분별하는 자들이니라 그러므로 우리가 그리스도의 도의 초보를 버리고 … 완전한 데로 나아갈지니라(히 5:11-6:2).

당시 믿음을 고백했던 그리스도인들은 자신들이 고백한 믿음에서 떨어져 나갈 위험에 처해 있었다. 그들이 위험에 처한 이유 가운데 하나는 그들이 지성을 다해 하나님을 사랑하지 않았다는 것이었다. 그들은 젖먹이 아이들로서 사고 능력이 부족했으며, 하나님의 진리라는 단단한 음식을 소화할 능력이 없었다. 그것은 대단찮은 질병이 아니었다. 그것은 그리스도를 알고 따르지 못하는 그들의 무능함에서 중심적인 문제였다. 저자가 표현하는 방식에 주목해 보라. 만일 그리스도 안에서 성숙한 자로 성장하길 원한다면, 그들은 "그리스도의 도의 초보"로부터 떠나야 한다.

이는 그들이 알고 있는 바를 뒤로 한 채 잊어버린다는 것을 의미하지 않는다. 오히려 이것은 교회 유치부를 떠나 성소로 들어가는 것을 의미한다. 다시 말해 유치원 수준의 초보적인 성경 지식에서 벗어나 장년을 위한 교육을 받아야 한다는 것이다. 그들은 알고 있는 지식을 통합해 보다 완전한 성경의 가르침 속으로 들어가야 한다. 그들은 말씀 안에서 그리스도에 대한 것들을 묵상하고 생각하되 성경의 의미를 보다 잘 전달하는 방식으로, 즉 그리스도가 어떤 분인지, 그분 안에서 그들이 어떤 존재인지 보다 깊이 설명하는 방식으로 생각해야 한다. 그들은 성경의 깊은 진리를 탐구해 성인답게 사고할 수 있어야 한다. 하지만 이 모든 탐구와 사고의 과정은 단지 그들을 더 똑똑하게 만들기 위한 것이 아니다. 만약 그들이 영적으로 성숙한 어른으로 성장한다면, 이는 그들의 삶의 방식을 통해 드러날 것이다. 그러할 때 비로소 그들은 "선악을 분별하는" 일에 참여할 수 있게 될 것이다. 이 본문에 따르면, 하나님의 진리의 말씀을 배우기 위해 신자들에게 요구되는 정신적 수고는 분별 활동으로까지 이어지게 된다. 다른 말로 하면, 바르게 사고하는 것 안에서 바르게 사는 법을 배우다가 결국 하나님께 영광 돌리는 법을 배우는 것이다. 이 일을 위해서는 정신적 수고가 필요하며, 묵상과 사고가 요구된다. 하지만 어른으로 성장하기 위해 젖을 떼고 음식을 섭취해야 하는 것과 마찬가지로, 이는 성숙한 그리스도인이 되기 위해 반드시 필요한 부분이다.

그렇다면 신비를 중심 주제로 삼고 있는 이 책에서 그리스도인의 사고 활동의 중요성을 언급하는 이유는 무엇일까? 신비는 단어의 정의상 우리의 사고 영역 너머에 있는 무엇을 말하는 것 아닌가?

물론 그렇다. 하지만 여기에 성경적인 아이러니가 존재한다. 하나님의 불가해성으로 인해 그분을 예배하기 위해서는 하나님을 더 깊이 알아야 한다. 다른 방식으로 말하자면, 우리가 모르는 것이 무엇인지 정확히 시인하기 위해서는 하나님이 우리에게 알도록 허락하신 것에 관해 분명히 알아야 한다. 무엇이 신비인지 이해하는 유일한 방법은, 성경에서 우리가 완전히 이해할 수 없음을 고백하게 하는 부분이 무엇인지 이해하는 것이다. 우리는 우리가 알 수 없는 것이 무엇인지 알기 위해 알아야 한다. 우리가 '알지 못하는 것'에 대한 유일한 성경적 맥락은 '앎'에 있다.

그리스도인의 삶에서 지성을 무시하려는 유혹에 휩쓸린다면, 우리는 그러한 신비의 위엄에 주목할 수 없을 뿐 아니라 더 심한 경우 주목하기를 원하지 않게 될 수 있다. 그럴 때, 우리는 젖먹이 상태에 머물며 항상 젖만 먹으면서 그리스도의 장성한 분량에는 결코 이르지 못하게 될 것이다(예를 들어, 고전 2:6, 14:20; 엡 4:13; 빌 3:15; 골 1:28을 보라). 앞으로 다룰 내용을 통해 우리는 사고하라는, 아니 깊이 사고하라는 도전을 받게 될 것이다. 이를 대체할 수 있는 것은 없다. "완전한 데로 나아가기에" 지금보다 더 나은 때는 없다.

+

계속해서 신비에 대한 성경적 관점을 고찰하는 가운데, 우리는 (불신자들뿐 아니라) 여러 진지한 그리스도인들의 입에서 나온 질문들을 다룰 것이다. 하나님은 어떻게 셋이면서 하나일 수 있는가? 하나님이 어떻게 인간의 몸을 입으실 수 있는가? 영원하고 불변하시는 하나님이 역사적 시간 속에서 활동하실 수 있는가? 하나님이 모든 것을 계획하셨다면, 어떻게 나에게 책임이 있단 말인가? 나의 기도는 하나님의 계획에 과연 어떤 변화를 가져올 수 있을까? 천국에 가면 마침내 우리가 모든 것을 알 수 있을까?

이 질문들은 성경이 우리에게 제공하는 몇 가지 신비로운 긴장들을 인지하고 있다. 이들은 훌륭한 질문이지만, 훌륭한 질문에 대한 잘못된 답은 우리에게서 온전하고 충만한 그리스도인의 삶을 박탈하며 하나님께 마땅한 영광마저 빼앗을 것이다. 올바른 답, 즉 하나님과 그분의 길에 담긴 신비가 환히 빛나도록 허용하는 올바른 답은 우리 안에 온전한 예배를 불러일으키며, 그분과 함께할 영원한 예배를 위해 우리를 준비시킬 것이다. 그 안에서 우리는 삼위일체 하나님의 성품의 위엄과 신비로 말미암아 "경이와 사랑과 찬미에 빠져들게" 될 것이다.

> 이제 마치소서, 당신의 새로운 창조를;
> 우리를 순결하고 흠 없게 하소서.
> 우리가 당신 안에 온전히 회복되어
> 당신의 위대한 구원을 보게 하소서;
> 영광에서 영광으로 변화되어,
> 우리가 천국에 이를 때까지,
> 당신 앞에 우리의 왕관을 벗어드릴 때까지,
> 경이와 사랑과 찬미에 빠져들게 하소서.
> 찰스 웨슬리, "하나님의 크신 사랑"Love Divine, All Loves Excelling

✝

따라서 하나님의 영원하신 경륜에 대한 담론에 들어갈 때마다 우리는 생각과 혀에 굴레를 씌워야 한다. 하나님 말씀의 경계 안에서 진지하게 대화한 후에 우리의 논거는 마침내 경탄으로 마무리될 것이다.

- 장 칼뱅 John Calvin, 『로마서 주석』에서

2
하나님의 깊은 신비의 위엄

로마 교회에 편지로 위대한 진리를 전하던 바울은 로마서 11:33-36에서 찬미의 송영을 터뜨리고 만다. 하나님과 그분의 길의 불가해성을 찬양하는 이 본문은 성경 전체에 흐르는 풍요로운 진리와 교훈 중 일부를 제공한다.

오, 깊도다 …

로마서를 다룰 때 (적어도 대략적으로는) 서로 구분되면서도 연관되는 두 부분으로 나눠 생각하는 것이 좋다. 일반적으로 말해, 로마서 1-11장은 기독교 복음의 교리를 제시하며, 12-16장은 그 교리의 실천에 집중한다. 그렇다고 해서 우리, 또는 성경이 인위적으로 교리와 실천을 분리할 수 있다는 것은 아니다. 순종적인 사고는 순종적인 삶만큼 중요하며, 심지어 순종적인 삶의 전제 조건이기도 하다. 하지만 로마서 12:1에 나오는 바울의 "그러므로"는 앞에서 경이롭게 전개된 진리들을 삶의 실천으로 옮기는 확실한 도약이 분명하다.

그렇다면 교리와 실천 사이의 전환점에서, 즉 보다 교훈적인 강조로부터 보다 실천적인 강조로 이동하는 시점에서 바울이 갑자기 영광스럽고 장엄한 송영을 불쑥 끼워 넣는 것은 놀라운 일이 아닐 수 없다.

(오!) 깊도다 하나님의 지혜와 지식의 풍성함이여,
그의 판단은 헤아리지 못할 것이며 그의 길은 찾지 못할 것이로다
누가 주의 마음을 알았느냐 누가 그의 모사가 되었느냐
누가 주께 먼저 드려서 갚으심을 받겠느냐
이는 만물이 주에게서 나오고 주로 말미암고 주에게로 돌아감이라
그에게 영광이 세세에 있을지어다 아멘(롬 11:33-36).

이 본문 구조로 인해 이를 찬송으로 보지 않을 수 없음을 기억하라. 바울의 "오!"(개역개정에는 생략되었다—옮긴이)는 감탄사로서, 하나님 안에서 터져 나오는 예배와 찬양의 외침이다. 신약 다른 어느 본문도 이렇게 "오!"라는 특별한 외침으로 시작하지 않는다. 이 감탄사는 기쁨과 만족이 가득한 놀라움과 깊은 경이감을 표현한다. 그것은 우리의 마음에 존경심과 경외심, 그리고 예배를 불러일으킨다. "오"라고 하는 이 단순한 용어는 우리에게 어떤 초월적인 것, 즉 평범하거나 일상적인 것을 뛰어넘는 것을 가리킨다. 그것은 우리로 하여금 즉시 이 세

상에 내재된 상태를 넘어, 닿을 수 없는 하나님의 빛과 영광을 영적인 눈으로 바라보게 한다. "오"라는 이 한 단어는 바울이 송영 나머지 부분에서 말하는 내용의 어조와 방향을 정한다. 그리고 바울은 참되신 삼위일체 하나님께 올리는 영광의 찬미 속에서 발언하고 있다.

성령께서 사도 바울에게 이러한 방식으로 글을 쓰도록 영감을 주신 데는 분명한 이유가 있다. 예를 들어, 바울이 "하나님의 지혜와 지식의 풍성함은 깊다"라고 표현했다면 우리의 반응은 어땠을까? 물론 이 또한 완벽하게 옳은 진술일 것이다. 실제로 바울이 로마서 11:33에서 전하고자 하는 바이기도 하다. 그러나 이 진술에는 뭔가 결여되어 있다. 하나님의 깊이에 대한 바울의 소통방식에서 핵심적인 요소를 빠뜨린 것이다.

바울은 단순하게 진리를 진술하기보다는 "오!"라고 외치며 송영을 시작했다. '외치다'exclaim라는 단어의 어원적 의미는 "크게 소리를 내다"to shout out이다. 다른 말로 하면, 바울의 외침의 의미는 그 표현 방식에 담겨 있다. 외친다는 것은 아무런 감정 없이 어떤 사실을 말하는 것과 다르다. 이는 비유적으로든 실제로든 소리를 내어 외치는 것이다. 그것이 외침의 목적이자 의미다. 외침으로써 우리는 외침 속에 담긴 진리를 긍정하면서, 또한 그 진리를 진술하는 방식을 통해 반응을 불러일으키기도 한다. 외침은 곧 진리이며, 그것이 긍정될 때 행동을 촉구한다. 외칠 때 우리는 단순히 무언가 말하는 데 만족하지 않는다. 그렇기에 문법적 양식으로서 외침, 즉 감탄은 그 자체로 어떤 내용을 전달함과 동시에 그 내용을 어떻게 인식해야 하는지에 대한 많은 것을 전달한다. 외침은 우리에게 전달된 진술 안에 담긴 내용을 어떻게 이해해야 하는지에 관해 많은 것을 말해 준다.

예를 들어, 가르침과 설교의 차이점 중 하나를 생각해 보자. 물론, 둘 사이에는 공통점이 많다. 그러나 일반적으로 하나님의 진리가 소통되는 방식에서 그 차이가 드러나기 마련이다. 신론 과목을 가르친다면, 나는 몇몇 요점을 나열하면서 하나씩 단언할 수 있을 것이다. 예를 들어, '하나님의 무한한 지식', 또는 '하나님은 불변하시며 자존하신다' 등을 언급할 수 있다. 또는 '하나님의 완전한 지식은 그분에게 첨가된 속성이 아니라, 하나님의 무한한 성품과 존재와 일치한다'고 진술할 수 있을 것이다. 또는 '하나님의 지식은 완전하며, 부족함이 없다'라고 할 수 있겠다. 이상의 진술들은 하나님에 관한 진실이자 모든 그리스도인이 긍정해야 할 것들이다.

하지만 이와 동일한 주제에 관해 설교한다면(사실 나는 수업 중에 설교하는 것으로 유명하다!), 나는 무엇보다 회중이 이러한 진리 속에 담긴 영광과 위엄에 사로잡히길 바랄 것이다.[1] 나는 설교를 듣는 각 사람의

---

1. '위엄'(majesty)이란 단어는 필연적으로 초월성을 내포한다. 나는 이 단어를, 하나님의 위대하심, 거룩하심, 주재하심, 불가해성 등을 포함하는 하나님의 '하나님 되심'을 가리키기 위해 사용했다. 신적 속성에 대한 논의 후, 에드워드 레이(Edward Leigh)는 하나님의 위엄에 관해 이같이 말했다. "전술한 이 모든 속성으로부터 하나님의 영광 또는 위엄이 솟아오르는데, 이 위엄은 신성의 본질(Divine Essence)이 갖고 있는 무한한 탁월함이다(히 1:3, 출 33:18, 시 29:9). 그것은 '하나님의 얼굴'(출 33:20), '가까이 가지 못할 빛'(딤전 6:16)으로 표현되기도 했다. 그것은 오직 하나님께만 속한 것으로 완전히 인정되어야 한다. 보이고 들리는 사역에 의해 이에 관한 계시와 모호한 환상이 이생에서 우리에게 허락되었다. 그러나 장차 올 세상에서 우리가 하나님을 얼굴과 얼굴을 대하여 보게 될 때에는 더욱 명료히 드러나게 될 것이다"(고전 13:12, 마 18:10). 다음 자료에

마음이 감동되어 하나님의 무한하심과 단순성과 완전한 지식의 실재를 기꺼이 받아들이길 바랄 것이다. 내가 전달하는 내용의 목적은 예배와 직접적으로 관련된다. 따라서 설교를 할 때 나는 똑같은 내용의 진리라 할지라도 감탄조로 전달할 것이다. 예를 들자면 하나님의 무한한 지식을 확언한 후에 이렇게 외칠 것이다. "우리가 섬기는 하나님은 얼마나 영광스러운 하나님입니까!" 또는 "이 하나님은 얼마나 위엄 있는 분이신지요!" 또는 "아, 하나님 같은 분은 이 세상 어디에도 없습니다!" 이러한 감탄문은 청중에게 그들이 듣고 있는 내용을 어떻게 붙들고 믿어야 하는지 지시하는 문법적 표현이다. 청중은 설교자가 선포한 진술을 단순한 사실로서가 아니라, 하나님을 향한 흠모와 예배와 찬양을 불러일으키는 온전한 진리로 받아들이고 믿어야 한다. 청중은 설교 안에 담긴 영광스러운 진리의 빛 앞에서 오직 하나님 그분을 향해 자신의 마음과 생각을 집중시켜야 한다.

성령께서는 자신의 종 바울을 통해 로마서 11:33에 "오!"라고 쓰셨다. 이는 앞서 바울이 전했던, 그리고 이 감탄문 뒤에 이어질 진리를 우리가 어떤 방식으로 긍정해야 할지 지시하기 위한 것이다. 그분은 우리가 찬양과 경이감과 예배로 그 진리를 붙들도록 의도하셨다. 우리는 바울의 말을 '긍정'하는 것과 함께 하나님과 그분의 길에 담긴 신비와 위엄으로 말미암아 그분을 '찬양'해야 한다.

서 인용. Richard A. Muller, *Post-Reformation Reformed Dogmatics: The Rise and Development of Reformed Orthodoxy*, Vol. 3, *The Divine Essence and Attributes* (Grand Rapids: Baker Academic, 2003), 543. 『신학서론』 부흥과개혁사.

잠시 시간을 내어 바울이 다소 교리적인 로마서 본문을 찬미와 예배로 마치고 있음을 생각해 보라. 아마도 바울 서신의 구조는 그리스도인으로서 우리 삶에 대해 보다 성경적으로 생각하게 도울 수 있을 것이다. 오늘날 기독교의 가르침은 우리가 자연스레 하나님을 예배하게 하는가? 중세 시대로부터 전해 내려온 유명한 격언이 하나 있다. 신학은 "하나님으로부터 와서 하나님에 관해 가르치고, 우리를 하나님께로 인도한다"[2]는 것이다. 하나님에 관해 알고 있는 것들이 우리를 그분께로 이끄는가? 아니면, 우리를 단지 더 많은 사실과 더 많은 자료로 이끄는가? 신학은 하나님을 중심으로 해야 한다. 신학은 하나님으로부터 와서 하나님에 대해 가르치며, 그 가르침은 우리를 가차 없이 이끌어 하나님을 찬양하게 해야 한다. 우리의 신학은 그렇게 하고 있는가? 우리의 신학은 우리의 탄성을 자아내는 진리의 주체이신 하나님을 중심에 두고 있는가?

하나님에 대해 많이 배우는 것은 우리의 거룩함을 위해 중요하지만, 하나님과 그분의 말씀, 그분의 길에 대해 많이 배울수록 실은 '하나님을 제법 잘 알게 되었네요. 무척 감사한 일입니다'라는 식으로 생각하기 쉽다. 그리고 일단 무엇인가 잘 안다는 생각이 들고 나면, 이제 그것을 통달했다고 여기고 그에 대해 지루해 하며 다음 주제로 넘어가는 것이 우리의 자연스러운 성향이다.

---

2. 이 문구는 프란시스 투레틴(Francis Turretin)의 저작에서도 발견된다. *Institutes of Elenctic Theology*, trans. George Musgrave Giger, ed. James T. Dennison, Jr., vol. 1 (Phillipsburg, NJ: P&R Publishing, 1992-1997), 2. 『변증신학 강요1』 부흥과개혁사.

몇 년 전, 어느 복음주의 대학 몇몇 교수들과 대화를 나누다가 현재 그들의 학생들을 대하다 놀랍게 여긴 점이 있는지 물어보았다. 이에 한 교수는 상당수 학생들이 로마 가톨릭 교회로 옮기고 있는 것이라고 대답했다. 그는 그들이 기독교의 지루한 예배 형식과 로마 가톨릭의 미사 사이에 어떤 차이를 발견했기 때문에 그렇게 옮기는 것으로 보인다고 말했다.

그러나 예배는 어떤 단절된 활동이 아니다. 예배는 하나님이 어떤 분인지, 그리스도는 어떤 분인지, 그리고 우리는 어떤 존재인지에 대한 분명한 관점을 수반한다. 단지 예배 때문에 교단을 바꾸는 것은 단지 영화관 때문에 영화를 고르는 것과 같다. 간단히 말해, 예배는 단순히 어떤 환경에 불과한 것이 아니다. 예배는 하나님에 대한 우리의 이해로부터 흘러나오는 하나의 반응이다. 예배에서 가장 중요한 것은 내용으로서, 이는 우리 예배의 요체이자 동기가 되어야 한다. 예배 때문에 교단을 옮기는 성향은 자기만족적이거나 하나님에 관한 참된 지식에 무관심하게 된 자신의 심령을 무심코 드러낸다. 가톨릭의 미사가 현재의 형식을 가진 데에는 신학적인 근거가 있으며, 개신교 예배 역시 마찬가지다. 그 근거의 본질은 하나님에 대한 관점에 있으며, 이 관점은 처음부터 우리로 하여금 그분을 예배하게 이끌어야 한다.

어쩌면 이 교회에서 저 교회로 옮겨 다니는 사람은 하나님을 깊이 알아가는 일에, 모든 지성을 다해 하나님을 사랑하는 일에 관심을 잃거나 해이해진 것은 아닐까? 우리가 갖는 예배의 경험은 그리스도인의 삶에 매우 중요한 것이 사실이다. 그러나 예배에 대한 경험 자체가 예배를 향한 동기가 되어서는 안 된다. 그리스도인에게 참된 예배를 향한 동기는 그보다 훨씬 더 깊은 곳에 있어야 한다. 예배는 하나님에 대한 우리의 지식과 사랑이 빚어낸 자연스러운 결과여야 한다. 그러나 하나님을 알아가는 일에 느슨해지고 관심을 잃게 되면, 우리는 이제 예배 장소를 바꿀 필요가 있다고 생각하기 시작한다. 그러한 생각에 미혹될 때, 바울의 이 송영적 선포는 우리가 올바른 방향으로 선회하도록 도울 수 있을 것이다. 이는 우리의 신학과 예배의 최종 목표이자 그리스도인의 삶의 토대를 제대로 보게 도울 것이다.

따라서 이 본문에 담긴 바울의 의도는 지금까지 성령의 감동을 따라 설득력 있게 제시해 온 교리에 적절한 결론과 절정을 제공하는 것이다. 특히 로마서 11:33-36은 (대략) 교리에서 실천으로 넘어가는 과도기적 본문이기 때문에, 이 송영은 또한 우리가 그리스도인의 삶을 살아내기 위해 필요한 토대와 안식처를 제공하기도 한다. 바울은 이 본문을 쓰는 동안 하나님의 초월성과 위엄, 그리고 불가해성 등에 압도되어 있었으며, 그렇기에 소리 높여 외칠 수밖에 없었다. 그러면 이렇듯 감탄하게 만든 것은 정확히 무엇일까? 주석가들은 바울이 송영을 기록할 때 염두에 둔 내용이 지금까지 전술한 로마서 전체 본문인지, 아니면 이 11장에서 전술한 단락인지 정확히 가늠하지 못하고 있다. 그러나 그것은 중요한 문제가 아니며, 적어도 한 가지는 확신할 수 있다. 바울이 33절을 쓸 때, 적어도 32절은 마음에 품었을 것이라는 사실이다.

로마 교회에 보내는 이 편지에서 바울은 먼저 유대인에게, 그리고 이방인에게 구원을 주시는 하나님의 경륜에 관한 난해한 교리를 논해 왔다. 바울이 이 논의의 결론을 내리면서 32절에서 하는 말에 주목해 보라.

하나님이 모든 사람을 순종하지 아니하는 가운데 가두어 두심은 모든 사람에게 긍휼을 베풀려 하심이로다.

33절에 나타난 바울의 논지가 무엇이라고 생각하든 간에, 바울의 머릿속에 있는 것이 지금까지의 로마서 내용 전체이든 바로 앞 단락이든 간에, 하나님의 영원한 구원의 경륜 안에 담긴 놀라운 신비가 사도의 생각을 사로잡고 있다는 사실에는 의심의 여지가 없다. 그 구원은 하나님이 자신의 모든 백성을 위해 공급하신 것으로 "먼저는 유대인에게요 그리고 헬라인에게" 주신 것이었다(롬 1:16). 특히 모든 사람을 순종하지 아니하는 가운데 가두어 두신 그분이 바로 탁월하고 위엄 있으신 하나님이라고 주장하는 부분에 주목할 필요가 있다(참고. 롬 1:18ff., 3:9ff.).

우리가 잘 알다시피 성경 어느 곳에서도 우리의 죄를 하나님 탓으로 돌리지 않는다. 그 점에 대해서는 바울 역시 이 편지에서 충분히 명확히 하려 했다(예. 롬 9:19-20). 그러나 이와 대등한 또 하나의 진실은 죄를 포함해 이 세상에서 일어나는 모든 얽히고설킨 문제와 관련해 하나님이 무심하시다거나 통제권을 내려놓으셨다고 말하는 본문 역시 성경 어디에도 없다는 점이다.

바울은 이 두 사실을 어떻게 설명하는가? 영원 전부터 시작해 역사 속에서 이루어진 하나님의 구원 사역, 그리고 자신의 모든 결정에 대한 우리의 전적인 책임에 대해 바울은 어떻게 표현하는가? 이 주제에 관해서는 앞으로 더 자세히 살펴볼 것이다. 여기서는 바울이 이렇듯 곤혹스러운 질문을 해결하기 위해 단순히 하나님의 성품의 신비를 내세우지 않았다는 사실에 주목하자. 물론 그것만으로도 충분히 진정성 있는 답변이 되었을 것이다. 그러나 바울의 해결책은 무엇보다 먼저 하나님의 긍휼을 선포하는 것이었다. 바울이 말한 대로, 하나님이 모든 사람을 순종하지 아니하는 가운데 가두어 두신 것은 "모든 사람에게 긍휼을 베풀려 하심"이었다. 인간의 불순종과 함께 하나님의 자비라는 이중적 진리가 바울로 하여금 송영을 시작하게 했던 것이다.

다른 말로 하면, 바울은 단순히 인간의 불순종이라는 보편적인 실상에 만족하지 않았다. 바울은 즉시 우리 안에 있는 불순종에 대한 하나님의 반응과 행동으로 시선을 옮겼다. 사실, 그 불순종의 목적은 하나님이 모든 사람에게, 즉 먼저는 유대인, 그리고 이방인에게 자비를 보이시는 데 있다. 따라서 과거에는 하나님이 유대인에게 자비를 나타내고자 이방인을 불순종 안에 가두어 두셨다면, 이제는 유대인과 이방인 모두를 불순종 안에 가두어 두심으로, 하나님의 자비가 유대인과 이방인 모두에게 나타나게 하신 것이다.

바울의 찬양에 동기를 부여한 것은 바로 이러한 신비(비교. 엡 3:6ff.)—하나님이 그리스도 안에서 유대인과 이방인을 자비하심으로 불러내신 그 신비—였다. 하나님의 백성을 향한 하나님의 자비로운 계획을 알 때 우리는 그로 인해 하나님을 찬양하게 된다.

　우리는 이러한 진리에 우리의 생각과 묵상을 주의 깊게 집중할 필요가 있다. 우리의 모든 현재, 우리의 모든 미래, 그리스도 안에 있는 우리의 소망, 그리스도로 말미암아 우리에게 주어진 칭의, 성령 안에서 우리에게 주어진 양자됨의 특권, 그 무엇도 그리스도의 사랑에서 우리를 분리할 수 없다는 확신, 이 모든 것이 하나님이 우리에게 긍휼을 베푸셨기 때문이란 사실을 깊이 묵상해 본 적이 있는가? 이 모든 것은 우리로서는 받을 자격 없는 하나님의 긍휼의 결과다. 그 가운데 어느 하나도 우리가 노력해서 얻은 것이 없으며, 얻을 수도 없다. 그 가운데 어느 하나도 하나님이 이 땅을 내려다보다가 우리의 가치나 인간으로서의 존엄성을 발견하셨기에, 또는 우리가 다른 사람들만큼은 악하지 않다든가 우리에게 선한 면이 있다든가 해서 우리에게 주어진 게 아니다. 우리가 가진 모든 것이 하나님에게서, 즉 하나님의 온전히 자비하고 주권적인 손에서 왔다. 우리는 그 모든 것을 갖되 영원히 가진다. 우리는 지금도, 과거에도, 미래에도 그것을 받을 자격이 전혀 없다. 우리가 어떤 식으로든 받을 자격이 있다고 한다면, 그것은 더 이상 하나님의 자비라 할 수 없다.

　당신은 이 진리의 깊이를 헤아릴 수 있는가? 바울은 그렇게 할 수 없다고 말한다. 하지만 우리는 이것이 진리임은 알 수 있다. 그리고 그 이유가 무엇인지 궁금해 할 수 있다. 그 이유를 궁금해 하면서도 우리는 하나님의 생각을 이해할 수 없을 것이다. 그렇기에 우리는 그 진리에 감탄한다. 우리는 그리스도 안에서 우리에게 베푸시는 하나님의 주권적 자비에 대한 풍성하고도 심오한 진리로 인해 하나님을 찬양한다.

바울은 33절에서 "깊도다"(헬라어로 '바토스')라는 단어를 최상급으로 사용하지 않고, 오히려 전혀 다른 차원의 존재를 묘사하기 위한 단어로 사용한다. 바울은 하나님의 지혜와 지식의 부요함이 현존하는 것 중 최고라 말하지 않는다. 이러한 표현은 하나님의 계획과 경륜을 다른 계획들과 같은 연속선상에 두게 될 것이다. 연속선상에 여러 계획이 존재하는데 한쪽 끝으로 갈수록 나쁜 계획이고 중간은 괜찮은 계획이며 하나님의 계획은 가장 훌륭한 계획이라고 말하는 셈이 된다. 바울의 말은 그런 뜻이 아니다. 이 "깊도다"라는 단어는 비교급으로 사용된 단어가 아니다. 오히려 바울은 하나님의 깊이가 이 피조 세계 너머에 있다고 단언한다. 그 깊이는 우리가 피조 세계에서 상상할 수 있는 어떤 깊은 것과도 다른 성질의 깊이다.

바울은 다른 차원의 실재에 대해 말하고 있다. 그는 하나님의 성품과 경륜의 깊이에 대해 말하고 있다. 바울은 우리에게 하나님의 성품이 얼마나 깊은지 언급하지 않는다. 그는 그런 말을 할 수 없었던 것이다. 성령께서는 하나님의 깊은 것까지 통달하신다(고전 2:10-11). 그러나 유한한 피조물인 우리는 결코 그렇게 할 수 없다. 그렇기에 바울은 그 진리에 대한 하나의 확언으로서 송영을 통해, 하나님의 풍성함이 깊고도 깊기에 그 깊이에 대해 생각하고 선포해야 한다고 외친 것이다.

수년 전, 당시 체스 챔피언이던 게리 카스파로프Garry Kasparov와 IBM사의 슈퍼컴퓨터의 체스 게임이 성사된 적이 있었다. '딥 블루'Deep Blue라는 이름의 이 컴퓨터는 체스를 두면서 초당 무려 2억 개의 다음 수를 연산할 수 있었다. 가늠이 되는가? 초당 2억 개의 수. 그것은 사실상 이해하기 어렵다. 하지만 계산은 가능하다. 초당 2억 개의 수이니, 10초당 20억 개의 경우의 수가 나올 것이다. 우리 스스로 그 작업을 수행할 수는 없겠지만, 정확한 숫자를 계산해 봄으로써 그 개념에 대해 조금은 이해할 수 있다는 것이다.

그러나 하나님의 지혜와 지식의 풍성함의 깊이는 딥 블루의 그것과는 차원이 다르다. 하나님의 하나님 되심의 깊이는 너무나 깊어 계산이 불가하며, 가히 측량할 수 없다. 하나님의 깊으심은 창조된 그 어떤 것과 비교할 수 없다. 창조된 그 어떤 것과도 비교할 수 없다면 말 그대로 우리를 초월한 것이다. 바울은 우리가 바로 그 사실을 깨닫길 바라고 있다.

한번 생각해 보라. 바울은 우리가 하나님에 대해 많은 것을 알고 있으며, 그로 인해 하나님께 찬양해야 한다고 말하지 않는다. 물론 우리는 그런 것들로 인해 하나님을 찬양하며 성경에도 그런 사례가 무수히 등장한다. 그러나 바울의 요지는 거의 직관에 반한다. 바울은 우리가 알지 못하고 심지어 알 수 없는 것으로 인해 하나님을 찬양한다! 만약 우리가 성경적으로 사고한다면, 우리 찬양의 초점은 이 세상에서건 영원한 세상에서건 어떤 피조물도 하나님을 이해할 수 없다는 사실 자체에 있을 것이다.

이제 바울은 하나님의 지혜와 지식에 무엇이 포함되어 있는지 숙고한다.

깊도다 하나님의 지혜와 지식의 풍성함이여, 그의 판단은 헤아리지 못할 것이며 그의 길은 찾지 못할 것이로다(롬 11:33)!

일반적인 찬미의 외침 이후, 우리는 하나님의 지혜의 깊음으로 향한다. 지혜에 대해 생각할 때, 우리는 하나님이 무엇을 행하기로 결정하셨는지 생각한다. 하나님의 지혜는 곧 그분의 지식이다. 그러나 마치 인간의 지혜처럼 그것은 행동으로 옮겨진 지식이다.

따라서 하나님의 판단과 길도 마찬가지다. 하나님은 자신이 무엇을 할지 결정하시며, 자신이 결정하신 것을 성취하기 위해 행동하신다. 하나님의 판단과 그분의 길은 결을 같이 한다. 그리고 여기서 성경은—또 한 번 감탄문을 사용해—하나님의 판단은 "헤아리지 못할 것"이라고 표현한다. 우리가 애용하는 구글의 검색 기능을 총동원해 "하나님의 판단"이라고 검색창에 입력한다 한들 만족할 만한 답을 얻는 것은 불가능하다. 하나님의 손에 창조된 피조물인 우리는 성 삼위 하나님의 위엄 있고 무한하고 영광스러운 성품을 우리 스스로 발견할 수 없다. "여호와께서 그가 기뻐하시는 모든 일을 천지와 바다와 모든 깊은 데서 다 행하셨도다"(시 135:6; 참고. 시 115:3). 주님이 어떤 일을 왜 행하셨는지 설명할 수 없을 때, 우리는 그분이 스스로 기뻐하는 일을 행하셨다는 사실에 만족하며 그로 인해 주님을 찬양한다.

감춰진 일

우리가 이 책에서 제시하는 전체 내용의 지침이자 우리 그리스도인의 예배와 삶 전체의 지침이 되어야 할 근본적이고도 중요한 성경적 원리가 있다. 그것은 신명기 29:29에 간명하게 주어졌다.

감추어진 일은 우리 하나님 여호와께 속하였거니와 나타난 일은 영원히 우리와 우리 자손에게 속하였나니 이는 우리에게 이 율법의 모든 말씀을 행하게 하심이니라.

여기서 우리는 하나님의 길이 갖고 있는 두 가지 기본적인 측면이 약술되어 있음을 확인할 수 있다. 우선, 하나님이 계시하신 것들이 있다. 이것들은 우리와 우리 자손에게 영원히 속한다. 하나님은 언약적으로 이것들을 지시하셨다. 즉, 언약의 하나님에 의해 언약의 가족에게 주어진 것이다. 이것들이 하나님의 백성에게 속한 것은 그들이 "이 율법의 모든 말씀을 행하게" 하기 위해서다. 이것들은 우리에게 속해 우리가 하나님의 성품(율법)을 따라 살아감으로 하나님께 영광 돌릴 수 있게 한다. 다른 말로 하면, 이것들은 우리 안에 거룩함을 생산하고 고취한다.

다음으로 오직 우리 주 하나님—성부, 성자, 성령—께만 온전히 속한 것들도 있다. 이러한 것들은 감춰진 것들이다. 하나님은 이 부분에 있어 우리에게 말씀하고 싶으신 모든 것을 말씀하셨다. 장차 그리스도께서 다시 오셔서 우리가 그분과 더불어 영원히 살게 될 때, 하나님은 더 많은 것을 알려 주실 것이다. 하지만 지금으로선 이생에서 우리가 하나님을 기쁘시게 하기 위해 알아야 할 모든 것을 하나님은 이미 말씀하셨다. 하나님은 우리가 알고 싶어 하는 모든 것을 알려 주진 않으신 것으로 보인다. 이처럼 감춰진 일에 대해 알고 싶은 마음이 생길 때 우리는 어떻게 해야 하는가?

예를 들어, 하나님은 왜 뭔가를 창조하기로 결정하셨던 걸까? 또 세상을 창조하기 전에 하나님은 무엇을 하고 계셨을까? 아우구스티누스는 후자의 질문에 대해 가정하면서 한 가지 답변을 준비했다.

"하나님은 하늘과 땅을 창조하기 전에 무엇을 하셨습니까?"라고 질문하는 사람에게 대답하겠습니다. 그 질문의 심각성을 외면하기 위해 다음과 같이 익살맞게 대답하는 사람처럼 하지는 않으려 합니다. "그분은 신비로운 문제들을 꼬치꼬치 캐내려는 사람들을 위해 지옥을 준비하고 계셨습니다."[3]

아우구스티누스가 비꼬는 듯 대답하고 있음에도 불구하고 우리는 이 답변의 요지에 주목해야 한다. 하나님의 신비를 캐묻길 원하는 자들은 사실상 하나님이 갖고 계신 하나님으로서의 특권을 부인하는

---

3. Saint Augustine, *The Confessions of St. Augustine*, trans. Edward Bouverie Pusey (Oxford: John Henry Parker, 1860), 233. 『고백록』 CH북스.

것이다. 그들은 하나님이 허락하지 않기로 정하신 것을 바라고 있으며, 따라서 그 기저에는 하나님을 향한 반역의 위험이 미묘하게 도사리고 있다.

로마서 11:33-36의 송영 본문 속에는 하나님이 대답하지 않기로 정하신 것에 대해 우리가 의문을 제기할 수 없다는 바울의 함의가 포함되어 있다. 장 칼뱅 역시 이와 비슷한 생각을 했다.

> 우리 그리스도인은, 주님께서 거룩한 입을 다무시는 곳에서는 우리 또한 탐구하기를 단념하는 절제의 미덕을 겸비하여, 자신에게 향하는 하나님의 모든 말씀에 마음과 귀를 열도록 합시다.[4]

다른 말로 하면, 던져서는 안 되는 질문들이 존재한다는 것이다. 이는 하나님의 영광스러운 성품의 위엄과 신비를 침해하고 훼손시키려는 의도가 담긴 질문들도 있기 때문이다. 그러한 질문을 던진다는 것은 하나님을 충분히 위엄 있는 분으로 여기지 않고 있음을 말해 준다. 칼뱅은 때로는 "탐구하기를 단념하는 것"이 더 나은 경건이라고 말했다. 하나님의 판단과 뜻은 우리의 능력이나 권한 밖에 있다. 우리는 그것을 들춰낼 수 없다. 그러한 것들은 "감추어진 일"에 속한다. 로마서 11:33에서 "찾지 못할"inscrutable로 번역된 단어에는 행로를 추적할 수

---

4. John Calvin, *Institutes of the Christian Religion*, ed. Henry Beveridge, trans. Henry Beveridge (Grand Rapids: Eerdmans, 1957), 3.21.3. 『기독교 강요』 복있는사람.

없는 족적이란 개념이 내포되어 있다. 다른 말로 하면, 우리가 아무리 주변을 둘러보고 단서를 찾아보아도 하나님이 무엇을, 왜 하려고 하시는지 알아낼 방도가 없다는 것이다. 하나님은 이 세상에서 역사하시는 동안 족적을 남기지 않으신다. 그분의 길은 추적될 수 없다. 하나님은 오직 자신의 주권적 계획에 따라 결정하시고 행동하시며, 그 계획은 완전한 것임에도 불구하고 우리에게는 기본적으로 극비로 남는다. 그것은 하나님 눈에만 펼쳐지며, 우리 눈에는 가려져 있다. 우리는 여기서 하나님의 길을 추적해 그분의 무한한 지혜에까지 이를 수 없다.

하나님의 성품에 대한 찬미의 송영을 통해 바울은 일련의 질문을 제기한다.

> 누가 주의 마음을 알았느냐 누가 그의 모사가 되었느냐 누가 주께 먼저 드려서 갚으심을 받겠느냐(롬 11:34-35).

물론 이 질문들은 수사적이며, 이에 대한 대답은 명백한 것으로 보인다. 그러나 잠시 멈춰 바울이 이 질문들을 통해 말하고자 하는 요지를 곰곰이 생각한다면 도움이 될 것이다.

이사야 40:13을 암시하는 가운데 성경은 우리가 하나님의 지식과 지혜 둘 다에 주목하게 한다(롬 11:33). "누가 주의 마음을 알았느냐?"는 다음의 확언을 요구하는 질문이다. "그 누구도 하나님의 지식을 알 수 없다." 그 누구도, 즉, 하나님 자신을 제외하고는 아무도 없다는 것이다(예. 마 11:27, 롬 8:26-27을 보라).

이사야서 40장 본문은 여기서 바울의 사유의 범위를 이해하는 데 도움이 된다. "너희의 하나님을 보라"(사 40:9)고 외친 직후, 이사야는 우리의 생각을 고쳐시켜 하나님의 영광의 초월성을 바라보게 한다(40:12).

> 누가 손바닥으로 바닷물을 헤아렸으며 뼘으로 하늘을 쟀으며 땅의 티끌을 되에 담아 보았으며 접시 저울로 산들을, 막대 저울로 언덕들을 달아 보았으랴?

여기서도 마찬가지로 이사야는 수사적 질문을 이용해 천지 창조의 형언할 수 없고 광대한 국면을 묘사하면서 형언할 수 없고 광대한 하나님의 영광을 제시한다. 이사야가 제시하는 그림은 다음과 같다. 지구 표면에 있는 흙을 빠짐없이 모아 한 상자에 전부 담아 보라. 또는 전 세계에 우뚝 솟아 있는 모든 산을 끌어 모아 큰 저울에 그 무게를 달아 보라. 이를 완수하고 나면, 하나님의 위엄을 조금이나마 엿볼 수 있을 것이다.

하지만 이를 완수하는 것이 가능할까? 이는 창조계의 모든 면을—흙먼지처럼 작은 것에서 산처럼 거대한 것까지—완전히 초월하시는 분, 창조 세계의 요소요소를 능숙하고 세밀하고 능력 있게 다스리시는 분이 존재할 때 비로소 가능하다. 그런 일을 일으키기 위해서는 어떤 종류의 권세와 능력이 개입되어야 할까? 이러한 권세와 능력은 어떤 모습일까? 이사야의 대답은 이렇다. "너희의 하나님을 보라!"

이 본문에서 주님이 우리에게 보여 주길 원하시는 것이 바로 이것이다. 바울은 이사야를 인용하면서 하나님과 그분의 길에 담긴 신비의 위엄에 독자들이 압도되길 바랐다. 바울의 독자들 가운데 상당수는 이사야서 예언의 진리와 맥락을 잘 알고 있었을 것이다(또한, 고전 2:16을 보라).

이뿐만이 아니다. 위에서 인용된 본문 바로 앞 구절에서 이사야는 이같이 말했다.

그는 목자 같이 양떼를 먹이시며 어린양을 그 팔로 모아 품에 안으시며 젖먹이는 암컷들을 온순히 인도하시리로다(사 40:11).

바울이 무엇으로 인해 찬양하게 되었는지 기억하는가? 하나님이 완전한 구원 계획을 이루시는 방식에 대한 경이에서 찬양은 시작되었다(참고. 시 77:10ff.). 우리의 이목을 돌려 하나님의 위엄에 집중시키는 바로 그 순간, 우리에게 하나님의 완전한 초월성을 가리켜 보이는 그 순간, 이사야는 하나님이 우리를 구원하고자 우리와 함께 있기로 작정하셨다는 맥락 안에 하나님의 초월성이 있음을 우리에게 상기시킨다. 말하자면, 위엄으로 충만하신 하나님, 언제나 초월적이시며, 이 땅의 흙먼지 하나하나를 헤아리시고 모든 산의 무게를 측량하시는 그 하나님이 우리의 목자가 되고자 하신다. 그 하나님은 양들을 다정하게 인도하시며 자기 품에 품으신다.

이러한 사실을 헤아릴 수 있겠는가? 초월적이고 존귀하시며 높임을 받기에 합당하시면서도 그와 동시에 자기 양들을 다정하게 푸른 풀밭으로 인도하시는 하나님. 과연 우리는 우리 마음의 눈을 들어 그 하나님을 바라볼 수 있는가? 바울과 이사야는 모든 참된 그리스도인이 그러한 사실을 생각할 때 마땅히 선포해야 할 바를 표현하고 있다. 우리는 찬송을 외치지 않을 수 없다.

바울이 (로마서 11:35에서) 인용하는 다음 구절에도 이사야서 본문과 동일한 경이와 놀라움이 담겨 있다. 하나님의 성품의 초월적 측면을 숙고하던 바울은 이제 욥기 41장을 언급한다.

욥기에서 욥이 거의 상상조차 할 수 없는 극심한 고난을 겪었던 것을 기억할 것이다. 욥기의 결론부에서 욥은 하나님이 욥 자신에게 왜 그런 일을 행하신 것인지 알고자 하나님과 직접 대면하고 싶어 한다. 이에 하나님은 폭풍우 가운데 욥을 대면하셔서 그에게 하나님 자신의 위엄을 상기시키신다. 하나님이 욥에게 던지신 질문 중 하나는 다음과 같았다. "누가 먼저 내게 주고 나로 하여금 갚게 하겠느냐?"(욥 41:11)

아마도 욥은 하나님이 욥 자신의 질문에 답할 책임이 있다고 생각한 것으로 보인다. 그러나 하나님은 욥에게 통찰력 있는 여러 질문을 던지면서 크고 위대하신 하나님 자신의 영광과 위엄을 향해 욥의 시선을 돌리게 하신다. 욥에 대한 하나님의 답변은 심지어 극심한 고난 한가운데 있을지라도 하나님이 어떠한 분인지 기억해야 한다는 것이다. 바울은 욥기 41:11을 인용하면서, 하나님이 우리에게 빚지신 것이 아무것도 없음을 상기시킨다. 하나님은 그 누구에게도 빚이 없으시다.

바울이 말하려는 요지를 냉혹하고 퉁명스럽고 무정한 반응처럼 여겨서는 안 된다. 바울은 우리가 하나님의 길을 이해하든 말든 그분은 신경도 안 쓰신다고 말하려는 것이 아니다. 문맥을 생각해 보라. 로마서 11:35에서 바울이 제기하는 질문의 의도는, 우리 스스로 받을 자격이 있다고 여기는 것으로부터 우리 시선을 거두어 경외심을 불러일으키는 하나님의 지식과 지혜의 깊은 풍성함을 바라보게 하는 데 있다. 다른 본문에서 바울은 다음과 같이 말한다(고전 1:25).

하나님의 어리석음이 사람보다 지혜롭고 하나님의 약하심이 사람보다 강하니라.

이 구절은 지혜가 연속선상에 있지 않음을, 즉 한쪽 끝에는 사람의 지혜가, 다른 끝에는 하나님의 지혜가 있는 그런 것이 아님을 분명히 하고 있다. 바울이 주장하고자 하는 것은 이보다 훨씬 근본적이다. 바울은 인간의 가장 고상한 지혜도 하나님의 "어리석음"과 감히 비교조차 할 수 없다고 말한다. 물론 여기서 하나님의 어리석음은 바울이 고린도인들에게 밝힌 것처럼 복음의 신비를 가리킨다. 그러나 바울이 고린도인들에게 말하고 있는 요지는 그가 로마서 11:33-36에서 주장하는 바와 유사한 면이 있다. 여기서 바울은 우리가 하나님의 지혜의 깊숙한 곳으로 들어갈 수 없다고 다시 말하고 있는 것이다. (그리스도를 떠난) 우리에게는 하나님의 지혜가 완전히 어리석게 보일 정도다.

이러한 단언은 복음에 대한 우리의 이해와 소통에 있어 매우 심오하면서도 영구적인 의미를 지닌다. 하나님의 위엄이 너무나 깊기에 우리는 하나님이 (태초부터 영원까지) 피조 세계에서 행하기로 작정하신 일의 이유와 방법을 전부 이해할 수 있을 것이라고 기대해선 안 된다. 그러나 이미 논한 것처럼 우리의 전적인 유한성에 대한 인정은 우리를 찬미로 이끌어야 마땅하다. 이 같은 현실이 우리 믿음에 장애 요소가 되어서는 안 된다.

하나님의 "감추어진 일"에 대해서는 사실상 두 종류의 반응만이 가능하다. 우리는 하나님 앞에서 불안해하고 분노하며 혼란스러워하고 고집불통 상태로 있을 수 있다. 우리가 이해할 수 없는 부분을 인정하길 거부할 수 있다. 이러한 반응은 그리스도인을 위한 선택지가 아니다. 이는 앞 장에서 논했던 합리주의에 굴복하고 말며, 더 나아가 합리주의적 반응을 취해 그것을 불순종의 기회로 전환하는 것이다.

다른 한 가지 반응은 그리스도인다운 반응이다. 그것은 하나님의 완전한 무한하심과 위대하심 앞에 경이와 찬양으로 반응하는 것이다. 그리스도인다운 반응은 하나님이 우리에게 계시하신 신비들을 받아들이고, 우리의 유한하고 죄악 된 피조성을 드러내는 명백한 증거로 인정하는 것이다. 그 실재를 분명히 보게 될 때, 우리는 예배와 찬미의 송영으로 반응하지 않을 수 없을 것이다.

마지막으로 바울은 자신의 송영을 마치면서 찬미를 진술한다. 이 찬미는 하나님과 세상, 그리고 그 외 다른 것들에 대한 자기중심적이고 합리주의적인 관점을 일소시킨다. 바울은 하나님의 지혜가 미치는 포괄적인 범위를 풍성한 방식으로 보여 준다. 우리가 알지 못하는 바가 무엇이든 간에—우리에게 부족한 지식이야 무한할 정도지만—우리는 다음과 같은 사실만큼은 알고 있다.

이는 만물이 주에게서 나오고 주로 말미암고 주에게로 돌아감이라. 그에게 영광이 세세에 있을지어다 아멘(롬 11:36).

이 두 문장은 그리스도인들이 평생 묵상할 가치가 있다. 성 삼위 하나님은 만물의 기원이자 만물을 존속시키며 만물의 목적이 되신다. 그리고 하나님의 지혜만이 모든 것을 이해하는 이유는 모든 영광이 다른 누구도 아닌 오직 하나님의 것이 되어야 하기 때문이다.

그러므로 무수히 많은 것을 알지도, 이해하지도 못하는 현실 한가운데서 우리는 이 모든 것이 하나님의 영광을 위한다는 것만큼은 의문의 여지 없이 확신할 수 있다. 이 모든 것은 하나님이 어떤 분인지 더욱 자세히 보여 주고, 하나님의 성품을 더욱 강력히 선포하며, 하나님이 계시를 통해 드러내신, 비할 데 없이 탁월한 영광을 언제나 모든 방식을 총동원해 가리켜 보이기 위한 것이다.

당신은 이 진리에 "아멘"으로 화답할 준비가 되었는가? 그리스도인으로서 이러한 진리에 "아멘!" 하고 외치는 것은 이생과 다음 생에, 그리고 영원히 우리에게 주어진 영광스러운 의무이자 가장 위대한 특권이다.

계속해서 우리는 하나님과 그분의 길에 관해 우리가 알고 있는 것이 무엇인지 신중히 고찰함으로써, 하나님의 길과 판단이 얼마나 신비롭고 위대한지 강조하려 한다. 특히 앞으로 이어질 다섯 장에서는 삼위일체, 성육신, 언약, 하나님의 영원한 구원 계획, 그리고 하나님의 섭리에 관해 살펴볼 텐데, 우리의 생각과 마음을 최대한 신중하게 집중해야 한다. 우리는 성경에서 그러한 주제들이 전개되는 과정에 주목함으로써 각각의 영광스러운 진리들을 깊이 생각해 보고자 한다. 그리고는 이러한 교훈에 대한 성경적 교리들을 강조하면서 그 교훈을 통합적으로 사고하는 방안을 모색할 것이다. 교리들을 정리하고 나면, 반드시 기억해야 할 성경적 구분에 대해서도 살펴볼 것이다. 궁극적으로 우리는 이 과정을 통해 모든 것의 근원에 자리한 신비를 인지하며 성경적인 찬미로 나아갈 것이다. 우리의 기도와 영원한 기쁨에 관한 마지막 두 장에서는 새 하늘과 새 땅이라는 정점을 향해 기독교의 신비가 뻗어나가는 데 주목하면서 신비에 대한 실천적 관점을 살펴볼 것이다.

하나님에 대한 우리의 생각은 갈수록 확장되고, 하나님을 향한 우리의 예배는 갈수록 자라야 한다. 이를 통해 우리는 새 하늘과 새 땅에서 하나님과 함께할 영원한 시간을 위해 더 잘 준비될 것이다. 그곳에서도 만물이 주에게서 나오고 주로 말미암고 주에게로, 그분의 영원한 영광으로, 우리의 영원한 찬송을 위해 돌아갈 것이다.

하나님은 신비로운 길로 운행하시네

그분이 행하시는 기사들;

그분은 바다에 자신의 발자국을 남기시고

폭풍우를 타고 오르시네.

변함없는 솜씨의

측량할 수 없는 보고 깊이

그분은 빛나는 계획을 간직하시고

자신의 주권적 뜻을 이루신다네.

윌리엄 쿠퍼, "하나님은 신비로운 길로 운행하시네" God Moves in A Mysterious Way

✢
성부든 성자든 성령이든 각각의 하나님은 완전하시다. 그리고 성부와 성자와 성령 하나님도 완전하시다. 그러므로 그분은 삼중적인 ^{triple} 존재가 아니라 삼위일체 ^{Trinity}이시다.
- 히포의 아우구스티누스, 『삼위일체론』에서.

3
삼위일체에 담긴 신비의 위엄

기독교의 가르침에서 삼위일체 교리보다 더 독특하고 근본적인 교리가 있을까? 이슬람이나 유대교 같은 타종교뿐 아니라 몰몬교나 여호와의증인 같은 이단종파를 떠올려 보아도 기독교가 이해하는 삼위일체 교리와 유사한 교훈을 가르치거나 확증하는 곳은 없다. 사실 그들 대부분은 오히려 삼위일체 교리에 눈에 띄게 적대적이다.

여기에는 다양한 이유가 있다. 앞서 본 것처럼, 우리에게는 사람들의 일반적인 사고방식에 깔끔하게 들어맞지 않는 것은 쉽게 거부하는 경향이 있다. 만약 우리의 사고가 어떤 가르침을 수용할 능력이 되지 않을 경우, 적어도 어떤 이들은 그 가르침이 잘못되었다고 생각할 것이다. 그러나 그리스도인들에게 하나님의 삼위일체 진리는 참이어야 한다. 삼위일체 없이는 기독교가 존재하지 않는다. 삼위일체 없는 기독교는 마치 글자 없는 책과 같다. 아무런 가치도, 내용도 없다.

하나님은 삼위일체라고 고백할 때, 우리는 하나님이 세 분이 아닌 한 분이라고, 한 분 하나님이면서도 세 구별된 위격이라는 의미로 말한다. 기독교의 진리를 고백할 때면 대개 그렇듯, 우리는 용어 사용에 있어 각별히 신중을 기해야 한다. 삼위일체에 대한 신앙 고백보다 더욱 주의를 요하는 주제는 없을 것이다.

언젠가 교회에서 어린 아이들을 대상으로 교리 문답을 가르친 적이 있다. 수업을 시작하며 나는 아이들에게 삼위일체가 무슨 의미인지 말해 줄 수 있냐고 물었다. 한 아이가 불쑥 내뱉었다. "하나님 머릿속에 들어 있는 세 사람이요!" 다섯 살짜리 아이치곤 나쁘지 않은 답변이다. 그러나 기독교 신앙의 핵심인 삼위일체의 신비를 제대로 이해했다고 보기에는 전적으로 미숙한 답변이 아닐 수 없다.

우리가 삼위일체를 묘사하기 위해 사용하는 표현들은 다양할 수 있다. 하지만 어떤 용어를 사용하든 그것은 성경적 진리에 상응하는 것이어야 한다. 우리는 세 신three gods이 존재한다는 식으로 말해서는 안 된다. 뿐만 아니라 하나님이 세 위격을 소유하신다거나 하나님은 우리가 위격이라 부르는 세 부분으로 형성된 존재라고 말해서도 안 된다. 하나님의 하나님 되심은 그분의 어떤 소유로 되는 것이 아니다. 하나님은 어떤 부분들로 형성된 분도 아니다. 하나님은 삼위일체 하나님이 되기 위해 자신에게 어떤 외부적 특성을 더하지 않으신다. 이런 개념과 관련해서는 다시 살펴볼 것이다. 현재로서는 하나님의 삼위일체성은 하나님의 하나님 되심, 즉 그분의 존재 자체임을 기억하는 것으로 충분하다. 그것은 하나님을 구성하는 어떤 것이 아니다. 그리고 하나님의 이러한 삼위일체성은 우리가 '하나님은 세 위격으로서 한 분이시다'라고 확언하게 한다.

장 칼뱅은 교회가 이렇듯 가장 신비롭고 영광스러운 가르침에 대한 고백의 중요성을 인식해야 한다고 주장했다. 한편 하나님의 삼위일체성을 정확하게 표현하는 것이 매우 중요하기는 하지만, 그 진리를 표현하는 데 있어 그는 한 가지 방식에만 과도하게 얽매이지 않았다. 삼위일체를 묘사하기 위해 사용되는 전형적인 용어들과 관련해 칼뱅은 다음과 같이 언급했다.

> 그러므로 이 용어들이 경솔하게 고안되지 않았다면, 우리는 그 용어들을 거부함으로써 우리의 경솔함을 드러내는 과오를 범하지 않도록 주의해야 한다. 물론 모든 사람 사이에서 다음과 같은 믿음이 동의되기만 한다면 저 용어들이 매장되어도 좋다. 즉, 성부, 성자, 성령은 한 하나님이요, 성자는 성부가 아니고, 성령은 성자가 아니며, 삼위는 비공유적 속성으로 서로 구별된다.[1]

우리가 사용하는 용어들은 하나님의 삼위일체성에 대한 우리의 고백을 더 간명하게 표현하기 위한 도구일 뿐이다. 우리는 우리가 사용하는 용어들이 성경에서 하나님의 삼위일체성에 대해 가르치고 있는

---

1. John Calvin, *Institutes of the Christian Religion*, ed. John T. McNeill, trans. Ford Lewis Battles, vol. 1, The Library of Christian Classics (Louisville, KY: Westminster John Knox Press, 2011), 125-126. 『기독교 강요』, 복있는사람.

바를 적절하게 표현하는지 따져 보아야 한다. 그러나 이보다 더 중요한 것은, 우리가 현재 사용하고 있는 용어들의 정확한 의미를 이해하는 것이다.

하나님은 삼위일체라고 고백할 때 그 말은 정확히 무엇을 의미하는가?

성경적 전개

하나님께서 옛날에는 예언자들을 통하여 여러 번에 걸쳐 여러 가지 방법으로 우리 조상들에게 말씀하셨으나 이 마지막 날에는 아들을 통하여 우리에게 말씀하셨습니다. 하나님께서는 이 아들을 만물의 상속자로 세우셨습니다. 그를 통하여 온 세상을 지으신 것입니다(히 1:1-2, 새번역).

구속사가 진행됨에 따라 하나님이 자신을 점점 더 계시하셨다는 사실을 인식하는 것은 중요하다. 하나님의 특별하고 점진적이고 구속사적인 계시는 그리스도의 재림 때까지 종결된 상태로 있을 것이지만 하나님의 아들이 인간의 몸을 입고 이 땅에 오셨던 순간까지 역사를 통해 진보하고 있었다. 히브리서 저자의 언급처럼, 하나님은 "여러 번에 걸쳐 여러 가지 방법으로" 다양한 선지자들을 택해 자기 백성과 소통하셨다. 그러나 히브리서 저자는 또한 하나님의 소통이 "아들" 안에서 최고조에 이르렀다고 우리에게 전한다. 저자는 단지 하나님이 자신의 말씀을 계시하기 위해 여러 시대에 다양한 사람들을 사용하셨다고 말하려는 것이 아니다. 저자는 오히려 하나님의 말씀-계시는 마치 행군하는 군대처럼 하나의 최종적이고 궁극적인 목적지를 향해 전진해 왔다고 말한다. 그 목적지는 하나님의 아들, 즉 스스로 완전한 하나님이신 아들 안에 나타난 말씀-계시다.[2]

역사 가운데 하나님의 계시가 발전해 감에 따라 주님의 백성이 갖고 있던 하나님에 대한 지식도 발전하게 되었다. 하나님은 자신의 성품과 계획에 대해 역사의 시작과 함께 완전하고 온전히 계시하는 것이 아니라 역사의 진행에 따라 차차 계시하기로 선택하셨다. 확신하건대 하나님은 역사의 각 시대마다 필요한 만큼의 계시를 허락하셨다. 역사의 시작 시점에서 말하자면 장차 시간의 흐름에 따라 더 많은 것이 펼쳐질 것이었다(심지어 그리스도께서 재림하시는 그날 여전히 더 많은 것이 주어질 것이다. 예. 고전 13:12을 보라).

이는 삼위일체 교리의 경우에도 마찬가지다. 삼위일체는 기독교만의 독특한 교리인데, 그리스도의 강림과 더불어 비로소 가장 완전한 형태로 계시되었다. 구약에서는 이 교리가 온전히 계시되지 않고, 그림자로 주어졌을 뿐이다. 벤자민 워필드B. B. Warfield는 하나님의 삼위일체성에 대한 계시의 발전과 진행을 다음과 같은 방식으로 표현했다.

---

[2]. 이 장 나머지 본문과 이어질 내용에서 저자의 관심은 바로 그 아들의 특성에 있다. 저자는 그분을 이렇게 묘사한다. "이는 하나님의 영광의 광채시요 그 본체의 형상이시라 그의 능력의 말씀으로 만물을 붙드시며 죄를 정결하게 하는 일을 하시고 높은 곳에 계신 지극히 크신 이의 우편에 앉으셨느니라"(히 1:3).

구약성경을 비유하자면, 가구는 잘 갖춰졌으나 조명이 어둑한 방과 같다. 빛이 비춰진다고 해서 예전에 없던 무언가를 새로 들여오는 것이 아니다. 오히려 빛은 이미 그 안에 있었지만 희미했거나 전혀 인식하지 못했던 많은 것에 대한 분명한 시각을 갖게 해 준다. 삼위일체의 신비는 구약에서 계시되지 않는다. 그러나 그 삼위일체의 신비는 구약 계시의 밑바탕을 이루고 있으며, 이곳저곳에서 모습을 거의 드러내기도 한다. 그러므로 하나님에 대한 구약의 계시는 더 완전한 후속 계시에 의해 수정되는 것이 아니라, 더 완전해지고 확장되고 확대된다.[3]

이것은 완벽한 비유다. 구약은 마치 조명은 희미하지만 가구들은 잘 갖춰진 방과 같다. 그곳엔 모든 가구가 구비되어 더 이상 필요한 가구가 없다. 필요한 것은 그 가구의 모양과 위치를 보여 줄 밝은 조명이다.

워필드가 언급한 것처럼, 삼위일체는 구약 "이곳저곳에서 모습을 거의 드러내기도 한다." 창조 사역 때, 우리는 하나님이 자기 자신과 의논하시는 모습을 확인할 수 있다. "하나님이 이르시되 우리의 형상을 따라 우리의 모양대로 우리가 사람을 만들고 … 모든 것을 다스리게 하자"(창 1:26). 물론 하나님이 혼잣말하신 것일 수도 있다. 그러나 "내가 … 하겠다"가 아니라, "우리가 … 하자"라고 말씀하신 것을 보면, 혼잣말일 가능성은 거의 없다. 분명 이 대화에는 다중의 인격들이 포

---

3. B. B. Warfield, *Biblical Doctrines*, vol. 2, The Works of Benjamin Breckinridge Warfield (1929; repr., Grand Rapids: Baker, 2000), 141-142.

함된 것으로 보인다.

그러나 "우리"란 표현이 둘 또는 스물이 아닌 셋을 가리킨다는 점을 알려 주는 충분한 빛은 없다. 그 셋이 곧 성부와 성자와 성령임을 알려 줄 만큼 충분하지도 않다. 하지만 이 본문에서 삼위일체는 "모습을 거의 드러낸다."

한편 구약에는 하나님을 아버지로 언급하거나 암시하는 본문들이 몇 군데 있다. 출애굽기 4:22에서 여호와 하나님은 이스라엘을 자신의 아들로 언급하신다. 신명기 8:5에서 이스라엘은 여호와 하나님의 아들로 언급될 뿐 아니라, 이스라엘이 범죄할 경우 여호와께서 그들을 징계, 즉 훈육하겠다고 약속하시는데, 이는 아버지로서의 행동임이 분명하다. 더 명백한 점은, 이스라엘에게 허락하시는 언약 공식covenant formula이 아버지/아들의 관계 형태로 나타난다는 것이다. 여호와께서는 나단 선지자를 통해 다윗에게 이 같이 말씀하신다. "나는 그에게 아버지가 되고 그는 내게 아들이 되리니"(삼하 7:14). 그러나 구약에서 하나님의 아버지 되심에 대한 표현은 드물며, 그렇게 언급하는 본문에서도 하나님의 아들이란 표현은 대개 성자가 아닌 하나님의 백성을 가리켜 사용된다. 다시 한 번 말하자면, 구약 역사의 긴 시간 동안 하나님의 삼위일체성에 대한 명백한 가르침은 없었지만, 하나님의 인격적이고 아버지다운 성품은 확인할 수 있었다.

그러나 신약으로 들어가는 순간, 그 빛이 켜진다. 빛 되신 그분께서 친히 나타나셨기 때문이다. 예수 그리스도, 하나님의 아들의 출현과 더불어, 역사상 가장 완전한 하나님의 계시가 환한 빛 가운데로 오게 되며, 이로써 하나님의 아버지 되심이 무엇인지도 보이게 된다.

예를 들면, 그리스도의 메시아 사역 초기에 우리는 삼위일체 하나님이 관여하시는 것을 볼 수 있다.

> 예수께서 세례를 받으시고 곧 물에서 올라오실새 하늘이 열리고 하나님의 성령이 비둘기 같이 내려 자기 위에 임하심을 보시더니 하늘로부터 소리가 있어 말씀하시되 이는 내 사랑하는 아들이요 내 기뻐하는 자라 하시니라(마 3:16-17).

물론 이 본문에 "하나님의 성령"이 인격적 존재라는 사실이 명시되지는 않는다. 그러나 하늘로부터 그 아들에 대해 말씀하시는 소리가 들려온 것은, 최소한 두 인격이 존재한다는 사실을 보여 준다. 먼저 세례를 받는 분이 존재하고, 그를 "아들"이라 부르며 기뻐한 또 다른 분이 존재한다. 우리는 그리스도의 사역에서 한 분 이상의 인격적 존재가 관여하시는 것을 보고 있다. 그리스도의 메시아 사역을 위한 취임식은 하나님의 삼위일체성에 빛을 비추며 시작한다.

(워필드의 비유를 빌리자면) 이 밝은 빛이 구약의 가구에는 비치지 않았다 하더라도, 누구든지 스스로를 하나님의 참 아들이라고 주장하는 자는 곧 자신을 하나님과 동등하게 여기는 것과 같다고 유대인들은 확신했다. 그렇기에 예수께서 자신의 사역, 그리고 그 사역과 아버지의 사역의 관련성에 대해 가르치셨을 무렵에 대해 요한은 이렇게 말한다.

유대인들이 이로 말미암아 더욱 예수를 죽이고자 하니 이는 안식일을 범할 뿐만 아니라 하나님을 자기의 친 아버지라 하여 자기를 하나님과 동등으로 삼으심이러라(요 5:18).

따라서 누군가 하나님의 독생자가 된다는 것이 무엇을 의미하는지 유대인들이 인지할 만큼, 구약에 충분한 빛이 있었던 것이 분명하다. 유대인들이 그리스도를 죽이고자 할 만큼 분노하게 된 데는 아버지와 자신의 정체성에 대한 그리스도의 가르침이 한몫을 했다. 유대인들은 그리스도의 이러한 주장이 무엇을 의미하는지 이해했고, 그 사실을 받아들이길 거부했다.

요한복음에서 예수께서는 군중들로부터 거리를 둔 채 죽음과 떠남을 준비하시면서 다락방에서 제자들에게 아버지와 아들과 성령의 관계를 설명하는 데 많은 시간을 할애하신다(요 13-17장). 그리스도께서 제자들을 떠나기 전 그들이 인지하길 바라신 마지막 주제가 될 정도로 삼위일체는 매우 중요한 문제였다. 삼위일체 교리는 그리스도 자신에게뿐 아니라 제자들을 향한 목양과 위로에도 중요한 의미를 지닌 것으로 보인다.

그러나 복음서에 나타난 가장 명백한 진술은 예수께서 제자들과 교회에게 주신 마지막 지상대명령에서 찾을 수 있다.

예수께서 나아와 말씀하여 이르시되 하늘과 땅의 모든 권세를 내게 주셨으니 그러므로 너희는 가서 모든 민족을 제자로 삼아 아버지와 아들과 성령의 이름으로 세례를 베풀고 내가 너희에게 분부한 모든 것을 가르쳐 지키게 하라 볼지어다 내가 세상 끝날까지 너희와 항상 함께 있으리라 하시니라(마 28:18-20).

세례를 받을 때 하나님의 이름이 주님의 백성에게 주어진다는 사실에 주목하라. 우리는 성경의 다른 여러 본문을 통해, 하나님의 이름이 얼마나 중요한 의미를 갖는지 잘 알고 있다. 하나님의 성품에 대해 생각하거나 논의할 때, 우리는 가장 먼저 하나님이 성경 가운데 친히 허락하신 이름들을 떠올리게 된다.

이와 관련해 앞으로 살펴볼 테지만, 여기서 두 가지 사실을 인식할 필요가 있다. 첫째, 다른 모든 이름보다 우선시되는 하나님의 이름, 피조 세계와 관련되지 않은 채 하나님을 하나님으로 묘사하는 이름은 바로 '여호와'Yahweh이다. 출애굽기 3:14-16에서 하나님이 처음으로 해석해 주신 그 이름은 하나님의 절대적인 자존성에 대해 말해 준다. 하나님 자신의 이름(그리고 성품)에 대한 하나님의 해석은 단순 명료한 표현, "나는 스스로 있는 자이니라"I am who I am(출 3:14)에서 심오하게 드러난다. 하나님 그분만이 스스로 있는 분이시다. 예수 그리스도는 바로 이 이름—"내가 있다"I am—를 자기 자신에게 적용하셨고, 유대인들은 그분을 돌로 쳐서 죽이고자 했다. 그들은 이 주장이 사실이 아니라면, 그것은 명백하게 신성모독일 수밖에 없음을 알았던 것이다(요 8:58-59).

둘째, 그리스도께서 유대인들에게 하신 말씀을 그들이 불경스럽게 여긴 이유는(비록 그것이 정말 진리였음에도 불구하고!), 하나님의 이름의 거룩함과 신성함이 이스라엘에게 주어진 십계명에 명백하게 제시되었기 때문이다.

너는 네 하나님 여호와의 이름을 망령되게 부르지 말라 여호와는 그의 이름을 망령되게 부르는 자를 죄 없다 하지 아니하리라(출 20:7).

이러한 사실은 하나님의 이름이 하나님 자신에게, 그리고 그분의 성품에 대한 우리의 이해에 얼마나 중요하게 작용하는지 증명한다. 이 계명은 하나님에 대해 우리가 사용하는 화법에 관한 것이다. 언뜻 보기에 우리가 내뱉는 말들은 상대적으로 크게 중요하지 않은 것처럼 여겨질 수 있다. 그러나 하나님의 이름과 관련해서는 결코 그렇지 않다. 하나님의 이름과 관련해 우리가 무엇을 말하는가, 그 이름을 어떻게 사용하는가 하는 것은 하나님께 매우 중대하고 심각한 문제다. 우리의 언행은 하나님께 모욕적일 수도, 하나님을 기쁘시게 할 수도 있다.

그렇기에 지상 사역의 마지막을 향하던 때 그리스도께서 최종적이고 극적인 하나님의 이름을 제자들과 세상 앞에 선포하신 그 순간이 얼마나 대단했는지 알 수 있다(마 28:19). 예수께서는 이렇게 말씀하신 것이다. "자, 이제부터 교회 안의 내 백성을 구분할 하나님의 이름은 '아버지와 아들과 성령'이라 부르겠다." 여기서 예수께서 "그 '이름들'로 세례를 주라"고 말씀하지 않으셨음을 아는 것이 중요하다. 예수께서 사용하신 언어는 명확하고 직접적이다. 신자들의 세례는 반드시 아버지와 아들과 성령이라는 '한 이름'으로 행해야 한다.

그리스도께서 오심으로 아버지와 아들과 성령이라는 한 하나님의 장엄하고 위대한 이름이 마침내 구속사 무대 중앙에 영원토록 서게 된다. 이제 그 이름 없이는 구원이 불가능해졌다. 삼위일체 하나님의 이름은 그리스도의 백성으로서 우리가 생각하고 행동해야 할 모든 것의 중심부에 자리하게 되었다. 그 이름은 이제 우리가 누구인지 규명한다.

신약에는 삼위일체의 위엄을 구체적인 방식으로 드러내는 많은 본문이 있다. 예를 하나 들자면, 사도 베드로는 그리스도께서 베드로 자신과 열한 제자들에게 하신 말씀, 즉 성령의 인도를 약속하신 말씀의 의미를 마침내 깨닫게 된다(요 16:13). 베드로전서를 기록하면서 베드로의 마음에 제일 먼저 떠오른 것은 삼위일체 하나님이었다.

> 예수 그리스도의 사도 베드로는 본도, 갈라디아, 갑바도기아, 아시아와 비두니아에 흩어진 나그네 곧 하나님 아버지의 미리 아심을 따라 성령이 거룩하게 하심으로 순종함과 예수 그리스도의 피 뿌림을 얻기 위하여 택하심을 받은 자들에게 편지하노니 은혜와 평강이 너희에게 더욱 많을지어다(벧전 1:1-2).

베드로는 세 위격의 각기 다양한 역할을 알고 있다. 미리 아신 분은 성부이시고, 거룩하게 하시는 분은 성령이시다. 그리고 우리가 대속의 피로 뿌림을 받고 순종하는 분은 그리스도시다. 우리 구원의 완성은 오직 성 삼위 하나님의 완전하신 성품의 맥락 안에서만 이해될 수 있다.

우리는 신약 성경에서 삼위일체를 가르치는 부분을 보았다. 이제 신약 성경이 기록된 이후 성경 안에 주어진 가르침의 다양한 진리들을 취합해 성경적인 삼위일체 교리를 공식화하는 작업은 우리의 책임으로 남아 있다.

성경적 교리

성경에 '삼위일체'Trinity라는 단어가 단 한 차례도 등장하지 않는다는 것은 정확한 지적이다. 삼위일체론 반대자들은 그리스도인들에게 이러한 사실을 상기시키기에 급급하며, 실제로 그들의 지적은 사실이기도 하다. 그러나 우리가 이 용어로 의미하는 바가 성경의 가르침과 상반되지 않는 이상, 그러한 지적이 삼위일체에 대한 반론으로 성립될 수는 없다. 삼위일체라는 단어는 단지 성경이 하나님에 관해 가르치는 내용에 대한 간략한 표현 방식일 뿐이다. 설령 삼위일체라는 단어를 거부한다 하더라도 그 교리 자체는 손해 볼 것이 없다. '삼위일체'라고 말하는 대신, 아버지와 아들과 성령이라는 '한' 이름의 '한' 하나님을 믿는다고 쉽게 기술할 수 있을 것이다. 아버지와 아들과 성령, 이 한 이름은 모든 그리스도인의 정체성을 확인하는 표식이다(마 28:19). 다른 말로 하면, 삼위일체 교리는 성경 여러 본문에서 공통적으로 가르치는 것들을 통합적으로 취해, 보다 더 일반적인 용어로 표현하는 가운데 만들어진 것이다.

그렇다면, 삼위일체 교리는 조직신학의 산물이라고 할 수 있다. 우리가 '삼위일체'라는 용어를 사용하는 것은, 하나님은 한 분이고 그 한 하나님은 세 위격이며 각 위격은 완전하고 철저하고 온전하게 한 하나님이라는 성경의 분명한 가르침을 나타내기 위해서다. 삼위일체 교리가 정통 신학의 중심에 자리하고 있는 만큼, 우리는 정통 교리에서 조직신학이 갖는 위치가 얼마나 중요한지 쉽게 짐작해 볼 수 있다. 심지어 '삼위일체'라는 단어를 사용하지 않는다 하더라도, 성경적인 믿음을 갖고 유지하고자 한다면 그 교리 자체는 반드시 고백해야 할 것이다. 예수 그리스도, 그분을 통해 우리에게 극적으로 주어진 하나님의 그 이름은 교회의 정체성에 없어서는 안 될 중요한 요소다.

아버지와 아들과 성령이라는 하나님의 새로운 이름은 신약적 현실이 되어 요람기에 있던 교회에 폭탄 같은 충격을 가져왔다. 당시 교회가 겪었을 곤경을 생각해 보라. 앞서 수천 년 동안 성경적 전통과 고백은 명확하고도 견고하게 유지되었다. "이스라엘아 들으라 우리 하나님 여호와는 오직 '유일한' 여호와이시니"(신 6:4). 히브리어로 '듣다'를 의미하는 단어에 기인한 '쉐마'Shema로 불리는 이 고백적 진술은 이스라엘의 삶 그리고 그들과 하나님과의 관계에 중추적인 역할을 했다. 다른 신들을 섬기거나 따르는 행위는 유일하고 살아 계신 참 하나님을 저버리는 일이었다. 그러한 배교 행위는 즉각적이고 특정한 심판을 초래하기도 했다.

그런데 매우 중대한 사건이 발생했다. 자기 스스로 하나님이라고, 자신이 아버지와 동등하다고 주장하는 한 사람이 나타났다. 그분은 자신을 믿고 고백하는 모든 사람을 아우를 하나의 교회를 세우기 위해 이 땅에 오셨다(마 16:16-19). 그렇다면 이제, 이 신생 교회는 이땅에 오셔서 자신이 하나님이라고 주장하는 그분 앞에서 유일하신 하나님을 예배해야 하는 문제의 중요성을 어떻게 이해하고 받아들여야 했을까? 예수 그리스도께서 스스로 선포하신 말씀에 비추어, 그리고 '새로운' 성경(신약, 'New' Testament)의 나머지 말씀에 비추어, 초대교회는 그들에게 오신 그분이, 어떤 식으로든 주님의 백성의 삶과 예배 속에 반영되어야 한다는 사실을 즉각 인정했다. 교회는 이러한 현실을 어떻게 이해해야 하는가?

이것은 상아탑처럼 현실과 동떨어진 질문이 아니었다. 그것은 궁극적으로 예배에 관한 질문이었다. 우선 그리스도의 정체성에 관한 질문들은 단순히 무엇이 올바른 교리인지와 관련한 문제가 아니었다. 그것은 합당하게 예배하기 위해 합당하게 사유하는 것에 관한 문제였다. 교회는 교리 자체를 위해 교리에 관해 고심하지 않았으며, 이는 우리 또한 마찬가지다. 오히려 그들은, 그분 스스로 계시하신 대로 유일하신 참 하나님을 예배하는 데 열중했을 뿐이다. 하나님 외에 다른 신을 예배하는 것은 곧 거짓 신을 숭상하는 것이며, 인류 역사와 구속사에 나타나신 참 하나님을 섬기는 것이 아니었다. 따라서 그리스도의 정체성에 관한 질문과 답변들은 대개 하나님을 "영과 진리로" 예배하고자 하는 시도 속에서 제기되었던 것이다.

그리스도의 정체성과 관련해 초기에 가장 큰 설득력을 발휘한 답변 중 하나로 아리우스(서기 250-336년경)라는 교회 지도자의 답변을 꼽을 수 있다. 아리우스는 예수 그리스도께서 오셨다는 사실 앞에서 한 분 하나님을 예배하는 유일한 길은, 그리스도께서 어떤 면에서는 신적이기는 하나 온전한 하나님은 아니었다고 인정하는 것뿐이라고 결론 내렸다. 그리스도는 창조된 존재라는 것이다. 물론 영원 가운데 무로부터 창조되긴 했지만, 그리스도는 창조된 존재가 분명하며 그 후 다른 모든 피조물의 매개자가 되신 것이다. 이 같은 방식으로 그리스도는 고귀한 지위를 얻으셨지만, 유일한 하나님과 본질상 동등한 존재일 수 없다는 것이다.

아리우스와 그의 추종자들은 그리스도는 하나님과 피조물 사이 중간쯤 위치한다고 생각했다. 그들은 그리스도께서 성부 하나님과 "동일 본질"을 지닐 수 없다고 주장했다. 만약 성부와 성자의 본질이 같다면, 우리의 논리는 곤경에 빠지고 말 것이며 한 하나님이 사실 두 하나님이라고 진술해야 할 것이다. 아리우스는 이러한 진술이 결코 성경적 신앙에 속할 수 없다고 주장했다. 그것은 정의상 이교도들의 다신론일 뿐이라는 것이다. 성경은 명백하면서도 노골적으로 유일신론을 가르친다. 아리우스와 그의 추종자들은 예수 그리스도의 완전한 신성에 반박하는 일부 유의미한 주장들을 개진했다.

아리우스주의와 그에 대한 반론의 역사는 우리의 이목을 사로잡는 흥미로운 주제가 아닐 수 없다. 그러나 더욱 놀라운 것은 그러한 아리우스와 추종자들의 가르침에 교회가 대응했던 방식에 있다. 아리우스의 가르침이 교회 내에 중대한 논쟁을 불러일으켰기 때문에, 서기 325년 콘스탄티누스 황제는 마침내, 한편으론 마지못해, 교회가 이러한 아리우스주의자들의 가르침에 대응할 필요가 있다고 결정했다. 콘스탄티누스는 그리스도의 정체성 및 신성과 관련한 문제를 논의하고 해결하기 위해 교회 지도자들의 공의회를 소집했다. 니케아에서 개최된 이 공의회는 교회 역사상 첫 에큐메니칼 신조인 니케아 신조를 생산해 냈다. 다른 모든 신조와 마찬가지로 니케아 신조의 목적은 교회가 한 몸으로서 믿는 바를 고백하는 데 있었다. 즉, 교회의 연합을 회복하는 데 목적을 둔 것이다.

니케아 신조에서 아리우스주의는 이단으로 선언되었다. 당시 공의회의 교회 지도자들이 내린 결론은 다음과 같다.

우리는 보이는 것과 보이지 않는 모든 것을 지으신 전능하신 아버지이신 한 하나님을 믿습니다. 그리고 한 주 예수 그리스도를 믿습니다. 그는 하나님의 아들이며, 아버지, 즉 아버지의 본질로부터 나신 독생자이십니다. 하나님으로부터 나온 하나님, 빛으로부터 오신 빛, 참 하나님으로부터 오신 참 하나님, 나셨으나 창조되지 않았으며, 아버지와 동일 본질이시고 이를 통해 하늘과 땅의 모든 것이 지음을 받았습니다. 그분은 우리 사람과 우리 구원을 위해 하늘에서 내려오사 육신을 입고 사람이 되셨습니다. 그분은 고난을 당하신 지 사흘만에 부활하사 하늘에 오르셨습니다. 그리고 산 자와 죽은 자를 심판하러 오실 것입니다. 우리는 또한 성령을 믿습니다. 그러나 이렇게 말하는 자들, "아들이 존재하지 않은 때가 있었다"든지 "그가 태어나시기 전에 그는 없었다"든지, "그가 무에서 지음을 받았다"든지, "아들이 또 다른 본체나 또 다른 본질로부터 유래했다"든지, "피조물"이라든지, "변할 수 있다"든지 "변화에 종속되었다"고 주장하는 자들을 가톨릭교회는 파문합니다.[4]

이 신조에서 사용된 언어는 매우 중요하다. 교회가 예수 그리스도는 "아버지의 본질로부터 나신", "아버지와 동일 본질이시고"라고 고백할 때, 이는 최대한 명확한 방식으로 예수 그리스도께서 온전히, 전적으로 하나님과 동등한 분임을 단언하는 것이다. "본질"substance이란 표현은 하나님의 본질적 특성essential character을 일컫기 위해 사용되었다. 본래 철학에 뿌리를 둔 이 단어는 신학에서 하나님의 절대적 특성을 의미하기 위해 차용한 것이다. 본질substance은 다른 어떤 것을 필요로 하지 않은 채 그 안에 그 자체로 존재하는 무언가를 가리킨다.

예수 그리스도께서 아버지와 동일 본질, 즉 하나의 본질이라고 단언할 때, 니케아 신조는 결국 예수 그리스도께서 아버지와 마찬가지로 완전한 하나님이라고 가르친 것이다. 그분은 스스로 하나님인 존재가 되기 위해 다른 어떤 것—아버지나 어떤 창조 행위—에도 의존하지 않으신다. 그러나 그렇다고 해서 그분이 아들로 나지 않으셨다는 것은 아니다. 니케아 신조는 성자의 나심begotten-ness은 곧 그의 아들 되

---

4. Charles Joseph Hefele, A History of the Councils of the Church, trans. William R. Clark, vol. 1 (Edinburgh: T&T Clark, 1871), 294-295.

심을 의미한다고 단언한다. 그러나 이 신조에서 나심은 "창조되지 않았다"not made는 부정문으로 명확하게 진술된다. 니케아 신조는 그리스도께서 창조되지 않았다고 아리우스를 반박하면서, 그분의 나심을 창조된 것으로 말하거나 생각하는 자들을 "파문한다"(즉 교회에서 내쫓는다)고 선언한다. 니케아 신조는 그리스도의 신성, 그리고 삼위일체와 관련한 정통 교리를 확정했다. 니케아 신조는 성경의 가르침을 선포함으로써 교회가 정통성을 갖기 위해서는 아리우스주의를 거부하고 하늘에서 내려와 사람이 되신 그분이 동시에 완전한 하나님이심을 고백해야 함을 알렸다. 니케아 신조가 아리우스 논쟁을 완전히 종결시킨 것은 아니지만, 이로써 아리우스의 주장을 반박하기 위해 필요한 교리적 기반이 구축된 것이다.

상대적으로 얼마 되지 않은 짧은 기간 안에 교회는 아버지, 아들과 함께 성령께서도 예배와 영광을 받기에 합당한 분임을 고백하게 된다. 따라서 교회는 신약 시대의 출발에서부터 하나님은 한 분이고, 이 하나이신 하나님은 세 구별된 위격으로 존재하며, 각 위격은 충만하고 철저하고 완전한 하나님이심을 고백하고 주장해 왔다.

이것은 교회 초창기에 발생한 충격적인 사건이다. 우리는 하나님의 삼위일체적 속성에 담긴 신비라는 문맥 안에서만 니케아 신조를 단언할 수 있음을 인식해야 한다. 그것을 단언할 때 우리는 우리가 인정해야 하는 내용을 이해할 수 없음을 시인하게 된다. 하나님의 섭리 안에서, 그리고 그분의 은혜로 말미암아 삼위일체 교리 형성을 위해 당시 교회가 전념했던 것은 비록 우리의 사유로는 이해 불가능한 내용이라 할지라도 성경이 가르치는 바를 확증하는 것이었다. 교회는 단지 하나님의 불가해성을 확인한 정도가 아니었다. 대부분의 유신론자들은 하나님이 불가해한 존재라는 주장에 동의할 것이다. 오히려 교회는, 하나님의 계시가 허용하는 범위 내에서, 그 불가해성 속에 담긴 내용을 고백하는 데 전념했던 것이다.

다시 말해 하나님의 불가해성을 감안해 말하자면, 자신을 우리에게 계시하실 때 하나님은 자신에 대한 특정 진리들, 특히 우리의 지성과 심지어 피조 세계 자체를 초월하는 진리들을 우리가 단언하고 믿게 허용하는 방식으로 계시하신다. 우리가 하나님을 삼위일체 하나님으로 고백하는 것은 불가해한 하나님의 영광을 이 땅에서 표현하는 가장 온전한 방식이라 할 수 있다. 우리는 하나님이 어떻게 하나이면서 동시에 셋일 수 있는지 도저히 이해할 수 없다. 그러나 우리는 성경이 우리에게 요구하는 열정과 확신을 다해 그것을 확증한다.

성경적 구분

성경이 하나님은 한 하나님 안에 있는 세 위격이라고 가르친다는 사실을 인정하는 순간 우리는 또 하나 중요한 구분을 지어야 한다는 점을 인식하게 된다. 우리는 "때가 차매 하나님이 그 아들을 보내사 여자에게서 나게 하시고 율법 아래에 나게 하신 것"이란 말씀을 알고 있다(갈 4:4). 이 본문과 이와 유사한 다른 본문들은 성삼위 하나님의 둘째 위격이신 성자 하나님이 백성을 구속하기 위해 하나님에 의해 보냄 받아 여자에게서, 율법 아래에 나셨다고 말한다.

이 같은 진리는 그 자체로는 삼위일체와 관련되지 않은 피조 세계(그리고 구속)와 관계하시는 삼위일체에 대한 진리들이 있음을 인정하게 한다. 다르게 말하면 보냄 받으신 분은 아들이며, 이 보내심에는 성삼위 하나님이 하지 않으시는 방식으로 피조 세계에 내려와 그 속에 참여하는 것이 포함된다는 것이다.

그러므로 우리는 하나님의 삼위일체 되심을 고백할 때, 반드시 기본적인 구분을 염두에 두어야 한다. 삼위일체에 관해 생각하고 말할 때, 우리는 삼위일체가 하나님이 하나님으로서 어떤 분인지 의미하는 것임을 신중하게 인지해야 한다. 그것은 교회의 최우선적인 고백이다. 그러나 우리는 이 성삼위 하나님 자신께서 친히 이 피조 세계에, 더 나아가 구속 역사 계획에 스스로 참여하셨음을 보아야 한다. 달리 말하면, 우리는 하나님으로서의 삼위일체 하나님을 고백할 뿐 아니라 피조 세계와 관계하시고 피조 세계에 참여하시는 삼위일체 하나님을 고백한다.

이러한 구분을 표현하기 위해 표준적으로 사용되어 온 두 용어가 있는데, 우리의 일상 어휘에서 흔히 사용되는 것은 아니다. 자신으로서의 삼위일체 하나님에 대해 이야기할 때는 종종 '존재론적'ontological이라는 용어가 사용된다. 이 경우 '존재론적'이라는 용어는 피조물과 관계 없이 오직 하나님의 하나님 되심Being을 의미한다('온토스'ontos는 '존재'being를 뜻하는 헬라어다). 존재론적 삼위일체는 하나님 존재 자체의 삼위일체성을 말한다. 이것은 성부(영원히 낳으심eternally begetting), 성자(영원히 나심eternally begotten), 성령(영원히 발출되심eternally proceeding)으로서의 한 분 하나님을 나타낸다.

그러나 피조물과 구속과 관계하시는 성삼위 하나님께 초점을 맞출 때, 우리는 자신의 존재 외부에 있는 무언가와 관계하시는 하나님을 생각하게 된다. 이러한 활동을 가리킬 때 사용되는 용어는 '경륜적'economic 삼위일체. '경륜적'이라는 단어가 전혀 다른 의미로 자주 사용되기 때문에 혼란스러울 수 있다. 영어로 'economic', 즉 경제적이라는 단어를 들을 때, 우리는 대개 금융이나 재정의 맥락을 떠올린다. 그러나 신학에서 '오이코노미아'oikonomia라는 헬라어 단어는 '합의'arrangement를 뜻하는데, 창조와 구속의 계획과 관련한 합의 속에서 이뤄지는 성삼위 하나님의 활동을 가리키는 데 사용되었다. 따라서 경륜적 삼위일체는 창조와 구속 사역 가운데 성삼위 각 위격이 맡는 역할 면에서 성부, 성자, 성령 하나님을 가리킨다.

물론 이것은 두 종류의 삼위일체가 있음을 의미하지 않는다. 또한 창조와 구속에서 성삼위 하나님이 행하시는 일이 하나님의 존재 자체와 반(反)한다는 것을 의미하지도 않는다. 이것이 정말 의미하는 바는 피조 세계와 관계하는 방식으로 자신의 존재론적 성품을 소통하는 것이 삼위일체 하나님의 계획이었다는 것이다. 그렇게 함으로써 창조 이전에는 하나님의 성품이 내재적으로만 표현되던 것과는 달리 외적으로 표현된 것이다. 하나님이 창조하심으로 말미암아, 하나님의 성품과 특징이 피조 세계와 그분의 관계 속에서, 그리고 피조 세계 안팎에서 이뤄지는 그분의 사역 속에서 나타나게 되었다.

예를 들면, 아버지는 구속 사역을 위해 아들을 보내신다. 창조가 없었다면, 성자께서 보냄을 받으실 필요가 없었다. 창조가 이뤄지지 않았을 당시에는 성자께서 보냄 받으실 장소조차 존재하지 않았다! 그뿐만이 아니다. 아들이 십자가에 달리셨을 때 아버지의 진노가 아들에게 쏟아졌다(참고. 갈 3:13). 창조와 죄의 유입이 없었다면 하나님이 진노하실 필요도, 이유도 없었을 것이다. 그런 의미에서, 하나님의 진노는 존재론적 삼위일체(즉, 자신과의 관계에서의 하나님)에서 나오는 표현이 아니다. 게다가 우리는 성령께서 우리 죄로 인해 근심하실 수 있음을 성경에서 배운다(엡 4:30). 하지만 자신 안에서의 하나님과 관련해 말하자면, 어느 위격도 근심할 필요나 이유가 없다. 삼위일체 하나님의 이 모든 경륜적 활동과 사역은 하나님이 자신 안에서 하나님 되심으로부터 피조물 안에서 하나님 되심으로 변화하신다는 것을 의미하지 않는다. 그것이 실제로 의미하는 것은 심지어 피조물 안에서, 피조물과 함께 소통하심으로 자신의 성품을 표현하실 때조차 하나님은 영원히 존재 자체로서의 하나님으로 계실 수 있다는 것이다! (이어지는 내용에서 우리는 이러한 성경적 진리들을 분류하는 한 가지 방법을 소개할 것이다.)

삼위일체 하나님의 신비에는 자신 안에서의 성삼위 하나님, 그리고 피조 세계 안에서 구속을 성취하시는 성삼위 하나님 사이의 관계에 담긴 신비도 빼놓을 수 없다. 우리는 서로에 대한 근거를 볼 수 있게 도와주는 각 특징에 주목할 필요가 있다. 예들 들면, 니케아 신조에서 아들을 "아버지에게서 나신 독생자"라고 진술했을 때, 그것은 자신 안에서의 하나님의 실재(즉, 존재론적 실재)를 고백하는 것이다. 성자는 성부에게서 영원히 나신 이다. 그러므로 나신 이로서의 성자께서 아버지로부터 보냄 받으신 분이 되는 것은 자연스러워 보인다. '나신 이'는 또한 '보냄 받으신 이'라는 사실은 성경적으로 일리가 있다. (존재론적으로나 경륜적으로나) 성자는 성부로부터 말미암기 때문이다. 신성 안에서 성부는 나신 이가 아닌 반면, 성자는 성부로부터 말미암은 아들이기에 성부께서 보냄 받으신 이가 된다는 것은 적절하지 않을 것이다. 존재론적으로 낳는 이begetter이신 성부는 경륜적으로 보내는 이sender가 되신다. 마찬가지로 성령께서 성부와 성자로부터 영원히 발출되시기에, 역사와 구속 가운데 성부께서 시작하시고 성자께서 완성하신 것을 성령께서 적용시키기 위해 하나님 백성에게 임하실 때, 성령께서 성부와 성자로부터 보냄 받는 것이 적절해 보인다.

참으로 신비롭기 그지 없는 이러한 구분은 거의 이천 년 동안 교회를 지도한 가르침이 되어 왔다. 이러한 구분이 없다면, 성삼위 하나님은 (피조 세계와 무관하게 오직 존재론적 삼위일체로만 존재할 경우) 피조물과 동떨어진 존재가 되시거나, (오직 경륜적 삼위일체로만 존재할 경우) 하나님 되심을 이루기 위해 창조와 구속에 의존하는 존재가 되실 것이다. 하나님의 삼위일체성이 갖는 양면성은 둘 다 확증되어야 한다.

그러한 확증 속에서 우리는 경륜적 삼위일체는 존재론적 삼위일체로부터 발현되는 것임을 인정해야 한다. 즉, 피조물을 향하는 하나님의 성향은 하나님이 존재 자체로 하나님 되시기 때문이다. 이러한 확증 자체가 우리에게 불가해한 것을 가해한 것으로 만들지는 않는다. 오히려 그것은 불가해성을 증가시키고 강화시킬 뿐이며, 따라서 성경에 기반을 둔 삼위일체 하나님께 대한 우리의 예배를 더욱 견고히 한다!

성경적 송영

신비의 위엄에 초점을 맞추고 있는 입장에서 우리는 성경적인 삼위일체 교리를 형성하는 과정에서 초대교회에 정확히 무슨 일이 일어났는지 제대로 파악하기 위해 보다 천천히 숙고할 필요가 있다. 초대교회 모든 이가 이 교리를 쉽게 권유하고 받아들인 것은 아니었다. 이 교리가 교회의 신조 안에 손쉽게 흘러들어간 것도 아니었다. 사실, 하나님을 삼위일체로 믿지 말아야 할 이유를 생각해 내는 것이 더 쉬울 정도다.

  교회 또는 교회 내 각 개인의 목표가 사람들이 전형적으로 사고하는 방식에 딱 들어맞는 성명을 발표하는 것이라면, 교회는 아리우스의 입장에 손을 들어줬을 것이다. 그럴 경우 교회는 "전능하신 성부 하나님"에 대한 믿음을 고백한 신조를 작성하고 (다신론은 결코 고려될 수 없기에) 아리우스처럼 예수 그리스도께서 완전한 하나님일 수 없다고 결론 내렸을 것이다. 그렇게 되었다면, 삼위일체에 대한 고백도, 하나 안에 셋이라는 고백도 존재하지 않게 되었을 것이다. 단지 유일하신 한 분만 고백했을 것이다. 그리고 그 한 분 하나님은 아마도 예수 그리스도와 성령과 특별한 관계를 가지신 분으로 묘사되었을 것이다. 또는 교회 지도자들이 니케아 공의회에서 좀더 급진적 태도를 취하고자 했다면, 성부의 하나님 되심과 성자의 하나님 되심을 인정해 (적어도) 두 분 하나님을 고백하게 되었을 수도 있다. 그러나 이 또한 성경의 분명한 가르침을 명백하게 위배하는 것이다.

교회사 초기부터 그러한 유혹이 잠재해 있었지만, 성경이 교회의 유일무이한 안내서로 존재하는 한 그러한 사상이 확정되거나 고백될 수는 없었다. 하나님 말씀의 쉐마가 반박될 수는 없었다. 하나님은 과거에도 현재에도 유일한 한 하나님이라는 사실은 충분히 분명하다. 하지만 자신을 스스로 여호와와 동일시하셨던 그분(참고. 요 8:58), 그러면서 동시에 아버지께 순종하기 위해 오셨던 그분 또한 예배를 받아 마땅했다(예. 요 20:28; 히 1:6을 보라). 성경을 읽는—또는 초기에 성경 낭독을 들은—모든 그리스도인은 하나님의 아들이신 이 그리스도께서 하나님과 동일하면서도 구별된다는 사실을 인정하지 않을 수 없었다 (참고. 요 1:1).

앞에서 살펴봤듯이 이러한 하나님의 신비는 그분의 초월적인 위엄을 설명하고 고양시킨다. 성경적 신앙을 가진 그리스도인이라면 이렇듯 삼위일체에 담긴 신비의 위엄을 회피하는 것이 아니라 인격적으로, 열정적으로, 열광적으로 받아들여야 한다. 이 신비를 기꺼이 받아들일 때, 그것은 우리를 성화로 인도하며 다가오는 시대의 새로운 삶을 준비하게 할 것이다.

위대한 청교도 목회자 중 한 사람으로 존 오웬John Owen을 꼽을 수 있다. 그의 저술은 난해할 수 있으나, 노력해서 읽어볼 만한 가치가 충분하다. 여기서 삼위일체(와 그와 관련한 교리들)의 위엄을 바라보는 데 도움이 될 만한 존 오웬의 글을 인용하고자 한다. 다음 인용문을 천천히 신중하게 읽어보길 바란다.

성경 안에는 교리들과 계시들이 있습니다. 너무나 장엄하고 영광스러우며, 매우 심오하고 신비롭도록 탁월하기에 처음 들을 때 우리는 본성상 자신을 뛰어넘는 것과의 대면에 깜짝 놀라고, 움츠러들며, 공포에 휩싸이게 됩니다. 우리 본성이 감당하기에는 너무나 위대하고 탁월하기에 회피하고 사양하길 간절히 원합니다. 그러나 한편 그러한 진리에 온전히 집중하게 될 때 우리 본성은, 비록 다 헤아릴 수 없을지라도 그 진리를 받아들이고 복종하지 않는 한, 우리가 받은 모든 것을 다시 내어놓아야 할 뿐 아니라, 피조물로서 하나님께 의존한 모든 것 또한 와해되거나 본성 자신에게 끔찍하고 두렵고 파멸적으로 돌아갈 수밖에 없음을 굴복하고 깨닫게 됩니다. 삼위일체, 하나님 아들의 성육신, 죽은 자들의 부활, 신자의 거듭남 등에 관한 교리들이 바로 그러한 것들입니다. 이러한 것들을 처음 접할 때 우리의 본성은 매우 경이로워하며 이렇게 외칩니다. "어떻게 이런 것들이 가능하단 말입니까?" 혹 그렇지 않다면, 스스로 반대의 길에 들어서게 됩니다. … 그러나 이성의 눈이 적게나마 확신할 때, 비록 이 태양 속 영광을 결코 명확하게 바라볼 수 없지만 그럼에도 이해할 수 있는 모든 것을 뛰어넘어 그 안에 영광이 있음을 고백할 때 … 즉, 너무나 고상하고 이성으로는 도저히 닿을 수 없을지라도 그것을 추구할 때, 깨달을 것입니다. 그 진리에 대한 복종 없이는 하나님과 사람 사이의 언약 관계

전체가 와해될 수밖에 없음을 말입니다.[5]

오웬은 삼위일체의 위엄에 대해 잘 표현했다. 불가해하고 초월적인 진리가 빛 앞으로 나올 때, 우리의 본성(즉, 이성)은 처음엔 "깜짝 놀라고, 움츠러들며, 공포에 휩싸이게" 된다. 그러나 그 사실을 한 번 받아들이게 되면, 그러한 영광스러운 진리 없이는 "하나님과 사람 사이의 언약 관계 전체가 와해될 수밖에 없음"을 깨닫는다. 우리가 삼위일체에 담긴 신비의 위엄을 받아들이는 것은, 그 신비 안에 하나님이 거하시며 그 신비 없이는 피조물과 백성에 대한 하나님의 관계도 존재하지 않기 때문이다.

불가해한 하나님의 삼위일체적 속성에 담긴 위엄은 구속사 전체를 통해 전개되어 왔다. 많이 받은 자들에게는 많은 것이 요구될 것이다. 그 신비의 위엄은 하나님 아들의 삶과 죽음, 부활과 승천, 그리고 그분의 높아지심 속에서 최고의 위엄에 도달했다. 삼위일체 하나님의 은혜로 말미암아 교회는 발단에서부터 이 신비를 목도해 왔다. 따라서 하나님의 은혜로운 섭리 안에서 교회의 예식은 초기부터 지금까지 삼위일체 하나님을 예배하며 찬양하는 데 집중했다. "하나님은 어떻게 하나이며 셋일 수 있습니까?"라는 질문에 대한 그리스도인의 답변은 이렇다. "우리는 그것을 다 이해할 수 없습니다." 그리고 이렇게 덧붙일

---

5. John Owen, *The Works of John Owen*, ed. William H. Goold (Edinburgh: T&T Clark, 1862), 16:339-340.

수 있을 것이다. "하지만 이 진리와 불가해성이야말로 우리 예배의 초점이자, 우리 찬양의 핵심이며, 사실상 우리 인생의 전부입니다."

적어도 4세기부터 교회는 대개 시편 낭독 후에 성삼위 하나님을 찬양하는 '영광송'Gloria patri 을 불러 왔다. 그것을 노래할 때마다 우리 주의 백성은 삼위일체 하나님의 신비의 위엄 속에 기뻐 뛰며 즐거워한다.

성부, 성자, 성령 영원히 영광 받으옵소서.
태초로 지금까지, 또 길이 영원무궁.
영광 영광 아멘 아멘.

✝
하나님이었던 그분은 "하나님의 본체"로 거하셨고 "하나님과 동등"하셨으나 "종의 형체를 가지"셨다. 이는 그리스도의 영광스러운 낮아지심으로, 복음의 모든 신비 가운데서 가장 위대한 신비이며, 교회의 생명이자 영혼과 같다. 하나님이 아닌 이가 어떤 행동을 하거나 당한다고 해서 하나님이 될 수 없듯, 하나님이신 그분이 어떤 행동을 하거나 당한다고 해서 하나님 되심을 멈출 수 없다. 그리스도는 하나님 되심을 멈출 수 없는 분이다. … 따라서 우리는 이렇게 말할 수 있다. "그리스도, 하나님이신 그분은 우리를 위해 사람이 되셨다."
- 존 오웬, 『그리스도의 굴욕과 낮아지심』에서.

4
성육신에 담긴 신비의 위엄

우리가 그리스도인으로서 제일 먼저 고백하게 되는 것이 성육신의 신비다. 신학적 용어나 개념에 대해서는 잘 알지 못할 수 있지만, 기독교 신앙을 처음 공언할 때 우리는 완전한 하나님이자 완전한 사람이신 그분을 신뢰한다고 고백한다. 이 같은 방식으로 우리는 위엄 있는 신비의 관문을 통해 기독교에 입문하게 된다. 이 신비는 우리가 그리스도인으로서 성숙해지는 정도에 따라 나중에 대면하게 되는 그런 것이 아니다. 오히려 이 신비는 그리스도인으로서 우리가 드리는 첫 고백과 동반된다. 예수 그리스도를 시인할 때 우리는 우리의 지각으로는 이해 불가능한 무언가를 함께 고백한다. 우리는 우리가 깨달을 수 없는 것을 진리로 고백한다. 우리는 그 진리를 기쁨으로 시인하며, 그로 말미암아 예배로 인도함을 받는다. 이는 마땅히 그렇게 되어야 한다. 하지만 성육신의 신비에 대한 탐구는 또한 우리 자신의 거룩한 삶과 예배의 기초를 더욱 공고히 하며 우리를 성장시키는 동력이 되기도 한다.

C. S. 루이스는 아타나시우스의 저술, 『말씀의 성육신에 관하여』에 대한 개론서에서, 특히 신학 분야에서 현대 서적이 고대 서적보다 선호되고 전문가들을 제외하고 대다수 독자들이 전문성 있는 서적을 거의 읽지 않는 작금의 현실에 대해 한탄을 금치 못한다. 이러한 실태는 전적으로 영혼들의 영적 빈곤을 야기하기 마련이다. 이에 대해 루이스는 다음과 같이 말한다.

> 가벼운 경건 서적 앞에 가만히 앉거나 무릎을 꿇을 때는 아무 일도 일어나지 않는데, 입에 파이프를 문 채 연필을 손에 쥐고 꽤나 어려운 신학책을 끝까지 읽어 나가다 보면 마음 깊은 곳에서 저절로 찬양이 터져 나오는 것을 경험하게 될 것이다.[1]

루이스가 정확했음을 이미 경험했거나 앞으로 경험할 그리스도인이 많을 것이다. 성경의 진리 속으로 깊이 파고 들어가는 노력은 언제나 그리스도인의 생각과 마음에 풍성한 보상을 가져다준다. 그리스도인의 성숙은 그리스도인의 묵상을 통해 얻는 소산이며, 성화는 성경 연구를 통해 얻는 결과물이다.

---

1. C. S. Lewis, Introduction to *The Incarnation of the Word, Being the Treatise of St. Athanasius, De Incarnatione Verbi Dei*, by Saint Athanasius (London: Geoffrey Bles: The Centenary Press, 1944), 13-14. 『말씀의 성육신에 관하여』 죠이북스.

루이스가 성육신에 관한 고서를 추천하면서 이런 문구를 쓴 것은 매우 적절해 보인다. 삼위일체의 신비에 대한 성경적 이해와 더불어 예수 그리스도의 인격에 담긴 영광스러운 신비에 대한 깊이 있고 지속적인 묵상만큼 그리스도인들을 더 깊고 지속적인 예배로 이끄는 것은 없을 것이다.

성경적 전개

성경에는 신인God-man의 실체에 대해 증언하는 수없이 많은 본문이 있기에 여기서 그것들을 전부 다루는 것은 불가능하다. 벤자민 워필드는 이렇게 말한다. "신약성경의 주제는 그리스도다. 신약의 모든 장, 아니 신약의 모든 구절마다 그분을 묘사한 초상이 없는 곳이 없다."[2] 구속사는 성육신에 대한 증언으로 가득하다. 그러한 증언은 성경의 거의 모든 장에서 발견되는 것이기도 하다. 주께서 말씀을 통해 우리에게 주신, 하나님이 사람에게 오셨다는 그 기사는 있는 그대로 인식하기만 한다면 눈을 열어 그것을 읽는 모든 자에게 경이와 경외심을 불러일으키기에 충분하다.

신약 서두에서 성육신에 관한 기사를 읽을 때, 우리는 그리스도의 오심이 크리스마스 카드에서 묘사하는 것처럼 평온하고 목가적이지

---

2. Benjamin B. Warfield, *The Lord of Glory: A Study of the Designations of Our Lord in the New Testament with Especial Reference to His Deity* (New York: American Tract Society, 1907), 1.

않았음을 보게 된다. 그리스도께서 오실 것이라는 소식은 요셉에게 닥친 수수께끼 같은 일과 함께 시작되는데, 처음에 그는 약혼녀인 마리아와의 관계를 조용히 끊는 것이 최선이라고 생각했다(마 1:19). 천사로부터 그리스도를 위한 길을 예비할 아들을 낳으리란 소식을 들었을 때, 사가랴는 이를 불신했고 그로 인해 벌을 받아야 했다(눅 1:18-23). 천사가 긍정적인 소식만 전한 유일한 인물인 마리아조차 그 모든 일의 의미를 고심하는 가운데 두려움에 떨며 놀라움을 금치 못했다(눅 1:26-38).

이러한 기사들을 통해 알 수 있는 사실은 메시아의 출현 소식이 이와 직접 연관된 사람들에게 말 그대로 믿기 힘든 소식이었다는 점이다. 당시 그들이 듣고 수긍해야 했던 말은 처음 들을 당시 도저히 믿기지 않는 그런 내용이었다. 그 소식은 당사자들의 마음에 두려움과 혼란과 근심을 초래했다.

구약에는 인간으로 낮아지신 하나님의 실체에 대한 진술이 많이 있으나(이에 대해선 이후 더 살펴볼 것이다), 하나님이 자기 백성을 구속하기 위해 정확히 어떤 방식으로 오실 것인지에 대해서는 구체적이지 않다. 그분께서 구원하기 위해 친히 방문하실 것이란 사실에는 의문의 여지가 없었지만, 구체적인 내용은 때가 이르기 전까지 여전히 감추어져 있었다.

그러나 그분이 우리 중 하나와 같이 되심으로 모든 민족에게 구원을 나타내실 것이란 영광스러운 진리의 말씀이 주님의 백성에게 비치기 시작하자, 그들의 두려움과 혼란은 이내 감사의 찬미로 전환된다.

마리아가 이르되 내 영혼이 주를 찬양하며 내 마음이 하나님 내 구주를 기뻐하였음은 그의 여종의 비천함을 돌보셨음이라 보라 이제 후로는 만세에 나를 복이 있다 일컬으리로다 능하신 이가 큰 일을 내게 행하셨으니 그 이름이 거룩하시며 긍휼하심이 두려워하는 자에게 대대로 이르는도다 그의 팔로 힘을 보이사 마음의 생각이 교만한 자들을 흩으셨고 권세 있는 자를 그 위에서 내리치셨으며 비천한 자를 높이셨고 주리는 자를 좋은 것으로 배불리셨으며 부자는 빈 손으로 보내셨도다 그 종 이스라엘을 도우사 긍휼히 여기시고 기억하시되 우리 조상에게 말씀하신 것과 같이 아브라함과 그 자손에게 영원히 하시리로다 하니라(눅 1:46-55).

세례 요한의 아버지, 제사장 사가랴는 천사가 전했던 소식을 처음부터 믿지 못해 말할 수 없게 되었다. 입이 열리고 혀가 풀려 다시 말하게 되자 사가랴는 찬양하며 예언하기에 이른다.

그 부친 사가랴가 성령의 충만함을 받아 예언하여 이르되 찬송하리로다 주 이스라엘의 하나님이여 그 백성을 돌보사 속량하시며 우리를 위하여 구원의 뿔을 그 종 다윗의 집에 일으키셨으니 이것은 주께서 예로부터 거룩한 선지자의 입으로 말씀하신 바와 같이 우리 원수에게서와 우리를 미워하는 모든 자의 손에서 구원하시는 일이라 우리 조상을 긍휼히 여기시며 그 거룩한 언약을 기억하셨으니 곧 우리 조상 아브라함에게 하신 맹세라 우리가 원수의 손에서 건지심을 받고 종신토록 주의 앞에서 성결과 의로 두려움이 없이 섬기게 하리라 하셨도다(눅 1:67-75).

하나님이 구속 계획을 성취하실 것임이 분명해졌다. 이는 그저 창세 때부터 행하셨던 대로 이땅에 내려와 인간과 교통하는 것을 통해서가 아니었다. 이땅에 내려와 영구적으로, 그리고 역설적으로 인간의 본성을 취하심을 통해서 인간으로서는 도저히 이룰 수 없는 일을 이루신다는 것이다. 속량이 이루어질 것인데, 하나님과 사람 사이의 협력을 통해서가 아니라 전적으로 하나님에 의해, 그리고 누구도 상상하지 못했던 일을 하나님이 친히 행하심으로써 이루어진다는 것이다.

천사가 목자들에게 전한 소식은 이와 같다. "오늘 다윗의 동네에 너희를 위하여 구주가 나셨으니 곧 그리스도 주시니라"(눅 2:11). 당시 "주"Lord라는 단어가 무엇을 의미했는지 구약을 통해 알고 있는 사람이라면, 여기서 선포된 주가 곧 하나님을 가리킨다는 사실을 감지했을 것이다. 신약에서 "주"라고 번역된 헬라어 단어 '퀴리오스'Kyrios는 구약에서 "여호와"Yahweh란 단어에 상응하는 표현이다. (많은 영어 성경의 경우) 구약에서 "주"LORD라는 단어가 대문자로 표기될 때마다 그 번역의 근간이 되는 히브리어는 우리가 소위 '테트라그라마톤'Tetragrammaton ("네 개의 문자"를 뜻함)이라고 부르는 용어다. 테트라그라마톤은 'yhwh'로 음역 표기되는 히브리어의 네 문자로, 하나님은 이것을 스스로 자신의 이름으로 사용하셨고, 우리가 보게 된 바대로 친히 해석해 주셨다(출 3:14-16을 보라). 하나님은 모세에게 자신의 이름이 "스스로 있는 자"라고 말씀하셨다. "주"Lord라고 번역된 히브리어는 바로 그 이름, 여호와Yahweh에서 파생된 것이다. 여호와, 그리고 그분 한 분만이 홀로, "스스로 있는 자"I am who I am가 되신다.

구주께서 오셔서 오랫동안 고대했던 메시아로서의 자신의 사역에 착수하셨을 때, 그분은 산에서 모세를 불러 말씀하셨던 그분과 자기 자신을 동일시하셨다.

너희 조상 아브라함은 나의 때 볼 것을 즐거워하다가 보고 기뻐하였느니라 유대인들이 이르되 네가 아직 오십 세도 못되었는데 아브라함을 보았느냐 예수께서 이르시되 진실로 진실로 너희에게 이르노니 아브라함이 나기 전부터 내가 있느니라 I am 하시니 그들이 돌을 들어 치려 하거늘 예수께서 숨어 성전에서 나가시니라 (요 8:56-59).

이전 장에서도 보았듯 바리새인들은 예수께서 주장하시는 것이 무엇인지를 명확하게 이해했다. 자신이 산에서 모세에게 말씀하셨던, 그리고 창조 역사 이래로 자기 백성과 항상 함께하셨던 바로 그분, "스스로 있는 자" I am 이심을 그리스도께서 친히 주장하신 것이다. 유대인들은 그 진술이 참이 아닐 경우 신성모독일 수밖에 없음을 잘 알고 있었기 때문에, 돌을 들어 주님을 치려 했던 것이다 (레 24:10-16).

복음서 외에 신약의 다른 여러 본문에서도 구약의 여호와 하나님을 언급하면서 이를 예수 그리스도께 적용한다. 언급할 많은 본문이 있지만, 여기서는 세 곳만 살펴보기로 하겠다.

로마서 10:13에서 사도 바울은 이렇게 말한다.

누구든지 주의 이름을 부르는 자는 구원을 받으리라.

이 구절에서 바울은 분명히 그리스도를 가리켜 말하고 있다. 그런데 그가 인용하고 있는 요엘 2:32은 분명히 여호와 하나님을 가리켜 말하고 있다.

누구든지 여호와LORD의 이름을 부르는 자는 구원을 얻으리니 이는 나 여호와의 말대로 시온 산과 예루살렘에서 피할 자가 있을 것임이요 남은 자 중에 나 여호와의 부름을 받을 자가 있을 것임이니라.

여러 세기 동안 주님의 백성에게 주어진 "주Lord의 이름"은 "여호와"Yahweh였다. 이제 신약성경에서는 거의 균일하게 그 이름을 취해 예수 그리스도께로 직접 적용한다. 신약에서는 우리가 우리 입으로 예수를 주라고 시인해야 한다(롬 10:9).

베드로전서 3:14-15에서 베드로는 특히 이사야 8:12-13을 암시하는데, 그 구절은 다음과 같다.

이 백성이 반역자가 있다고 말하여도 너희는 그 모든 말을 따라 반역자가 있다고 하지 말며 그들이 두려워하는 것을 너희는 두려워하지 말며 놀라지 말고 만군의 여호와 그를 너희가 거룩하다 하고 그를 너희가 두려워하며 무서워할 자로 삼으라.

이사야서 본문은 여호와(주)를 특정해 거룩하게 여겨야 할 분으로 지칭한다. 한편 베드로전서 3:14-15에서 베드로는 상기 이사야서 본문이 그리스도를 가리키는 것으로 해석한다.

그들이 두려워하는 것을 두려워하지 말며 근심하지 말고 너희 마음에 그리스도를 주로 삼아 거룩하게 하고.

베드로가 다른 어떤 설명이나 해명 없이 여호와를 언급하는 구약 본문을 택해 그리스도께 적용하는 데는 중요한 의미가 있다. 그는 신약에 나타난 예수 그리스도께서 태초부터 구속사 내내 자기 백성과 함께하셨던 여호와라고 당연히 여긴 것으로 보인다.

예수의 혈육이었을 가능성이 높은 유다는 고대 이스라엘의 출애굽 사건을 그리스도의 사역으로 해석한다.

너희가 본래 모든 사실을 알고 있으나 내가 너희로 다시 생각나게 하고자 하노라 주(Jesus)께서 백성을 애굽에서 구원하여 내시고 후에 믿지 아니하는 자들을 멸하셨으며(유 1:5).

신약 전체를 통독하면서 예수 그리스도를 여호와 하나님과 동일시하는 본문과 구절을 모두 찾는 것은 풍성하고도 보람 있는 작업이 될 것이다. 그런 작업 속에서 명확히 드러나는 것은 구약으로부터 신약으로 전개되면서 어떤 방향성이나 내용이 변화하지 않는다는 사실이다. 오히려 여호와께서 자기 백성과 함께하시고 그들을 위하시며 그들과 함께 싸우시고 그들을 자기 백성이라 주장하신 구약의 모든 사건과 순간은 신약에서 절정을 맞이한다. 바로 이 여호와께서 영구적으로, 그리고 극적으로 인간의 본성을 입으셨을 때다. 신학자들은 이 행동을 가리켜 '낮아지심'이라 부른다.

'낮아지심'condescension이라는 단어는 공간적 은유다. 이는 하나님이 마치 그렇게 하지 않고서는 영유하지 않았을 장소로 '내려오셨음'came down을 의미하지 않는다. 실로, 하나님은 우주 공간의 모든 장소 안에 온전히 거하신다(이는 하나님이 편재하시기 때문이다). 따라서 '낮아지다'라는 용어는 다른 의미로 사용된 것이 분명하다. 그것은 무엇일까? 일반적으로 말해 그것은 하나님이 자신을 '낮추셨음'lowered을 의미한다. '내려오다'come down는 더 낮은 위치로 이동하는 것이다. 하지만 하나님이 어떻게 자신을 낮추실 수 있는가? 하나님은 자신 안에 어떤 변화를 주는 것이 아니라(그것은 불가능하다) 하나님으로서 자신의 성품이 관계 안에서 뚜렷이 드러나도록 관계를 설정하심으로 그렇게 하신다. 하나님은 역사 전체를 통틀어 이미 낮아져 오셨다. 그러나 구약 시대에서 그에 대한 암시들은 표적과 모형들로서 여호와의 백성에게 그 아들의 낮아지심—역사상 가장 독특하고 기념비적인 순간—을 가리켜 보이는 역할을 했다. 프린스턴 대학 신학자, 게할더스 보스Geerhardus Vos는 이를 다음과 같이 말했다.

그분이 인간의 몸으로 가시적 형태로 현현하신 것은 하나님 편에서의 성례적 낮아지심에 해당한다. … 하나님으로서 여호와의 사자 뒤에서 말씀하시면서 하나님의 모든 낮아지심을 자신 안에서 구현하신 것은 사람의 연약함과 한계를 만족시키기 위함이었다. 그와 동시에 그런 방식으로는 볼 수도, 물리적으로 수용될 수도 없는 하나님의 또 다른 면이 존재했는데, 그것은 그 사자가 3인칭을 써서 말씀하신 하나님 바로 그분이셨던 것이다. … 여호와의 사자라는 형태는 그 순간을 위해 일시적으로 취한 것이었으며, 소기의 목적을 이룬 후에는 곧 그 형태를 다시 벗었다.[3]

보스는 하나님의 이러한 낮아지심을 가리켜 장차 나타날 것에 대한 예표적 기능을 강조하기 위해 "성례적"이라고 칭한다. 삼위일체의 둘째 위격이신 여호와의 사자께서 구약 시대에 강림할 당시, 그분은 "그 순간을 위해" 피조물의 형상을 취했다. 이는 때가 온전히 이르러 영구적으로 인간의 몸을 덧입게 될―수태에서부터 승천에 이르는―그 날을 나타내 보이기 위함이었다.

그러나 성자 안에서―그리고 때론, 스스로 여호와이신 여호와의 사자로서―이뤄진 하나님의 낮아지심은 사실 신약에서 처음 시작된 것이 아니다. 단지 신약에서 장엄한 절정에 이르렀을 뿐이다. 이에 대해 칼뱅은 (사도행전 7:30을 주석하며) 다음과 같이 말했다.

따라서 우리는 그리스도로 말미암지 않고는 하나님과 사람 사이에 애초에 어떠한 교통도 없었음을 인정하지 않을 수 없다. 우리를 위해 하나님

---

3. Geerhardus Vos, *Biblical Theology, Old and New Testaments* (Grand Rapids: Eerdmans, 1948), 74-75. 『성경신학』 CH북스.

의 은혜를 가져오는 중보자가 존재하지 않는 한, 우리는 하나님과 아무 관계를 맺을 수 없다. 그렇다면 이 본문은 그리스도의 신성을 충분히 입증하며, 그분이 성부와 동일 본질이심을 가르치고 있는 것이다. 특히, 그분은 천사(여호와의 사자)로 불리시는데, 이는 단지 그분이 천사의 무리를 자신의 수행원처럼 거느리고 있었기 때문만이 아니라 이 백성의 구원이 우리 모두의 구원의 그림자가 되었기 때문이다. 그리스도는 사람의 몸으로 종의 형체를 덧입기 위해 성부로부터 보냄을 받으셨다. 하나님은 자신의 모습 있는 그대로를 사람에게 드러내시는 것이 아니라, 그들이 이해할 수 있는 형태로 나타나신 것이 분명하다.[4]

구약성경은 장차 이뤄질 일을 바라볼 때조차 삼위일체의 둘째 위격이신 성자 하나님의 낮아지심을 포괄한다. 구속사 곳곳에서 하나님의 거룩한 자들에게 나타나셨던 그분은 "때가 차매" 영구적으로 사람의 본성을 취해 신인으로 오셨다.

이것은 신약의 계시에서도 마찬가지다. 창세기 3장 이래로 역사 속에서 하나님 백성의 구속 사역에 적극 동참하셨던 그분은 이제, 성육신으로부터 시작해 영원한 미래에 이르기까지 (항상 그래 오셨던 것처럼) 완전한 하나님이자 동시에 완전한 사람이 되시기 위해 영구불변하게 강림하셨다. 이는 우리가 완전히, 그리고 영원히 하나님의 구속을 입

---

4. John Calvin, *Acts*, Crossway Classic Commentaries 7 (Wheaton, IL: Crossway, 1995), 30; 『칼빈주석 19: 사도행전』 CH북스.

은 백성이 되게 하려 하심이었다.

따라서 구약 전체를 통해 나타난 구속사 속에서 하나님의 낮아지심은 발전해 왔는데, 이는 하나님이 완전히 사람이 되시는 극적인 순간을 가리켜 보이기 위함이었다. 그것은 구약에서 그림자로 미리 보여 준 것이었다. 모형과 그림자로 존재했으나 성육신의 때가 이르자 영원불변한 실체로 나타난 것이다. 당시 참 이스라엘 백성들은 이 비밀을 깨달았으며, 그 후로도 모든 그리스도인은 이 성육신의 영광을 기쁘게 고백해 왔다. 이 고백 없이는 어떠한 구속도 불가능하다.

성경적 교리

신약성경은 예수 그리스도의 신성에 대해 명확하게 단언하고 있지만, 앞 장에서 보았듯 그리스도의 신성이 보편적으로 인정된 것은 아니었다. 아리우스와 그의 추종자들은 예수가 어떤 면에서는 특별했으나 완전한 하나님일 수는 없었다고 주장하며 교회를 설득하려 했다. 신약성경 자체가 그리스도의 신성에 대해 그토록 명확히 하고 있다면, 사람들이 그에 대해 의혹을 품게 되는 까닭은 대체 무엇일까? 여기 그에 대한 한 가지 설명이 있다.

콘스탄티누스 황제가 교회를 공인한 서기 313년 이후 그리스도인들을 당혹스럽게 한 교리적 논쟁 가운데 으뜸이자, 대략 3세기 동안 발생한 많은 논쟁의 모체가 된 아리우스주의는 교회사 도처에 큰 비중을 차지하고 있다. … 그리스도와 하나님의 관계에 관한 한 신비를 벗겨냄으로써 신조를 합리화하려는 동방교회의 시도로 그 의미를 규정한다면 아리우스주의를 더 잘 이해할 수 있을 것이다.[5]

그토록 많은 사람이 그리스도의 신성을 부인하고자 했던 이유 가운데 중요한 한 가지를 꼽자면, 그것이 우리의 일반 상식과 어울리지 않는다는 것이다. 상기 인용문에서 보듯이 그리스도의 인격과 관련한 성경적 가르침을 합리화하려는 시도들이 있었다. 여기서 '합리화'한다는 것은 우리가 사물에 대해 보편적으로 사고하는 방식과 편안하게 어울리도록 그리스도에 관한 교리를 발전시킨다는 것을 의미한다. 즉, 우리의 지적 능력으로 간파할 수 없는 개념이나 범주는 포함시키지 않으려 한 것이다.

우리가 이미 보았듯이 그리스도의 출현과 신성에 대한 그분의 주장이 문제가 되는 이유는 구약성경이 유일하신 참 하나님은 한 분밖에 없음을 분명히 하기 때문이다. 만약 예수 그리스도께서 바로 구약의 그 하나님이라면, 하나님에 관해 구약이 말하고 있는 상당 부분—그분의 주권자 되심, 편재하심, 만물의 창조주 되심 등—이 베들레헴에서 태어나 나사렛에서 자라신 그분에 관한 것이라고 믿기 어려울 것이다. 그러나 교회는 그리스도께서 자기 스스로를—심지어 자신

---

5. W. Barry, "Arianism," in *The Catholic Encyclopedia* (New York: Robert Appleton Company, 1907), accessed at http://www.newadvent.org/cathen/01707c.htm.

을 구약의 하나님과 구분해 말씀하실 때조차—그분과 동일시하셨다는 사실을 분명하게 인식했다. 이뿐 아니라 성령의 감동으로 기록된 신약의 저술들은 이러한 그리스도를 참 하나님이자 동시에 참 사람으로 묘사한다.

물론 이것은 우리의 지적인 사고와 이해를 뛰어넘는 개념이 아닐 수 없다. 어떻게 한 인격이 한 인격으로 남아 있으면서 두 개의 완전하고도 구별된 본성을 지닐 수 있단 말인가? 두 개의 본성은 두 개의 인격을 요구하지 않겠는가? 예를 들면, 한 본성의 정신이 다른 본성의 정신과 어떻게 상호 교류할 수 있는가? 더 구체적인 예를 들면, 그리스도께서 하나님으로서 소유하신 무한한 지식은 그리스도께서 인간으로서 소유하신 유한하고 발전 가능한 지식과 어떻게 연합할 수 있는가?

교회 시대 초기에는 그리스도의 인격과 관련해 서로 다른 많은 가설이 있었다. 예를 들면, 신성이 인성과 통합되었으니 그리스도는 하나님도, 사람도 아닌 두 본성이 혼합된 분이라는 것이다. 또한 그리스도는 신인이라는 고백에서 신인이란 정확하게 무엇을 말하는가? 앞서 언급한 것처럼, 성경에서 가르치는 그리스도에 관한 신비를 제거하기 위해 그리스도의 특성을 합리화하려는 시도들이 있었다.

처음에는 이 신인에 대해 합리적으로 설명하려는 두 이론이 제기되었다. 첫 번째는 그리스도가 두 본성을 갖고 있다면 완전히 다른 두 인격이어야 한다는 주장이었다. 사실상 그리스도가 두 개의 다른 존재라고 가르친 것이다. 이러한 견해는 그 이론의 창시자, 네스토리우스Nestorius의 이름을 따 '네스토리우스주의'Nestorianism로 명명되었다. 이 이단에 대한 세부 내용은 복잡하고 어려울 수 있다. 그러나 좀더 일반적으로 말해 그들 이론의 문제는 삼위일체의 둘째 위격께서 인간의 '본성'이 아니라, 인간의 '몸'을 취한 것이라고 주장하는 데 있었다. 네스토리우스주의자들은 아리우스 이단에 적절하게 반박했지만, 그들을 반대하다가 잘못된 방향으로 나아가는 오류를 범했다. 그들은 오신 그 한 분 안에 두 실재, 또는 심지어 두 인격이 존재한다고 가르치기 시작했다. 인간의 지성으로는 더 이해하기 쉬운 관점일 수 있겠으나, 성경적으로는 곤란한 주장들로 가득하다.

네스토리우스주의에 대한 반박으로 '유티케스주의'Eutychianism란 또 다른 관점이 떠올랐는데, 이 역시 창시자 유티케스Eutyches의 이름을 따라 명명되었다. 그 이론에서는 그리스도를 두 본성(따라서 두 인격)의 측면으로 생각하지 말고, 오직 하나의 본성으로 여길 것을 주장했다. 유티케스주의자들은 '단성론자'Monophysite로도 불리는데 그것은 "하나의 본성"을 의미한다. 교회가 이러한 견해에 노출되면서, 두 본성이 연합함으로 그리스도께서는 오직 하나의 본성을 가지신다는 그들의 주장이 설득력을 얻게 되었다. 두 본성이 그대로 유지된다면 어떻게 두 본성 간에 연합이 있을 수 있겠는가? 그것은 대체 어떤 연합이어야 하는가? 그러니 신인은 반드시, 그것이 무엇이든, 신인으로서 새로운 본성을 소유해야 한다는 것이었다.

이 두 가지 이설, 그리고 그들에 대한 교회의 해결안과 관련한 세부 사항은 이미 방대한 분량으로 기록되었다. 그런 세부 사항으로 들어가는 대신, 또 하나의 에큐메니컬 신조를 소개함으로써 그 이설들에 대한 교회의 반응을 요약하려 한다. 그리스도의 인격과 관련해 교회 안에서 제기된 문제들을 다루기 위해 서기 451년 칼케돈에서 공의회가 소집되었다. 네스토리우스주의와 유티케스주의 둘 다 교회가 이해하는 성경의 가르침에 비추어 평가되어야 했다. 그리스도의 완전한 신성을 확증함으로 아리우스주의에 반응했던 니케아 신조를 기반으로, 칼케돈 공의회에서 작성한 이 새로운 신조에는 성육신의 성경적 가르침에 대해 가능한 한 구체적으로 설명해야 할 임무가 부여되었다. 즉, (니케아 신조에서 확증했듯) 그리스도께서 완전한 하나님이심을 감안할 때, 우리는 그리스도의 명백한 인성과 관련해 이러한 신성을 어떻게 이해해야 하는가? 그리스도의 신성이 그분의 인성과 합일됨으로 오직 하나의 본성만 남게 되었는가(유티케스주의)? 또는 한 사람과 신성이 연합을 이루어 결과적으로 별개의 두 인격(또는 존재)이 생겨났는가(네스토리우스주의)? 둘 다 아니라면, 확증해야 할 또 다른 선택안이 있는가?

칼케돈 신조는 이 두 이단을 거부하고 다음과 같은 방식으로 그리스도의 성육신을 설명했다.

우리가 거룩한 교부들을 따라 한 마음으로 사람들에게 가르치는 것은 유일하신 성자이신 우리 주 예수 그리스도를 고백하는 것입니다. 그분은 신으로서 완전하시고 인간으로서도 완전하신 바, 참으로 하나님이시며 참으로 인간으로서 이성적 영혼과 몸을 가지고 계십니다. 신으로서는 성부와 동일본질이시며, 인간으로서는 우리와 동일본질이십니다. 모든 면에서 우리와 같되 죄는 없으십니다. 신으로서는 창세 전에 성부로부터 나셨고, 인간으로서는 마지막 때에 우리와 우리의 구원을 위하여 하나님의 어머니이신 동정녀 마리아에게서 나셨습니다. 우리는 유일하신 그리스도이시며, 성자이시며, 주님이신 독생자께서 두 가지 본성을 가지고 있음을 인정하는데, '이 둘은 혼동되거나 변화되거나 분열되거나 분리되지 않습니다. 두 본성들의 구별은 연합으로 인하여 없어지지 않습니다. 오히려 각 본성의 고유성은 보존되고 한 인격, 즉 한 실체 안에 협력하는 바 이 분은 유일하신 성자이며 독생자이며 말씀이신 하나님, 곧 주님 되신 예수 그리스도이십니다.'[6]

이 칼케돈 신조는 그 간결함과 깊이에 있어 매우 탁월하다. 이 신조는 처음 작성된 때부터 지금까지 기독교 정통교리의 기준점이 되고 있다.

인용문 전체가 중요하지만, 여기서 우리는 신조 후반부에서 강조한 내용에 초점을 두고자 한다. 여기서 칼케돈 신조는 그리스도의 인격에 대해 생각할 때 그분은 하나가 아닌 두 본성을 소유하신다는 사실을 인정해야 한다고 확언한다. 따라서 유티케스주의는 부정된 것이다. 그러나 칼케돈 신조는 여기서 멈출 수 없었다. 네스토리우스주의

---

6. Philip Schaff, *The Creeds of Christendom, with a History and Critical Notes: The Greek and Latin Creeds, with Translations*, Vol. 2 (New York: Harper & Brothers, 1890), 63; 저자 강조.

와 유티케스주의로부터 비롯된 논쟁을 불식시키기 위해 성육신의 긍정적인 측면을 논급할 필요가 있었던 것이다. 그렇게 하는 유일한 방법은 그리스도 안의 두 본성의 관계에 대해 생각하는 최선의 방식을 설정하는 것이었다.

칼케돈 신조가 사용하는 네 개의 단어에 주목해 보라. 첫째, 칼케돈 신조는 그리스도 안의 두 본성이 서로 '혼동되거나' '변화되지' 않는다고 단언한다. 이 두 표현은 유티케스주의 이단을 배격하기 위해 고안된 것이다. 그리스도 안에 존재하는 두 본성은 서로 합병되어 본래의 두 본성이 아닌 다른 무엇으로 변화되지 않는다. 두 본성은 '혼동'되지도, 혼합되지도 않는다. 또한 두 본성 가운데 어떤 본성도 본래의 것이 아닌 다른 것으로 바뀌지 않는다. 단일 본성을 주장하는 이단 사상에 맞서 칼케돈 신조는 그리스도의 두 본성이 한 인격 안에 공존하는 가운데 각 본성 그대로 유지된다는 사실을 확언한 것이다.

반면, '분열되거나' '분리되지' 않는다는 나머지 두 표현은 네스토리우스주의자들을 겨냥한 것이다. 이는 그리스도의 두 본성을 별개의 두 존재 또는 두 인격으로 다뤄서는 안 된다는 것이다. 두 본성은 그들이 내주하는 인격 속에서 분열될 수도, 그분에게서 어떤 방식으로든 분리될 수도 없다. 분열된다는 것은 두 존재를 함의하는 것일 수 있으며, 분리된다는 것은 두 인격을 허용하는 것이 될 수 있다. 이러한 가능성은 모두 성경적 입장과는 다른 것이며, 따라서 둘 다 거부되어야 한다.

칼케돈 신조에서 이 네 가지 부정적 단어만큼 중요한 것으로, 오늘날 우리가 신학적으로 '위격적 연합'hypostatic union이라 부르는 것에 대한 확언을 언급하지 않을 수 없다. 그 진술은 이렇다. "두 본성들의 구별은 연합으로 인하여 없어지지 않습니다. 오히려 각 본성의 고유성은 보존되고 한 인격, 즉 한 실체 안에 협력하는 바 이 분은 유일하신 성자이며 독생자이며 말씀이신 하나님, 곧 주님 되신 예수 그리스도이십니다."

칼케돈 신조의 이 부분은 그리스도께서 지니신 두 본성이 그대로 유지됨을 반복해 진술하고 있다. 그뿐 아니라, 이 본성들은 "한 인격Person, 즉 한 실체Subsistence 안에 협력"하고 있다. 이러한 확언의 요지는 성육신하신 인격이 같은 위격(휘포스타시스)을 유지한다는 것이다. 그분이 인성을 덧입는다고 해서 자신이 아닌 다른 누군가가 되신 것이 아니다. 이 부분에 대해서는 추후 더 자세히 논의할 것이다. 여기서 우리는 칼케돈 신조가, 심지어 그리스도께서 인성을 취하신 후에도 여전히 "유일하신 성자이며 독생자이며 말씀이신 하나님"으로 인정하고 있음에 주목할 필요가 있다.

그렇기에 위격적(또는 인격적) 연합이란 표현을 통해 우리가 의미하는 것은 성육신이 결과적으로 또 다른 하나의 인격을 생산했다는 것이 아니다. 어떻게 그럴 수 있는가? 만약 성육신한 그분이 또 다른 하나의 인격이라면, 우리는 삼위일체 안에 세 위격이 아니라, 네 위격—성부, 성자, 성령 그리고 예수—이 존재한다고 말해야 할 것이다(그렇다면 하나님은 삼위일체가 아니라 사위일체라고 해야 할 것이다). 따라서 우리는 이 두 본성의 실재와 불변성을 모두 긍정하면서, 이와 동시에 두 본성이 하나의 인격, 언제나 동일하셨던 인격, 즉 영원하신 하나님의 아들 안에 존재한다는 것을 인정해야 한다. 위격적 연합이란 개념은 두 본성이 아니라 하나의 인격에 강조점을 두고 있다.

이전 단락에서도 보았듯이, 그리스도의 인격에 관한 교리를 설정하고자 할 때 거론할 수 있는 여러 성경 본문이 있다. 성경에서 그리스도의 인격을 이해하기 위한 결정적인 증거 본문으로 단지 한두 개의 본문만을 논하는 것은 불가능하다. 하지만 성경 나머지 본문들이 성육신에 관해 증언하는 내용을 간결하고 명확하게 뒷받침하는 몇몇 본문이 있다. 초기의 논쟁 기간 동안 중점적으로 다룬 핵심 본문이기도 하다. 여기서는 간략한 소개만으로 충분할 것이다.

우리가 요한복음의 서언(즉, 프롤로그)에 너무도 익숙해진 나머지, 이를 통해 받는 충격이 상당 부분 약화되었다고 할 수 있다. 만약 그렇다면, 우리는 새로운 안목을 가지고 그 본문을 다시 읽어야 할 것이다. 칼케돈 신조에서 "말씀이신 하나님"God the Word이란 표현을 사용한 이유 가운데 하나는 이것이 요한이 기록한 복음서의 서언으로 안내하는 표현이기 때문이다.[7] 요한은 창세기 1:1의 창조 기사를 암시하는 구절로 자신의 복음서를 시작한다. 요한은 "태초에 하나님이" 대신, "태초에 말씀이"라고 말한다. 구약의 시작 구절을 아는 사람이라

---

7. 여기서 별다른 논급 없이 진행해야 하겠지만 아쉽게도 한 마디 덧붙여야겠다. 내가 '요한'(또는 '바울' 또는 '베드로')이 뭔가를 기록했거나 말했다고 할 때, 성령의 감동에 의해 그런 진술이 이뤄졌음이 이미 전제되어 있다. 따라서 실제로는 단순히 인간 저자들이 아니라 '하나님'이 친히 그렇게 말씀하신 것이다.

면 여기서 요한이 말하고자 하는 바를 알아챌 수 있을 것이다. 요한은 자신의 독자들에게 말씀이신 그분이 "태초"의 창조 사역에 참여하신 그분임을 말하고 있다. 이에 대해 혹여 어떤 의심도 없게 하고자, 요한은 훨씬 더 명확하게 밝힌다. "만물이 그로 말미암아 지은 바 되었으니 지은 것이 하나도 그가 없이는 된 것이 없느니라"(요 1:3). 따라서 요한은 "말씀"이신 그분을, "태초"부터 계셨고 그로 말미암아 만물이 지은 바 된 그분과 동일시하고 있다.

또한 요한은 (우리가 이전 장에서 논의한 것처럼) 오직 삼위일체의 맥락 안에서만 이해할 수 있는 두 가지 표현을 사용한다. 요한은 태초에 계셨던 이 말씀이 심지어 스스로 "하나님"이신 중에도 "하나님과 함께" 계셨다고 말한다.

이 두 절에서 우리는 말씀과 하나님이 구분되어 있으며—그분은 "하나님과 함께" 계신다—또한 말씀과 하나님은 동일하다—그분은 "하나님이셨다"—는 점을 확인할 수 있다. 그분은 구별되심과 동시에 동일하시다. 교회는 하나 안에 셋인 하나님의 삼위일체성을 확증함으로써 그러한 본문에 응답해야 했다. 하나님은 오직 한 분이시기 때문에, 어떤 면(들)에서는 하나님과 구별되나 스스로 하나님이신 이분은 (성부나 성령이 아닌) 말씀이면서도 한 분 하나님이셔야 한다.

우리는 요한복음의 서언을 통해, 하나님이면서 하나님과는 구별되는 한 인격이 있다는 분명한 선포를 듣는다. 요한복음은 계속해서 우리에게 이 같이 증언한다. "말씀이 육신이 되어 우리 가운데 거하시매 우리가 그의 영광을 보니 아버지의 독생자의 영광이요 은혜와 진리가 충만하더라"(요 1:14). 이제 그 말씀의 정체는 매우 분명해졌다. 하나님이면서 하나님과 구별된 그분은 인간의 본성을 입고 이 땅 위를 걸으셨던 바로 그분이다. 그분은 "독생하신 하나님"이면서 "아버지의 품 속에" 계신 분이다. 그분만이 유일하게 "하나님을 보셨으며" 따라서 그분은 "하나님을 나타내기 위해" 이 땅에 오셨다(1:18).

요한복음의 첫 구절들이 보여주듯이, 그리고 이 복음서(그리고 성경 전체의!) 나머지 본문들이 분명하게 드러내듯이, 그 말씀이 자신의 어떠함을 중단하신 적이 있었다는 암시는 전혀 없다. 그분은 자신의 신성을 포기하심으로써 육체를 취하신 것이 아니다. 그러한 것은 절대 불가능하다(참고. 딤후 2:13)! 오히려 그분은 하나님이면서 동시에 구별되는 인격으로서, 하나님을 우리에게 계시하기 위해, 그리고 자기 백성을 그들의 죄에서 구원하기 위해 이 땅에 오셨다(마 1:21). 그분은 본래 자신과는 다른 하나의 인격이 되신 것이 아니다. 또한 (그것이 무슨 의미든 간에) 하나님과 사람의 혼합체가 되신 것도 아니다. 오히려 그분은 "주 예수 그리스도"이셨던 순간에도 "말씀이신 하나님"으로 계속 남아 계셨다. 이것이 곧 칼케돈 신조가 그토록 명백하게 표명하고 있는 것이다. "말씀이 육신이 되었기" 때문에 그 인격 안에 연합이 있다. 그분은 자신과 다른 어떤 사람을 취하신 것이 아니라, 사람으로 우리 가운데 거하기 위해 "육신"(즉, 인성)을 취하셨던 것이다.

성육신에 관한 논의에서 거론할 가치가 충분한 또 다른 본문은 빌립보서 2:5-7이다(특히, 6-7절).

너희 안에 이 마음을 품으라 곧 그리스도 예수의 마음이니 그는 근본 하나님의 본체시나 하나님과 동등됨을 취할 것으로 여기지 아니하시고 오히려 자기를 비워 종의 형체를 가지사 사람들과 같이 되셨고.

우리는 이 장엄하고 위대한 본문을 그저 피상적으로 다룰 수밖에 없을 것이다.

바울의 논의에서 반드시 기억해야 할 두 가지 요점이 있다. 첫째, 바울은 교회를 향해 사심 없이 자신을 비우길 권하면서, 사심 없이 자기를 비운 궁극의 사례, 예수 그리스도의 성육신을 언급한다. 둘째, "다른 사람 중심적"이 되라는 이 격려 가운데 성경 전체에서 가장 심오하고 풍성한 신학이 될 수 있는 어떤 사상의 근간이 들어 있다.

이 본문에는 해석하기 난해한 주제들도 다소 포함되어 있지만, 여기서 그런 것까지 다루지는 않을 것이다. 그러나 분명한 것은 그 난해한 문제조차 이 본문이 펼쳐내고 있는 그리스도의 위엄을 방해하지는 못한다는 것이다.

바울은 성육신에 대해 생각하면서 그 성육신이 "하나님의 본체"form of God셨던 그분에게서 시작된 것임을 알려 준다. 이 짧은 단락에 나오는 몇몇 어휘들과 마찬가지로 여기서 바울이 사용하는 단어(모르페, 본체)는 성경 다른 곳에서는 사용되지 않는다. 이 단어처럼 한 차례 사용되는 어휘들을 이해하기 위해서는 그들이 사용되는 문맥을 자세히 들여다보는 것이 매우 중요하다.

첫 번째 문구, "하나님의 본체"에서 분명한 점은 바로 이어지는 유사한 문구이자 그리스도를 가리키는 표현인 "하나님과 동등됨"equality with God에 의해 그 의미가 해석되어야 한다는 것이다. "하나님의 본체"는 "하나님과 동등됨"이란 표현과 같은 것을 의미하는데, 이는 그 표현에 의해 해석되기 때문이다. 그렇기에 이 본문을 통해 성경이 무엇보다 먼저 확언하는 것은 "그리스도 예수"께서 하나님과 동등하신 분이며, 이는 그분이 곧 하나님임을 의미한다는 사실이다. 하나님과 열등한 존재에 대해 "하나님과 동등"하다고 묘사할 수는 없을 것이다.

바울의 성육신에 관한 논의의 취지는 교회가 그리스도의 마음을 품도록 격려하는 데 있다. 여기서 성경은 하나님과 동등하신 그분께서 "하나님과 동등됨을 취할 것으로 여기지 아니하셨다"고 우리에게 증언한다. 이 문장 또한 해석이 쉽지 않다. 해석상의 어려움은 차치하고, 바울은 예수 그리스도께서 오직 그리스도만 소유할 수 있는 특별한 지위를 가지신다는 사실을 분명히 확언하고 있다. 그분은 완전한 하나님이며, 하나님과 동등하시다. 하지만 그분은 하나님이면서도 다른 사람들의 곤경을 무시하고 외면하면서까지 자신의 합법적인 지위를 붙들려 하지 않으셨다고 바울은 말한다. 바꿔 말하면 바울은 성자께서 하나님과 동등됨을 취할 것으로 여기지 않으셨기에 하나님과 동등되기를 중단하셨다고 말하려는 게 아니다. 그것은 성경적으로 불가능한 일이다.

하나님과 동등됨을 취할 것으로 여기지 않은 결과 그분은 하나님과 동등하지 않은 존재가 되신 것이 아니라 낮아지셨다. 성자 예수께서는 하나님으로서 정당하게 주장할 수 있는 모든 특권을 붙드는 대신, 기꺼이 자기 자신을 겸손하게 낮추셨다. 그분은 만유의 주로서 자신의 합법적 권한만 행사하려 하지 않고, 오히려 겸손한 종이 되는 데 찬동하셨다. 이러한 겸손은 어떤 모습이었는가? 여기서 또 다시 어떤 이들은 이러한 겸손에 완전한 하나님 되심을 중단하는 성자의 결정이 포함되어 있다고 생각한다. 그러나 그것은 불가능한 일이다.

바울은 이 겸손을 묘사하기 위해 "자기를 비워"라고 말한다. "비웠다"emptied라는 단어는 헬라어의 '에케노센'ekenōsen을 번역한 것이다. 이 단어가 중요한 이유는 이 본문이 그리스도께서 실제로 자신의 신성을 포기하셨다고, 즉 하나님 되심을 중단하셨다고 가르치는 것으로 이해하는 사람들이 있기 때문이다. 그리스도에 대한 이런 견해는 헬라어를 따서 '케노시스 기독론'으로 알려졌다. 하지만 그러한 관점은 예수 그리스도께서 누구신지에 대한 성경적이고 정통적인 가르침을 전면 부정한다.

하나님이 하나님 되심을 중단하는 것은 불가능한 일이다. 하나님은 스스로 자기를 부인하실 수 없다. 그리스도께서 신성을 포기하기로 하셨다면, 그분은 더 이상 하나님의 아들이실 수 없다. 이런 식으로 생각해 보자. 그리스도께서 하나님이 아니셨다면, 삼위일체도 성립되지 않을 것이다. 하나님이신 성부와 하나님이신 성령께서 계시지만, 성자 하나님은 계시지 않는 것이다(아들이 없이 어떻게 아버지가 있을 수 있겠는가?). 바울의 사고에는 그런 여지가 전혀 없다.

다행히도 성경은 그리스도께서 "자기를 비우셨다"는 표현의 정확한 의미를 가르쳐 준다. 이어지는 두 절은 '비움'emptying의 의미를 해석해 준다. 성자께서 어떻게 자기를 비우셨는가? 바울은 이렇게 설명한다. "종의 형체를 가지사 사람들과 같이 되셨고"(빌 2:7).

장 칼뱅은 이것을 다음과 같은 방식으로 이해한다.

> 사실 그리스도께서는 신성을 포기하신 게 아니라 잠시 동안 육체의 연약함 아래서 보이지 않도록 감추셨다. 그렇게 그분은 사람들 눈에 자신의 영광이 보이지 않도록 제쳐두셨다. 그 영광을 축소시킨 것이 아니라 감추심으로 그렇게 하신 것이다.[8]

성자께서는 완전한 하나님 되심을 중단하실 수는 없었지만, 인성은 드러내시면서 신성은 감추시거나 가리실 수 있었다. 바로 그것이 그리스도께서 성육신을 통해 행하신 일이다. 그러므로 그리스도께서 자기를 비우신 것은 자신에게서 어떤 속성을 제거하심으로 이뤄진 것이 아니다. 바울이 기술하듯이, 도리어 그분의 자기 비움은 어떤 속성을 추가하심으로써 이뤄졌다. 그리스도께서는 스스로 "종의 형체를 가지셨다." 그리스도께서는 완전한 하나님으로 남아 계시면서 모든 인간적 속성을 스스로에게 덧입히셨다. 이러한 겸손이 아니었다면, 그분께서 이 땅에 오셔서 순종의 삶을 살고 순종의 죽음을 죽는 다른 방도는 없었던 것이다. 이것은 복음이 지닌 실로 놀라운 경이와 위엄이

---

8. John Calvin, *Commentaries on the Epistles of Paul the Apostle to the Philippians, Colossians, and Thessalonians*, trans. John Pringle (Edinburgh: Calvin Translation Society, 1851), 56-57.

아닐 수 없다! 하나님이 친히 우리에게 오셨다. 그분은 우리와 함께하기 위해 오셨을 뿐 아니라, 우리 중 한 사람이 되기 위해 오셨다. 그분은 단지 우리가 고난 당할 때 우리와 함께하실 뿐 아니라, 친히 우리 자리에서 고난을 당하셨다.

이 모든 과정—그분의 수태, 탄생, 생애, 죽음, 부활 그리고 승천—속에서 그리스도께서는 하나님의 아들로서 완전한 하나님 되심을 단 한 순간도 중단하지 않으셨다. 우리 구원을 위해 필요한 모든 것을 이루신 분은 바로 하나님 자신이셨다. 이렇듯 구원을 성취하기 위해 위대하고도 궁극적인 대가가 치러졌다. 그 대가는 하나님에 의해 하나님께 지불되었다. 인류 역사상 그 어떤 종교에서도 이러한 개념을 착상하지 못한 것은 놀라운 일이 아니다. 이것은 말 그대로 인간의 상상 너머에나 있는 일이다. 이것은 모든 그리스도인이 고백하는, 기본적이고 근본적인 기독교 진리이면서도 완전한 신비가 아닐 수 없다.

성경적 구분

그리스도의 성육신에 대해 생각할 때, 반드시 인지해야 할 성경적 구분이 있다. 그것은 모든 성경적 신비에 관해 우리가 어떤 방식으로 생각해야 할지 알려 주는 것이기에 중요하다. 성경이 그리스도 안에 있는 두 구별된 본성을 인정할 것을 권하고 있기 때문에, 혹자는 이 두 본성이 합쳐져서 예수 그리스도라는 한 인격을 생산, 또는 창조해냈다는 식의 생각에 빠질 수 있다. 그런 식으로 생각한다면, 우리는 자

첫 예수 그리스도께서 완전하게 새로운 인격이 되신 것이라고 주장하는 길로 들어서기 쉽다. 그러나 우리는 그런 식으로 사고해서는 안 된다. 두 본성에 초점을 맞추기보다, 오히려 그 인격이 성육신에서 담당한 중심적 역할을 더 인지한다면, 그러한 생각의 오류를 방지할 수 있을 것이다.

그리스도 안에 있는 두 본성에 대해 언급할 때, 그 본성들을 마치 하나의 인격을 형성하기 위해 뭉친 동등한 파트너처럼 생각해서는 안 된다. 오히려 우리는 하나의 중요한 구분을 지어야 한다. 우리는 신성을 그 인격의 고유한 본질로 보아야 한다. 다른 말로 하면, 그리스도는 하나님의 아들로서 항상 완전한 하나님이셨고 그렇지 않을 수 없으신 분이다. 성자이신 그리스도는 하나님이시다. 이는 그분께서 인간의 몸을 입든 말든 상관없이 영원한 진리다. 물론 성자께서는 자기를 낮추고 사람이 되기로 결정하셨지만, 본래 그렇게 할 필요가 전혀 없으셨다. 그분께서는 인간에게 값없고 공로 없는 은혜를 베풀기 위해 자발적으로 그렇게 하신 것이다. 그러나 신성은 하나님의 아들로서 그분 됨의 본질이다.

그러나 신성과 달리 인성은 성자께서 자의적으로 취하신 것이다. 그분이 자발적으로 인성을 취하심으로 우리가 속량을 얻을 길이 열렸다. 그분께서 취하신 본성은 하나님으로서 가지신 본질적 속성과는 다르다. 인성을 취하신 사건은 "때가 차매"(갈 4:4) 역사의 한 시점에 이뤄졌다. 따라서 그분의 인성은 (비록 한 번 취한 이상 영원히 취한 것이긴 하지만) 하나의 시작점을 갖는다. 이런 의미에서 인성은 그분이 아들로서 갖는 본질적인 속성이 아니다.

따라서 그리스도 안에 있는 두 본성 사이에는 중대하고 의미심장한 차이가 있다. 그리스도의 성육신에서 중심축을 이루는 것은 두 본성이 아니라 한 인격이다. 우리로서는 이룰 수 없는 구원을 성취하기 위해, 완전히 그리고 온전히 하나님의 아들이신 가운데 친히 인간의 몸을 입으신 분은 성자 하나님의 인격이셨던 것이다. 그러므로 하나님 아들의 신적 본성은 그분 됨의 본질이다. 반면, 인간적 본성이 그분 됨에 속한 것은 순전히 그분이 취하기로 자발적으로 결정하셨기 때문이다.

이는 복음의 진리와 실체를 더욱 숭고하고 경이롭게 만든다. 아무것도 부족한 게 없으셨던 그분께서, 성부와 성령과 완전한 친교를 누리셨던 그분께서 대체 무슨 까닭에 아버지로부터 버림받기까지 철저히 낮아지셔야 했는가? 우리가 성경에서 얻을 수 있는 최선의 답변은 그저 그분이 우리를 사랑하셨기 때문에, 그리고 우리가 결코 이룰 수 없는 일을 하기로 단호히 결심하셨기 때문이라는 것이다. 그분은 우리가 하나님을 영원토록 즐거워하며 예배하게 하기 위해 우리 죄의 사슬을 끊기로 하셨다.

삼위일체에 대한 논의와 비슷한 맥락에서 우리는 이것이 피조 세계와 우리와 관계하기 위해 하나님이, 이번에는 성자께서, 특정 속성을—성육신 안에서 인간 본성을—취하시는 또 하나의 예임을 인식해야 한다. 이는 우리가 존재론적 삼위일체와 경륜적 삼위일체 사이의 구분을 통해 본 것과 유사하다(동일하지는 않다). 우리는 이제 성자 안에서 그것을 다시 확인한다. 창조 이후 하나님은 자신이 지으신 세계와 관계를 맺을 의도를 가져 오셨다. 이 모든 경우 하나님은 자신의 하나님 되심을 중단하신 것이 아니라 그러한 관계 형성을 보장하는 특성 안에서 자신을 표현하신 것이다.

그런 의미에서, 비록 성육신 자체는 독특한 사건임이 분명하지만, 그럼에도 불구하고 그것은 하나님의 아들이 우리와 관계를 맺기 위해 창조 이후 특정한 속성과 자질을 일시적으로 취하신 사건임을 이해하는 것 또한 중요하다. 헤르만 바빙크는 이를 다음과 같이 설명했다.

성부와 성자 사이의 이러한 관계는 비록 그리스도께서 이 땅에 거하시는 동안 가장 명백하게 현시되었지만, 성육신의 때에 처음 형성된 것이 아니다. 성육신 자체는 성자에게 부여된 사명의 실행 안에 이미 포함되어 있었기 때문이다. 그 관계는 이미 영원 속에서 발생되었고 따라서 구약 시대에도 이미 존재했다. 성경도 이 사실을 여러 차례 분명하게 증언한다. 예를 들면, 이스라엘의 리더십을 여호와의 사자의 것으로 간주할 때(출 3:2f., 13:21, 14:19, 23:20-23, 32:34, 33:2; 민 20:16; 사 63:8-9), 그리고 구약 시대에 이미 그리스도께서 자신의 직무를 수행하고 계셨음을 나타낼 때(요 8:56; 고전 10:4, 9; 벧전 1:11, 3:19) 등이 있다. 이는 하나님과 사람 사이에 중보자가 오직 한 분이고(요 14:6, 행 4:12, 딤전 2:5), 그분은 어제나 오늘이나 영원토록 동일하시며(히 13:8), 영원 전부터 중보자로 택함을 받으셨고(사 42:1, 43:10; 마 12:18; 눅 24:26; 행 2:23, 4:28; 벧전 1:20; 계 13:8), 로고스로서 영원 전부터 이미 존재하셨기 때문이다(요 1:1, 3; 8:58; 롬 8:3; 고후 8:9; 갈

4:4; 빌 2:6 등).⁹

하나님의 아들은 구속 역사 속에서 성도들에게 자신을 나타내 보이셨다. 그분은 자기 백성과 함께하기 위해, 또는 모세와 선지자들에게 말씀하기 위해 다양한 형질과 속성을 일시적으로 취하심으로 그렇게 하셨다. 그러나 그분은 수태의 순간까지는 영구적으로 인성을 취하신 적이 없다.

이러한 사실은 구속사 전반에서 성육신의 연속성과 불연속성이 동시에 존재해 왔음을 인식하게 도와준다. 이 연속성 중 하나는 성자께서 모든 언약 역사 전반에서 실제로 그리고 참으로, 그러나 임시적이고 부분적으로, 모형과 그림자로 자신을 낮춰 오셨다는 진리 안에 있다. 또한 불연속성 중 하나는 성육신이 성자께 인성을 완전히, 그리고 영구적으로 덧입히는 사건이었다는 사실에 있다. 이는 언약 역사상 나머지 모든 사건이 점진적으로 가리켜 왔던 바로 그 절정이었다.

이제 우리는 성경을 통해 우리에게 주어진 대로 "장엄한 신비의 모형"model of majestic mystery을 목도하기 시작한다. 그것은 바로 하나님의 언약적인 낮아지심이다. 삼위일체를 통해 보았던 대로 이제는 성육신을 통해 보는 것이다. 피조 세계와 친히 관계 맺기 위해 성삼위 하나님은 그 관계에 담긴 특정한 속성과 자질 속에서 하나님의 성품을 표현

---

9. Herman Bavinck, *Reformed Dogmatics: Sin and Salvation in Christ*, ed. John Bolt, trans. John Vriend, Vol. 3 (Grand Rapids: Baker Academic, 2006), 214. 『개혁교의학』 부흥과개혁사.

하신다. 그러면서도 그들의 본질인 완전하고 포괄적인 신성을 전혀 침범하지 않으면서 우리와 함께하기 위해 자발적으로 스스로를 낮추신다. 이 장엄한 신비의 모형 안에 있는 영광은 결코 형언할 수 없다. 이는 곧 무한한 영광 가운데 계신 그분에게서 우리가 기대하는 것과 정확히 일치한다! 이러한 하나님의 언약적 낮아지심이 없었다면, 우리는 하나님의 신비와 성품에 대해 아무것도 알 수 없었을 것이다. 이로써 우리는 하나님의 하나님 되심으로 말미암아 그분을 예배할 수 있게 되었다.

성경적 송영

요한계시록 4장에서 하늘 보좌를 바라보는 사도 요한의 증언을 통해, 우리는 "주 하나님 곧 전능하신 이"(4:8), 보좌 위에 앉으시고, 모든 "영광과 존귀와 권능"(4:11)을 받기에 합당하신 그분을 보게 된다.

그런 다음 5장에는 일곱 인으로 완전히 봉인된 두루마리가 나타난다. 그 거대한 두루마리를 펴서 인봉을 떼고 그 안의 모든 내용을 시행할 수 있는 누군가가 필요하다. 그러나 온 우주를 살펴보아도 하나님의 계획을 이행하기에 합당한 자를 찾을 수 없다. 그러자 요한은 "유대 지파의 사자"를 바라보도록 명받는다. 그분은 홀로 승리하셨으며, 따라서 두루마리를 펼쳐 그 안의 모든 계획을 수행하실 수 있는 분이다(계 5:5). 요한이 그 사자를 바라보려고 시선을 돌렸을 때 그는 "일찍이 죽임을 당한 것" 같은 "한 어린양이 서 있는" 것을 보게 된다(5:6).

사자이신 이 어린양은 보좌에 앉으신 이의 오른손에서 두루마리를 취하신다. 그러자 즉시 하늘 보좌 주변 전체가 그 어린양을 향해 예배하며 찬미의 소리를 터뜨린다.

요한은 이 본문을 통해 하늘 보좌에서 이뤄진 하나님의 어린양의 대관식을 묘사한다. 이는 시편 110:1에 대한 완성이다(또한, 눅 20:45; 행 2:34-35; 히 1:13, 10:13을 보라).

여호와께서 내 주에게 말씀하시기를 내가 네 원수들로 네 발판이 되게 하기까지 너는 내 오른쪽에 앉아 있으라 하셨도다.

이러한 성취, 그리고 그리스도의 구속 사역에 대한 그림이 요한계시록 5장을 통해 우리에게 주어진 것이다. 여기서 우리는 아버지께서 자신에게 맡기셨던 모든 임무를 완수하시고 하늘 보좌로 승천하신 메시아를 보게 된다. 그분이 낮아지셨기에, 하나님이 그를 높이시고 "모든 이름 위에 뛰어난 이름"을 주셨다(빌 2:9). 따라서 그분은 이제 주와 그리스도가 되셨다(행 2:34-36을 보라).

요한계시록 4장의 "주 하나님 곧 전능하신" 아버지께서는 이제 자신의 사명과 임무를 완수한 아들에게 마침내 온전한 "주"의 이름을 주셨다. 항상 계셨고, 언제나 주이신 그분께서 다시금 주로 높임을 받으신 것이다. 하나님의 독생자인 그분께서 부활의 능력으로 말미암아 다시금 하나님의 아들로 선포되신 것이다(롬 1:4). 따라서 온 천군 천사들이 사자이자 어린양이신 그분의 영광을 바라보며 그분께 엎드려 예배한다.

성육신이 우리에게 주는 교훈은 성삼위 하나님만이 우리를 우리의 죄에서 구원하실 수 있다는 것이다. 사람은 자기 자신과 만물에게 멸망만을 가져왔다. 이 같은 멸망은 너무나 깊고 파멸적이어서 인간에게는 자신들이 초래한 문제를 스스로 해결할 방법이 없다. 오직 하나님만이 모든 것을 바로잡으실 수 있었다. 하지만 그분은 단순한 손동작 하나로, 또는 한 마디 선포로써가 아니라, 하나님 되심을 유지하신 채 우리와 같이 되심으로 그 일을 행하셔야 했다.

우리는 예수 그리스도의 고난당하심과 시험받으심을 결코 축소해서는 안 된다. "어차피 그분은 하나님이신데, 고난 좀 당하고 죽는 것 정도는 아무것도 아니지. 진짜 그분께는 아무런 영향도 없는 일인걸. 고통은 단지 그분의 인성에만 가해졌을 뿐이야." 이런 식으로 생각해서는 안 된다. 이러한 태도는 하나님의 아들이 행하신 일의 실체를 잘못 이해한 것이다. 그분은 정말, 실제로 사람이 되셨다. 그리스도께서 당하신 모든 고난과 시험은 우리가 경험하는 것과 똑같이 실제적이고 고통스럽고 견디기 힘든 것이었다. 그분은 바로 그 고통을 얻기 위해 인간의 본성을 취하셨던 것이다.

하지만 그분은 승리하셨다. 그분은 그 모든 것을 이겨내셨다. 그분은 시험을 물리치셨고 순종하셨다. 오직 예수 그리스도만이 하늘 아버지의 기뻐하심을 입은 아들이 되셨다. 그렇기에 십자가에서 버림당하신 그분은 하나님의 하늘 보좌의 자리로 높임을 받으셨고, 완전한 순종으로 말미암아 자기 백성을 자신에게로 속량해 내신 구속의 주로 선포되셨다. 예수 그리스도 그분은 많은 아들들을 이끌어 영광에 들어가게 하실 하나님의 아들이었다(히 2:10). 이것이 우리가 그리스도의 성육신에서 보는 장엄한 신비의 모형이다. 그것은 우리에게 하나님의 언약적 낮아지심의 최고조를 보여 준다.

헨델의 〈메시아〉는 역사상 가장 유명한 오라토리오다. 헨델은 아일랜드의 더블린에서 기부금 마련을 위해 3주 만에 이 곡을 작곡했다. 그리고 대본은 헨델의 친구였던 찰스 제넌스Charles Jennens에 의해 작시되었다. 1742년 초연을 시작으로 헨델의 〈메시아〉는 대성공을 거뒀고 더블린의 한 일간지에 의해 역사상 가장 아름답게 작성된 가사와 곡이라는 극찬을 받았다. 1년 후 런던에서 이 오라토리오가 교회가 아닌 극장에서 공연되었을 때 한 가지 논란이 일었다. 어떤 이들은 〈메시아〉가 종교적 음악극이기에 대중의 즐거움을 위해 연주되는 것은 적합하지 않다고 여겼다.

〈메시아〉에 친숙한 상당수 사람들은 성경의 다음 본문을 읽거나 들을 때 헨델의 음악을 떠올리지 않을 수 없을 것이다.

이는 한 아기가 우리에게 났고 한 아들을 우리에게 주신 바 되었는데 그의 어깨에는 정사를 메었고 그의 이름은 기묘자라 모사라 전능하신 하나님이라 영존하시는 아버지라 평강의 왕이라 할 것임이라(사 9:6).

아마도 〈메시아〉에서 가장 유명한 곡(제2부, 7장)은 '할렐루야'라는 합창곡일 것이다. 이 7장의 제목은 "하나님의 최후 승리"로, 요한계시록 19:6, 11:15, 그리고 19:16 본문을 모두 합친 것이다. 전해지는 일화에 따르면, 1743년 런던 공연 때 합창단이 '할렐루야' 합창을 시작하자마자 조지 2세는 감명한 나머지 벌떡 일어났고 합창이 마칠 때까지 기립해 있었다고 한다. 이에 나머지 청중 모두 함께 기립했고 그러한 관습이 오늘날까지 이어지고 있다.

첫 공연 이래로, 헨델의 〈메시아〉는 일반 대중을 대상으로—교회, 콘서트홀, 극장 등에서—수많은 공연을 계속해 왔다. 지금까지 수백만 명이, 그 곡의 가사를 믿든지 안 믿든지 간에, '할렐루야' 합창에 맞춰 자리에서 일어섰다. 헨델 자신도 그 곡이 이토록 큰 감동과 엄청난 파장을 가져오게 되리라 상상하지 못했을 것이다.

실제로 〈메시아〉는 종교적 음악극이다. 그것은 두 시간에 걸쳐 이뤄지는 송영이다. 찰스 제넌스의 수고로 그 작품은 그리스도에 대한 찬미로 가득하다. 구속사를 분명하고 광범위하게 다루기에 '할렐루야' 합창이 오라토리오의 피날레라고 생각하기 쉬울 것이다. 특히 제넌스가 해당 장에 붙인 제목과 그 안에 사용된 성경 본문들을 감안하면 더욱 그럴 수 있다.[10] 그러나 '할렐루야' 합창은 2부 마지막 곡일 뿐이다. 제넌스가 붙인 마지막 3부의 제목은 "사망을 이기심에 대한 감사의 송가"이다. 제3부는 4장, "메시아를 향한 찬양"으로 마친다. 이 마지막 장에서 제넌스는 요한계시록 5:12-13을 마무리 합창 가사로

---

10. 〈메시아〉에 대한 역사적 자료 요약의 출처는 다음과 같다. James M. Keller, *Handel's Messiah: Notes on the Program* (New York: New York Philharmonic, December 2014), program.

사용한다.

큰 음성으로 이르되 죽임을 당하신 어린양은 능력과 부와 지혜와 힘과 존귀와 영광과 찬송을 받으시기에 합당하도다 하더라 내가 또 들으니 하늘 위에와 땅 위에와 땅 아래와 바다 위에와 또 그 가운데 모든 피조물이 이르되 보좌에 앉으신 이와 어린양에게 찬송과 존귀와 영광과 권능을 세세토록 돌릴지어다 하니(계 5:12-13).

〈메시아〉란 이름으로 작명된 오라토리오가 '할렐루야' 합창이 아닌 위 구절로 끝맺는 것은 적절한 구성이 아닐 수 없다. '할렐루야' 합창은 예언적이다. 그것은 어린양에게 영광과 찬송을 돌리는 요한계시록 5장을 가리킨다. 이 찬송은 문자 그대로, 메시아이신 예수 그리스도의 최고의 성취와 업적을 기리고 있다. 헨델의 〈메시아〉에서 할렐루야 합창은 요한계시록 5장의 어린양의 대관식을 향한 가교 역할을 한다.

육체 안에서 극적으로 이뤄진 성자의 낮아지심, 그 영광스러운 신비에 대한 우리의 적절한 반응은 오직 송영밖에 없다. 우리는 성자 하나님을 예배한다. 이는 단지 성부와 성령 하나님과 더불어 그분도 하나님이며, 따라서 우리의 예배와 찬양을 받기에 합당하시다는 사실 때문만이 아니다. 우리 예배의 또 다른 이유는 아버지께서 아들에게 맡기신 일을 모두 완수하셨기 때문이다. 그리고 그분이 모든 임무를 완수하신 것은 자기 자신이 아닌 우리를 위해서였으며, 이를 통해 우리가 영원토록 그분을 찬양하게 하기 위해서였다. 성육신, 그 신비의 위엄을 묵상해 보라. 새로워지지 않을 수 없을 것이다. 예배를 받기에 합당하신 어린양께 찬양을!

가장 놀라운 신비라. 불멸이 죽으셨네.
누가 그의 기이한 뜻을 찾을 수 있으리?
천사가 헛되이 수고하네,
그 신성한 사랑의 깊이를 올리고자.
가장 위대한 자비라! 온 땅이여 예배하라,
천사로 더 이상 묻지 않게 하라.
놀라운 사랑! 어찌 그럴 수 있는가,
나의 하나님, 당신께서 왜 날 위해 죽으셔야 했던가?
찰스 웨슬리, "어찌 날 위함이온지" And Can It Be That I Should Gain

✝
하나님과 사람 사이의 언약은 위대하고 경이로운 것이다, 그 본질을 생각하든, 그 결과를 생각하든 간에. … 이 언약에 담긴 하나님의 은혜와 낮아지심은 얼마나 무한하며 얼마나 경이로운지! 불쌍하고 비참한 인간이 무엇이기에 하나님이 자신의 마음을 그에게 두셔야 했단 말인가? 대체 왜 하나님은 자신의 주권을 그에게 한정시키고 그와 계약을 맺으셔야 했단 말인가?
- 존 오웬, 〈시편 130편 강해〉에서.

5
하나님과 우리의 관계에 담긴 신비의 위엄

이제는 기독교 신앙과 실천 밑바탕에 자리한 놀라운 신비를 어느 정도 인지하기 시작했을 것이다. 하나님의 성품과 길의 신비는 하나님과 함께하는 우리 삶의 생명소로서, 모든 순간 우리 생각과 삶에 영향을 미쳐야 한다. 그리스도인의 삶에 스며든 신비를 깨닫는 것은 우리의 기독교적 경험을 제대로 된 그림으로 표현하는 것과 같다. 그것은 무엇보다 하나님에 대한 적절한 그림이라 하겠다. 더욱 심오해지는 신비 가운데 이제 우리는 삼위일체와 성육신 등과 같은 하나님에 대한 적절한 그림 안에 우리가 포함되어 있음을 보게 될 것이다! 그것이 어떻게 가능할 수 있을까?

앞에서 우리는 하나님과 그분의 성품을 둘러싼 신비에 대해서만 생각해 보았다. 우리는 위엄 있는 그분 안에서 경이를 발견했다. 우리는 그 가려진 휘장을 젖혀 그분이 단지 말로 표현할 수 없는 공백 같은 존재가 아니라, 영원 전부터 셋 안에 하나로 계신 존재임을 보았다. 우리는 세상의 빛 되신 그분을 향해 그분이 친히 주신 계시의 빛을 비춰 보았다. 그분은 여전히 하나님이면서 우리 죄의 문제를 해결하기 위해 우리 인간의 본성을 입으셨다.

  이러한 신비를 숙고할 때 불가해하신 삼위일체 하나님을 향한 우리 예배는 더 온전하고 충만해질 것이다. 사실 우리가 이 무한한 진리를 더 깊이 생각하면 할수록, 그 진리는 우리의 모든 지적 노력을 무력하게 만드는 것처럼 보인다. 하나님은 영원하시고 무한하시며, 하나인 셋이며, 성자는 완전한 하나님이자 완전한 사람이라는 진리들을 곰곰이 생각할 때면 오히려 이 진리들이 더욱 파악하기 어렵게 느껴진다. 이 진리에 집중하는 순간조차 그것은 우리 마음의 시야에서 슬그머니 빠져나가는 것만 같다. 더 가까이 붙잡으려 하면 할수록, 더 초월적인 대상이 되어 버린다. 하지만 사실은 원래 그래야 한다. 그것은 신비가 갖고 있는 적절하고도 찬양 받을 만한 역설이다.

성경적 전개

이제 이 불가해하고 신비로운 성삼위 하나님에 대해, 그리고 그분이 우리와 맺으시는 상상할 수 없이 놀라운 관계의 경이로움에 대해 생각해 보고자 한다. 신비 위에 있는 신비를 탐구하려는 것이다. 하나님이 어떻게 하나님 되시는가 하는 것은 여전히 우리에게 감추어진 영역이다. 우리는 그것을 꿰뚫어볼 수 없다. 그분이 어떻게 우리와 관계를 맺으시는가 하는 것은 그 모든 신비를 더욱 두텁고 깊게 하며, 그분을 향한 우리의 헌신과 찬양을 충만하게 할 것이다.

각각의 모든 신자의 경건과 거룩함을 고취하기 위해 저술한 대작 『기독교 강요』에서 칼뱅은 다음과 같이 시작한다.

> 우리 지혜는, 그것이 참되고 건전한 지혜인 한, 거의 다음 두 부분으로 구성된다. 하나님을 아는 지식과 우리 자신을 아는 지식.[1]

지금까지 우리는 "우리 지혜"의 첫 부분, 즉 하나님에 대한 지식을 집중적으로 살펴보았다. 이 장에서는 그 첫 부분을 염두에 둔 채, 우리 지혜의 두 번째 부분, 즉 우리와 하나님의 관계에 대한 참된 지식을 살펴볼 것이다. 그러한 가운데 또한 인격적 존재이신 성삼위 하나님이 피조 세계, 그리고 우리와 영원토록 관계를 맺겠다고 결정하신 것이 무엇을 의미하는지 살펴보며, 그 속에 담긴 영광스러운 신비를 바라볼 것이다.

하나님이 피조 세계와는 일반적으로, 사람과는 특별히 관계를 맺으신다는 사실이 어쩌면 전혀 신비롭게 여겨지지 않을 수 있다. 누군가 이렇게 반문할지 모르겠다. "성경을 펼쳐보니 태초에 하나님이 만물을 창조하시고 아담과 하와를 만드셔서 그들과 관계를 맺으셨네요.

---

1. John Calvin and Henry Beveridge, *Institutes of the Christian Religion*, Vol. 1(Edinburgh: The Calvin Translation Society, 1845), 47. 『기독교 강요』 복있는사람.

그게 뭐 그리 신비롭다는 거죠?" 어떤 의미에서 그것은 자연스러운 사고방식일 수 있다. 만물을 창조하신 하나님은 자신이 창조하신 것들과 관계를 맺을 능력이 있으시다. 하나님은 하고 싶으신 것이 무엇이든 하실 수 있다! 분명 모든 피조 세계는 하나님의 소유이기에 피조물은 하나님이 어떤 분인지, 또는 어떤 일을 하실 수 있는지에 한계를 정할 수 없다.

그러나 하나님으로서의 하나님의 성품에 대해 생각하기 시작하면, 곤혹스러워지기 시작한다. 하나님이 누구신지, 그분이 하나님 되려면 어떤 성품을 지니셔야 하는지 생각해 본다면, 딜레마를 느끼기 시작할 것이다. 웨스트민스터 신앙고백은 하나님의 성품에 관한 명쾌하고 간명한 묘사를 제공한다.[2] 웨스트민스터 신앙고백 제2장은 다음과 같이 시작한다.

유일하시고 살아 계시는 참되신 하나님은 존재와 완전함에서 무한하시며, 지극히 순결한 영이시며, 눈에 보이지 않으시고, 몸이 없으시고, 지체가 없으시며, 정욕도 없으시고, 불변하시고, 광대하시고, 영원하시며, 불

---

2. '웨스트민스터 신앙고백'에서 발췌한 자료가 본서 부록에 수록되어 있다. 웨스트민스터 대요리문답 및 소요리문답과 더불어 이 신앙고백서는 약 5년의 기간에 걸쳐 만들어졌다(1643-1648년). 영국 의회의 결의로 개신교 교회에게 신학, 예배, 그리스도인의 품행 문제 등에 관한 조언을 제공하기 위해 다수의 목회자들과 신학자들이 소집되었다. 웨스트민스터 신앙고백에 대한 추가적인 연구를 위해서는 다음 문헌을 참고하라. B.B. Warfield, *The Westminster Assembly and Its Work* (New York: Oxford University Press, 1931).

가해하시고, 전능하시고, 가장 지혜로우시며, 가장 거룩하시고, 가장 자유로우시고, 가장 절대적이시다….

위 고백은 하나님의 고유한 속성을 탁월하게 요약한 것으로, 정통 그리스도인이라면 이 진술에 동의하지 않을 수 없을 것이다. 이 고백이 하나님으로서의 그분의 성품을 잘 강조하고 있기에, 하나님에 관해 생각하고자 할 때 매우 적절한 출발점이 될 수 있다. 그러나 아무 생각 없이, 우리와 하나님의 관계적 측면에서 전혀 고려하지 않은 채 하나님에 관한 이 진술을 곧이곧대로 긍정하기만 한다면, 우리는 신비의 위엄을 놓치게 될 것이다. 사실, 하나님의 위대한 성품과 속성은 그분과 우리의 관계를 구축하는 중요한 기반이다.

시간 관계상 앞서 인용한 신앙고백에서 언급된 세 가지 특징에 대해 먼저 생각해 보고자 한다. 고백서에서 하나님을 가리켜 "지극히 순결한 영이시며, 눈에 보이지 않으시고, 몸이 없으시고, 지체가 없으시며, 정욕도 없으시고"라고 진술했을 때, 이것은 하나님의 독립성을 의미한다. 그분은 영이시고 지체parts가 없으시다. 그분은 어떤 식으로든 제한되지 않으신다. 우리와는 달리, 그분의 인격에는 공간적 제한도 없다. 따라서 우리는 어떤 특정한 장소를 가리켜 "하나님이 저기에 계신다"고 말할 수 없다.

또한 이 고백서는 하나님이 영원하시다고 단언한다. 이는 그분이 하나님 되시기 위해 시간적 연속성에 의존할 필요가 없음을 의미한다. 다시 한 번 우리와는 달리, 하나님은 모든 지나가는 시간의 경과에 종속되지 않으신다. 그분은 시작도, 끝도 없으시다. 그분의 생명은 시간적 지속성으로 구성되지 않는다.

우리는 이와 더불어 하나님이 (그분의 무감정성 impassability—즉, 정욕 없음을 포함해) 불변하는 분이심 또한 인지한다. 하나님은 스스로 안에서 변화를 겪으실 수 없기에 불변하신다. 그분이 어떻게 변화하실 수 있단 말인가? 하나님보다 위대한 것은 아무것도 없기에, 하나님은 정의상 더 위대한 무언가로 변화하실 수 없다. 마찬가지로, 하나님은 자기 자신보다 더 낮은 무언가로도 변화하실 수 없다. 그럴 경우 그분은 하나님 되심을 중단하셔야 하는데, 이는 불가능하기 때문이다(딤후 2:13). 따라서 하나님의 하나님 되심을 단언할 때, 우리는 그분을 하나님으로 구별되게 하는 모든 속성이 언제나 변함없이 그분의 속성이 되어야 한다고 단언한다. 하나님이 그분의 본질 안에서 공간적 제약 또는 시간에 종속되심으로 말미암아 자신보다 못한 존재로 변화하시는 일은 불가능하다. 그분은 다른 무엇이나 다른 누구로도 변하지 않으실 것이다.

우리가 이 같이 확신하는 이유는 그러한 하나님의 속성이 하나님에 대한 그분 자신의 계시에 토대를 두고 있기 때문이다. 우리는 어떤 합리적인, 또는 순전히 연역적인 원리나 개념에 근거해 단언하지 않는다. 합리적이거나 연역적인 원리는 단지 피조 세계의 한계성 안에서만 움직일 수 있기에, 하나의 유한한 신의 존재만을 결론낼 뿐이다. 우리는 무한하거나 영원한 것을 경험해 본 적이 없다. 그렇기에 무한하고 영원한 것을 이해하시는 분, 그리고 자신이 그런 존재 자체이신 분으로부터 그에 대한 지식이 주어지지 않는 한 우리 스스로 무한성이나 영원성을 이해할 방도가 없다.

우리가 이미 보았듯 하나님이 자신의 속성을 계시하시는 방식 가운데 하나는, 성경에서 하나님이 자신에게 직접 부여하신 이름을 통해서다. 전에도 언급한 적이 있지만, 구약 성경에서 가장 명확하게 선포된 하나님의 이름은 "여호와"다. 안타깝게도 이 진리는 하나님의 속성에 관한 논의에서 소홀히 되고 있기에 자주 되풀이할 수밖에 없다. 하나님의 그 이름에 관해서는 참고할 수 있는 자료가 많다. 하지만 피조물과의 관계 속에서 하나님의 속성에 대해 생각할 때 유념할 만한 몇 가지 내용을 소개하고자 한다.

1. 구약에서 무려 5,000회 이상 사용되는 '여호와'란 이름은 자신의 속성에 대한 하나님의 설명에서 나왔다. 출애굽기 3장에서 모세가 하나님께 이름을 알려 주시길 청했을 때(출 3:13), 모세는 사실상 하나님의 속성에 대해 묻고 있었다. 오늘날과는 다르게, 성경 시대에 이름은 인물의 특징을 명명하기 위해 주어졌다. 이는 하나님이 성경의 주요 인물들을 불러 구속사의 특별한 사명을 맡기실 때 그들의 이름을 바꾸셨던 이유이기도 하다(참고. 창 17:5, 15; 32:28; 요 1:42; 행 13:9). 따라서 모세는 그저 하나님을 어떻게 불러야 할지 몰라서 질문한 것이 아니다. 모세는 이제 곧 바로를 대적하시게 될 하나님의 속성에 대해 질문한 것이다.

앞서 살펴본 것처럼, 하나님은 모세에게 자신의 이름을 밝혀 "나는 스스로 있는 자"I am who I am라고 답변하신다(출 3:14). 하나님이 그 이름으로 의도하신 것을 다음의 유용한 해석으로 요약할 수 있을 것이다. 구약 주석가 카일Keil과 델리취Delitzsch는 다음과 같이 언급했다.

> 동일한 형태의 동사 반복(즉, "I am"), 그리고 오직 관계사(즉, "Who")에 의한 연결은 동사에서 표현되는 주어의 존재나 행위가 '오직 그 주어 자신에 의해 결정된다'는 것을 의미한다 … 따라서 이 구문("I am who I am")이 그 고유의 이름(Yahweh)으로 압축되는 한 … 하나님이 자신의 존재 안에 계신 한 그분은 "스스로 계신 자이다" … 그분은 자신의 존재를 스스로 결정하시는 분이시다.[3]

출애굽기 3:14을 주해하며 하나님의 이름에 대한 계시와 관련해 칼뱅은 이렇게 언급한다.

> 그러므로 … 문법적 용례와는 상반되게 그분은 일인칭의 같은 동사를 명사구처럼 사용해 그것을 삼인칭 동사에 결부시키신다. 이렇게 '그분의 불가해한 본질이 언급될 때마다' 우리의 마음은 감탄과 경이로 충만해진다."[4]

---

3. C. F. Keil and F. Delitzsch, *Commentary on the Old Testament in Ten Volumes: The Pentateuch*, trans. James Martin, Vol. 1 (Grand Rapids: Eerdmans, 1980), 74-75; 저자 강조.

4. John Calvin, *Commentaries on the Four Last Books of Moses Arranged in the Form of a Harmony*, trans. and ed. Charles William Bingham (Edinburgh: Calvin Translation Society, 1852), 1:73; 저자 강조.

카일과 델리취가 언급한 것처럼, 하나님이 자신에게 부여하신 그 이름은 하나님이 완전히, 전적으로 독립적이시며 스스로 자신을 규정하시는 분임을 의미한다. 그분은 하나님이 되기 위해 다른 어떤 것을 필요로 하지 않으신다. 칼뱅은 그 이름의 문법 자체가 하나님의 불가해성을 표현하고 있으며, 이는 우리의 경외심을 불러일으키기 위한 것임을 인지했다. 예배는 하나님이 스스로 나타내신 속성에 담긴 신비로부터 마땅히 흘러나오는 것이며, 성경에서 "그분의 불가해한 본질이 언급될 때마다" 우리에게 주어지는 것이다.

2. 앞에서 보았듯 하나님이 모세에게 주신 그 이름의 의미는 '스스로 계심' 또는 절대적인 '독립성'으로 요약할 수 있다. 하나님의 독립성을 가리키는 전문 용어로 '자존성'aseity이 있다. 이 단어는 라틴어 '아세'a se(그분 자신의)에서 왔으며, 하나님이 하나님 자신이 되기 위해 그 무엇도 의존하지 않으신다는 것을 의미한다. 그분은 어떤 곳에 거하기 위해 공간에 의존하지 않으시며, 존재하기 위해 시간에 의존하지 않으시고, 어떤 상태가 되기 위해 시간적 경과에 의존하지 않으신다. 하나님은 단지 그분 자신으로 존재하신다. 그분은 전적으로 완전히 자기 의존적이시다. 하나님은 외부의 그 무엇과도 관계없이 자기 자신으로부터 존재하시며, 자기 자신으로 사시고, 자신을 정의하시며, 철저하게 자기 자신을 아신다. 오직 하나님만이 스스로 있는 자이시다.

이 장에서 하나님의 이러한 자기 정의, "스스로 있는 자"의 신비를 우리 자신과의 관계적 측면에서 고려하기 위해서는 하나님의 본성에 관한 이 두 가지 중요한 요소를 상기할 필요가 있다. 즉, 우리는 성경이 우리에게 가르치는 하나님과 우리의 관계성에 비추어, 하나님과 그분의 독립적 속성에 관해 생각해 볼 필요가 있다.

성경을 펼치는 순간, 우리는 "나는 스스로 있는 자"라고 말씀하신 그분이 만물을 창조하시는 장면을 보게 된다. 그분이 말씀하시자, 존재하지 않았던 것들이 존재하기 시작한다. 우리는 하나님이 창조하신 것들에 관해 언급하실 뿐 아니라(예. 창 1:5, 8), 여섯째 날에 창조하신 존재―사람(남자와 여자)―곧 자신의 형상을 따라 만드신 그들을 향해 말씀하시는 장면을 보게 된다(창 1:28)!

하나님은 자기 자신의 형상을 따라 지음 받은 그들과의 관계를 시작하신다. 그분은 그들에게 계명을 주셔서 그러한 계명에 순종하든, 불순종하든 책임지는 존재가 되게 하셨다. 그들을 향한 하나님의 주권적 통치의 맥락 안에서 그 계명을 지키거나 어기는 것은 그들에게 달려 있으며, 그들은 자신의 결정에 따른 결과에 대해 책임져야 했다.

죄를 범하기로 한 아담의 결정으로 인해 이 태초의 관계의 계약 조건은 변경되어야 했다. 타락 전에, 아담과 하와는 하나님의 명령에 순종함으로써, 하나님과의 교제에서 창조된 자라는 지위를 유지할 책임이 있었다(창 2:9, 16-17). 그리고 아담과 하와가 죄를 범한 후에는 죽음의 형벌이 가동되었다. 그러나 하나님과의 교제를 회복하기 위해, 아담 이후로 태어나는 사람들의 부패한 본성을 변화시키기 위한 하나님의 은혜로운 간섭이 이루어졌다. 죄로 타락하기 전 하나님과 사람 사이의 관계를 유효하게 하는 것은 순종이었다. 그러나 타락 후로는, 사람이 하나님과의 교제 안으로 다시 들어가기 위해서는 구원하시는 하나님의 은혜가 개입해야 한다.

그러나 한편, 인류 역사의 첫 사람에서부터 마지막 사람에 이르기까지, 심지어 영원으로 가기까지 모든 각 사람에게는 하나님과의 관계가 존재한다. 믿음으로 예수 그리스도께 나아온 사람에게 그 관계의 특징은 하나님의 은혜다. 반면, 계속해서 하나님께 반역하는 사람에게 그 관계의 특징은 하나님의 진노다. 은혜의 관계는 새 하늘과 새 땅에서도 이어지고, 진노의 관계는 지옥에서도 이어질 것이다. 하나님과 각 사람의 관계는 언제나 영원히 존재한다.

성삼위 하나님이 사람과 맺으시는 이 관계는 시작부터 마지막까지 하나님의 계시 전체의 특징을 이룬다. 그렇기에 이 관계 속에서 생긴 긴장에 대해 제시할 때 어떤 이들은 우리가 있지도 않은 문제를 만드는 것처럼 느낄 수 있다.

그러나 하나님과 우리의 관계 문제에 대한 질문들은 성경을 통해 자연스럽게 도출된다. 영원하신 그분께서 어떻게 특정한 시간에 아담과 하와에게 말씀하실 수 있었을까? 무한하신 그분께서 어떻게 그 동산 안에 계실 수 있었을까? 이뿐만이 아니다. 예를 들어 창세기 3장에서 인류의 타락 기사를 읽을 때면 누구든 다음과 같은 질문을 던지지 않을 수 없을 것이다. "죄로 인한 타락으로 하나님은 놀라셨을까? 원래 모든 것이 이렇게 잘못될 것을 아셨다면, 하나님은 애당초 왜 그들을 창조하셨을까? 죄를 범하기로 한 아담의 결정도 하나님의 주권적 통치 아래 있었을까? 아니면 잠시 그 주권을 포기하셨던 것일까?"

이를 비롯한 많은 질문들은 우리 사고 속에 존재하는 긴장, 즉 자존하시는 하나님의 본성과 그분과 우리 관계 사이의 긴장을 강조한다. 하나님이 무한하시고, 영원하시며, 정욕이 없으시고, 불변하시다고 고백하면서 우리는 그 하나님이 창조하신 사람들과 만나시고 그들에게 말씀하시고 소통하심을 볼 수 있다.

예를 들면, 창세기 18:1-3에서 여호와께서는 마므레에서 아브라함을 만나신다. 창세기 32:30에서 야곱은 하나님을 보았다고 고백하며, 출애굽기 3:2-4:17에서는 불타는 떨기나무 가운데 여호와께서 모세에게 나타나신다. 신명기 31:14-23에서 여호와께서는 모세와 여호수아에게 나타나 말씀하신다. 여호수아 5:13-15에서 여호수아는 하나님 자신이신 신적 용사와 대면하고 그분을 예배한다. 이런 장면들은 구속사 곳곳에서 계속 전개된다. 우리는 성경 여러 본문을 통해, 주 여호와 하나님께서 강림하여 자기 백성과 만나시는 이야기들을 볼 수 있다(예. 창 11:5; 출 3:8, 34:5; 민 11:1-3, 12:5 등).

이 모든 본문, 아니 사실상 성경 모든 장, 모든 구절은 여호와 하나님이 피조물과 함께하시고 자기 백성과 교통하시는 것을 당연한 사실로 다룬다. 그러므로 무한하시고, 영원하시고, 불변하시는 그분께서 어떻게 마므레에 계실 수 있으며, 야곱에게 보이실 수 있으며, 내려오실 수 있었는지 궁금히 여기게 되는 것 역시 당연하다. 여호와께서 특정한 한 장소에 한정적으로 임재하신 것은 그분의 무한성과 모순되는 것 아닌가? 야곱이 하나님을 본 것은 그분의 불가시성과 모순되는 것 아닌가? 여호와께서 내려오신 것은 그분의 불변적 본질과 모순되는 것 아닌가? 그분의 무감정성은 그분의 진노하심과 모순되는 것 아닌가?

하나님이 자기 백성과 함께하시는 이 모든 사례는 신약에서 절정에 이른다. 앞 장에서 살펴본 내용을 감안하면, 역사 전체에서 자기 백성과 함께하시는 하나님의 임재를 어떻게 생각하는 것이 최선의 방법인지 알 수 있다. 그리스도의 성육신에서 보았듯, 하나님은 아들의 인격 안에서 하나님으로서 하나님 되심을 유지한 채 인간의 본성을 취하심으로써 우리에게 내려오셨다.

그렇다면 역사 속에서 나타난 하나님의 여러 현현들, 그 중에서도 인간적인 특징을 포함하는 현현들은 하나님이 그리스도 안에서 영구적으로 행하실 일을 암시하는 일시적이나 명백한 징후 아니었을까?

이는 그럴 가능성이 충분한 걸 넘어 하나님이 계시 곳곳에서 가르치고 계신 바다. 성경을 읽다가 하나님이 그분의 피조 세계, 세상, 그리고 백성과 관계하기 위해 내려오시는 장면들을 볼 때, 각각의 경우마다 우리는 그분이 그리스도를 바라보게 하신다는 것을 깨달아야 한다. 그리스도는 "하나님이 우리와 함께하신다", 즉 임마누엘을 예증하는 가장 극적인 실례가 되신다.

실제로, 신약 성경은 우리가 구약 성경을 정확히 그런 방식으로 읽어야 한다고 가르치고 있으며, 우리는 이 점을 숙지해야 한다. 앞 장에서 살펴보았듯 신약은 구약 인용문들로 가득한데, 신약은 이 구절들이 그리스도를 가리킨다고 여긴다.

따라서 하나님과 피조 세계, 그리고 하나님과 백성의 관계에 대한 성경적 전개 과정에는 구약 도처에 등장하는 하나님(의 아들)의 임시적이고 예표적인 현현들이 포함된다. 결국 그 모든 것은 성육신 안에서 영구적인 안식처를 찾게 된다. 또는 이같이 말할 수도 있을 것이다. 성자는 구약 곳곳에서 (자신의 최종 구속 사역을 예표하기 위해) 일시적으로 내려오셨다가, 성육신을 통해 (자신의 구속 사역을 이루기 위해) 영구적으로, 영원으로 내려오셨다.

하나님의 계시 전역에서 우리는―성자의 위격에 집중해―하나님이 일반적으로는 피조물과, 보다 구체적으로는 자기 백성과 관계하시는 모습을 보게 된다. 성육신 전까지 성자께서 취하신 특징들은 일시적이었으며, 성육신이라는 보다 위대한 구속의 순간을 가리켜 보이기 위한 것이었다. 그러나 그 모든 사건은 계시하기 위해, 구속하기 위해 하나님이 친히 내려오심에 대한 실례들이다.

이와 관련해 칼뱅은 요한복음 1:3에 대한 주석을 통해 다음과 같이 설명한다.

> 여기서 복음서 기자의 의도는, 이미 언급한 바 있지만, 세상이 창조되자마자 하나님의 말씀이 외부의 효력으로 나타났음을 보이는 것이다. 전에는 본질상 불가해하셨던 그분께서 이제 권능을 행사하신 결과 세상에 나타나신 바 된 것이다.[5]

다른 말로 하면, 창조를 기점으로 그 말씀은 하나님을 계시하고 그

---

5. John Calvin, *Commentary on the Gospel according to John*, trans. William Pringle (Edinburgh: Calvin Translation Society), 1:31. 『칼빈주석 18: 요한복음』 CH북스.

분이 만드신 것과 그분의 형상대로 지으신 사람과 관계하기 위해 계속 전진해 왔다는 것이다. 그러한 계시와 관계하심은 죄로 인한 타락이 있기 전에는 구속적인 것은 아니었으나, 언약적인 낮아지심이었음이 분명하다. 타락 전에 하나님이 아담과 하와와 어떻게 관계를 맺으셨든 간에(이와 관련해서는 거의 정보가 없다), 그분은 그들과 관계를 맺기 위해 친히 자신을 낮추셨다. 따라서 성삼위 하나님은 자신의 피조 세계를 향해, 그 세계 안에서, 그 세계와 함께하기 위해 내려오심으로써 "세상에 나타나신 바" 되었다. 그러므로 모든 성경은 하나님의 피조물과의 관계를 보여 준다. 그리고 그 관계는 아들을 통해 아들 안에 초점을 맞추고 있다. 이에 대해 존 오웬은 다음과 같이 말한다.

타락 이후 구약에 나타난 하나님 자신과 그분이 제정하신 규례, 그리고 그분이 교회를 다루시는 방식에 대한 기록을 살펴보면, 한결같이 장차 이루어질 그리스도의 성육신과 관련되어 있다. 슬퍼하고, 후회하고, 진노하고, 기뻐하는 사람의 감정을 하나님께 영속적으로 부여하는 것은 터무니없을 수밖에 없다. 만약 신인께서 그러한 감정이 덧입혀진 본성을 스스로 취하고자 의도하신 것이 아니라면 말이다.[6]

---

6. John Owen, *The Works of John Owen*, ed. William H. Goold (Edinburgh: T&T Clark, 1862), 1:350. 『그리스도의 영광』 지평서원. 이 인용문에 주목하게 해 준 마크 존스에게 감사를 표한다.

성경적 교리

이제 우리는 지금까지 살펴본 일부 성경 자료들을 참조해 신학 용어와 개념들을 알아볼 것이다. 이를 통해 우리는 하나님이 창조 활동을 통해, 그 안에서, 그로 말미암아 행하신 것이 무엇인지 더 잘 인지할 것이다.

이미 지적했다시피, 하나님은 "지극히 순결한 영이시며, 눈에 보이지 않으시는" 분이다. 우리는 영이시고 보이지 않으시는 하나님이—특히 그분께는 육신의 어떤 형체나 지체가 존재하지 않음에도 불구하고—어떻게 아담과 하와와 함께 동산을 거니셨는지(창 3:8-10), 어떻게 아브라함(창 18:1)과 모세(출 3:1-4:17, 6:2-3)와 여호수아(수 5:13-15) 등 여러 인물에게 나타나셨는지 질문해 보았다. 하나님은 몸도, 지체도 없으신 분이지 않은가? 몸이 없는, 순전한 영이신 그분이 어떻게 거니시고 나타나실 수 있었단 말인가?

하나님은 또한 본질상 무한하시고, 영원하시고, 불변하시는 분이다. 성경을 읽을 때, 종종 이런 질문들이 떠오를 때가 있다. 공간에 제한되지도, 한계에 종속되지도 않으시는 그분께서 어떻게 아담과 하와와 동산 안에, 아브라함과 마므레의 상수리나무 곁에, 모세와 호렙 산에 계실 수 있었는가? 이 모든 상황은 하나님이 무한한 존재로 계시기보다는 오히려 특정 장소에 계실 것을 요구하지 않는가? 이 때문에 일각에서는 하나님이 결코 무한하시거나 영원하시거나 불변하실 수 없다는 결론을 내리기도 한다. 그런 견해에 따르면, 하나님은 단지 우리 중 하나처럼 되셨을 뿐이다. 또 한편 어떤 이들은 하나님의 이러한 현현들은 그저 그분의 활동일 뿐이기에, 그분에게 어떤 특정 장소나 시간에 구애되도록 요구하지 않는다고 주장한다.

그러나 성경을 제대로 읽을 때 우리는 이러한 견해들을 선택할 수 없음을 알 수 있다. 이는 하나님의 이름을 바꿀 수 없는 것만큼이나 불가능하다! 자존하시는 하나님의 속성은 하나님이 자신에게 부여하신 이름과 불가분의 관계에 있다. 이것만으로도 그러한 속성을 확신하기에 충분한 근거가 된다. 하지만 이것만이 아니다. 우리가 읽은 성경 내용을 단순히 하나님의 활동에 대한 것으로 축소한다면, 하나님이 실제적으로, 참으로 우리와 함께하시는 분이라는 사실을 믿기 어려워질 것이다.

그렇다면, 영원하신 하나님, 따라서 일시적인 시간의 흐름에 종속되지 않으시는 그분께서 과연 어떻게 아담과 하와, 아브라함과 모세, 그리고 여호수아를 비롯한 수많은 하나님의 백성과 역사 속 연, 월, 일의 특정 시간에 함께하실 수 있었는가?

하나님이 불변하시는 분이라면, 변화하지 않으신 채 어떻게 동산을 거니시고, 여러 다른 인물에게 여러 다양한 말씀을 일러주실 수 있었는가? 그분의 거니심은 위치와 장소의 변화를 함의하는 것이 아닌가? 그분의 말씀하심은 발화의 변화를 함의하는 것이 아닌가?

또한 우리는 웨스트민스터 신앙고백과 함께 하나님은 "정욕이 없으시다"without passions고 진술한 바 있다. 그렇다면, 그분은 어떻게 질투하시고(예. 출 20:5을 보라), 죄에 진노하시며(예. 출 4:14, 민 11:10, 신 6:15, 수

7:1, 삼하 6:7, 시 106:40, 사 5:25), 자신에게 속하지 않은 자들은 미워하시면서 자기 백성을 사랑하실 수 있는가(예. 말 1:3, 롬 9:13)? 어떻게 그런 일들이 있을 수 있단 말인가? 성경이 우리에게 다른 종류의 두 신을 소개하고 있는 것인가? 무한한 신이 하나, 피조 세계 여러 장소에 실재하는 신이 하나 존재하는 것인가? 격정이 없는 신이 하나, 긍휼과 자비와 미움과 분노가 있는 또 다른 신이 하나 존재하는 것인가?

이미 이 같은 주제를 심층적으로 다루는 수많은 문헌이 있으며, 이를 통해 상당한 유익을 얻을 수 있을 것이다. 하지만 교회 역사상 최고의 신학자 중에서도 이러한 질문에 집중하다 실족하는 경우들이 있었다. 불행하게도 그런 사례들은 다 언급하기 어려울 정도로 무수히 많다. 여기서는 위대한 신학적 사상가들이 이 질문들을 어떤 방식으로 접근하려 했는지에 대한 대표적이고 전형적인 사례 몇 가지를 소개하고자 한다.

가장 위대한 교부라 할 수 있는 아우구스티누스(서기 354-430년)는 하나님의 질투하심과 후회하심에 대한 성경의 진술에 비춰 영원하시고 무한하신 하나님의 속성에 대해 묵상하면서 다음과 같이 언급했다.

> [성경은] 영적인 피조물에게서 많은 것을 차용해 왔는데, 이는 표현은 그렇게 해야 하나 사실은 그렇지 아니함을 의미하기 위해서다. 예를 들면, "나 네 하나님 여호와는 질투하는 하나님인즉"(출 20:5; 참고. 출 34:14; 신 4:24, 5:9, 6:15; 수 24:19; 스 36:6; 나 1:2), 그리고 "내가 그것들을 지었음을

한탄함이니라"(창 6:7) 등이 그렇다.⁷

아우구스티누스가 언급한 말에 대해 잠시 생각해 볼 필요가 있다. 그는 성경이 하나님에 관한 어떤 것을 나타내기 위해 피조물에게서 몇몇 측면을 차용한다고 말한다. 그러면서 그는 성경이 우리에게 나타내고자 하는 것이 "사실은 그렇지 않다"고 말한다. 즉, 어떤 피조물적 속성이 하나님께 속한 것처럼 말하더라도, 사실 성경은 하나님이 정말 그런 분이라고 말하고 있지 않다는 것이다. 오히려 사실이 아닌 무언가를 말하고 있다는 것이다.

명석한 청교도 신학자, 스티븐 차녹Stephen Charnock(1628-1680년)은 피조물과 하나님의 관계에 대해 다음과 같이 생각했다.

하나님이 어떤 피조물에게 사랑을 주셨다가 진노하신다든지, 진노하셨다가 이를 거두신다든지 할 때 실제로 그분이 변화하신 것이 아니다. 그런 경우 변화는 피조물 내에서 이뤄질 뿐이다. 이는 피조물의 변화에 따른 하나님과의 관계의 다양성 안에서 유효하다.⁸

차녹의 견해에 따르면, 예를 들어 성경에서 "본질상 진노의 자녀"였

---

7. Augustine, *On the Trinity*, trans. Rev. Arthur West Haddon(New York: Christian Literature Publishing Co., 1887), I.1.2. 『아우구스티누스-삼위일체론』 분도출판사.
8. Stephen Charnock, *The Existence and Attributes of God*, 2 vols. (Grand Rapids: Baker, 1979), 1:345. 『하나님의 존재와 속성 2』 부흥과개혁사.

던 우리가 은혜의 자녀가 되었다고 말할 때(참. 엡 2:1-10), 우리를 향한 하나님의 성향이 바뀌게 된 것이라고 생각해서는 안 된다. 하나님은 영원하시고 불변하시는 분인데 어떻게 그럴 수 있겠는가? 변화는 오직 우리 안에서만 발생한 것이다. 아마도 우리는 한때 우리가 진노 아래 있었으나 이제는 은혜 아래 있음을 믿기 시작했다고 믿을 수 있을 것이다.

네덜란드 출신의 위대한 교의신학자, 헤르만 바빙크(1854-1921년)는—내 사견으로 그의 『개혁교의학』은 타의 추종을 불허한다—하나님의 뜻에 대해 이렇게 말했다.

> 우리는 하나님이 왜 다른 것이 아닌 이것을 의도하셨는지에 대해 거의 할 말이 없다. 그렇기에 그저 하나님이 다른 것이 아닌 이것을 의도하신 게 좋았다고 믿는 것이다. 그러나 '하나님께는 사실 선택이라는 것이 있을 수 없다.' 왜냐하면 선택이란 언제나 불확실성, 의구심, 의도성을 전제하기 때문이다.[9]

성경적 통찰에 비추어 우리는 바빙크의 진술을 어떻게 평가해야 하는가? 만물이 지음 받기 전에 하나님이 우리를 택하셨다고 성경이 말할 때, 우리는 "하나님께는 실제로 선택이라는 것이 있을 수 없다"

---

9. Herman Bavinck, *Reformed Dogmatics*, ed. John Bolt, trans. John Vriend, 4 vols. (Grand Rapids: Baker Academic, 2003-2008), 2:239-40. 『개혁교의학 4』 부흥과개혁사.; 저자 강조.

라고 생각해야 하는가? 하나님이 우리를 선택하신 것이 사실은 진짜 선택이 아니라는 말인가? 이러한 설명을 듣고 우리는 성경이 말하고 있는 바를 어떻게 이해해야 하는가?

이러한 몇 가지 사례들, 그리고 이와 유사한 다른 수많은 주장들은 사실 모두 존경할 만한 동기에서 비롯되었다. 그들 대부분은 하나님의 독립적인 성품에 관한 진리를 최대한 단호하게 확증하기 위해 그런 방식으로 표현한 것이다. 하나님의 자기 계시에 대해 우리가 어떻게 다르게 말하든 간에, 하나님의 그러한 성품은 언제나 확증되어야 함을 인지해야 한다.

이 저자들은 하나님이 무한하시고, 영원하시고, 불변하시고, 몸과 지체와 정욕이 없으신 분임을 사람들이 정확히 이해하길 바랐으며, 이는 올바른 바람이다. 그들은 하나님을 피조물 수준으로 끌어내리고 슈퍼맨보다 약간 더 강한 분 정도로 생각하는 경향이 만연해 있음을 아마도 충분히 인지했을 것이다. 하나님에 대한 그들의 관점에 따르면, 질투나 후회, 진노나 선택 같은 것은 하나님께 어울리지 않는 특성이었다. 자존하시는 분, 자기 안에서 완전하신 분, 아무것도 필요하지 않은 분, 시작부터 마지막까지 모든 것을 아시고 계획하시는 분께서는 피조 세계에서 일어나는 어떤 일로 인해 질투하거나 분노하게 되는 상황에 사로잡히지 않으실 것이다. 그렇지 않으면, 하나님은 무한하시고, 영원하시고, 불변하신 만물의 주권적 창조주가 아니라, 피조 세계라는 무대에 서 있는 동료 배우, 또는 반응자일 뿐이다.

이러한 주장을 펼치는 동기만큼은 존경받아 마땅하다. 그러나 저

위대한 신학자들이 전개한 방식은 우리의 사유와 발언, 집필 과정에서 요구되는 성경적 언어와 강조를 충실히 따르지 않았다. 우리는 하나님, 그리고 세상과 하나님의 관계를 다루는 성경 본문들을 해석하는 더 나은 방법을 찾아야 한다. 앞서 본 것처럼, 하나님의 영원하심과 불변하심을 확증하기 위해 하나님이 친히 말씀하신 것조차 "사실은 그렇지 않다"고 말한다면, 우리는 하나님의 영원하심과 불변하심의 근거가 되는 하나님의 계시 자체를 훼손하는 위험을 자초하게 된다!

하나만 예를 들면, 성경이 자기 백성에 대한 하나님의 택하심에 대해 분명히 말하고 있음에도 불구하고 "하나님께는 사실 선택이라는 것이 있을 수 없다"고 단언한다면, 이는 실제 하나님으로부터 하나님에 대한 하나님 자신의 말씀을 분리해 내는 것과 같다. 그렇게 되면 결국 우리는, 하나님의 계시를 우리의 수용 능력에 따라 바꾸면서, 사실상 하나님의 계시는 하나님이 실제로 누구신지 가르치지 않으며, 참이든 거짓이든 단지 우리가 그분에 대해 믿어야 하는 것만 가르친다고 결론 내리게 될 것이다.

하나님의 성품에 대한 이러한 해석들은, 일부 기독교 전통에서는 저명하고 영향력 있는 것일 수도 있지만, 성경적으로 입증할 수 있는 기반이 부족하다. 즉, 하나님에 대해 성경이 명백히 가르치는 바를 확증하는 데 대한 만족스러운 방법을 제공하지 못했다는 것이다. 결국, 상기 인용문들은 우리에게 성경이 말하고 있는 바를 사실상 반대하도록 독려하고 있다. 하지만 신학은 절대 이런 식으로 이루어져서는 안 된다. 다행스러운 것은, 하나님에 대해 그리고 하나님의 계시에 대해 신학적으로 사유할 수 있는 더 나은 방식이 있다는 것이다. 우리는 하나님의 언약과 그 언약이 최초에 규정된 방식에서 그 뿌리를 찾을 수 있다. 웨스트민스터 신앙고백 제7장의 제목은 "인간과 맺은 하나님의 언약에 대하여"이다. 7장은 주로 하나님이 아담과 하와와 맺으신 '행위 언약'의 특징, 그리고 죄가 들어온 이후 하나님이 자기 백성과 맺으신 '은혜 언약'의 특징에 관한 유익한 안목을 제시해 준다.

특히 제7장 1항은 보다 일반적으로 하나님의 언약을 어떻게 생각하는 것이 가장 바람직한지 알게 도와준다.

하나님과 피조물 사이의 거리는 너무나 멀다. 따라서 이성적인 피조물들에겐 창조주이신 하나님께 순종해야 할 의무가 있지만, 그들은 하나님께로부터 무슨 축복과 상급을 결실로 얻을 수 없었으며, 하나님 편에서 이뤄지는 자발적인 낮아지심으로만 가능했다. 그런데 하나님은 이를 언약의 방식으로 나타내기를 기뻐하셨다.

제7장의 1항은 이어지는 항들에 대한 서문으로 읽어야 한다. 이는 우리에게 하나님께 순종해야 할 의무가 있으나, 그 순종의 협약은 오직 하나님이 우리에게 소통하실 때만 이해할 수 있다고 단언한다. 또한 하나님과의 올바른 관계(즉, "결실")를 획득 또는 유지할 수 있는 유일한 길은 하나님이 그 관계를 시작하겠다고 결정하실 때만 가능하다고 단언한다. 그러나 이 단락의 초점은 피조물이 이룰 수 있는 어떤

순종이나 결실에 있지 않다. 이와 관련한 사안은 이후 다른 항에서 중점적으로 다룰 것이다. 오히려 1항의 초점은 그 결실과 순종이 우리 편에서 가능하게 하시고자 하나님이 "이성적인 피조물"과 맺으신 관계의 방식에 있다.

이처럼 방식에 초점을 두고 있음을 알리는 두 가지 암시가 있다. 첫 번째 암시는 이 단락에서 고백서가 사용하는 언어 자체에 있다. 고백서는 먼저 창조주 하나님과 피조물인 우리 사이의 "거리"에 대해 경고한다. 여기서 우리는 이 거리가 무엇을 의미하는지 질문할 필요가 있다. 이 거리는 우리에게 너무나 명백한 것이기에 이 질문 자체가 무의미해 보일 수 있다.

그럼에도 불구하고 그 질문을 던져본다면, "거리"라는 단어가 공간적 의미의 거리를 말하는 것이 아님을 알 수 있다. 그리스도인들은 하나님의 편재성을 항상 고백해 왔다. 하나님이 계시지 않는 곳은 없다. 따라서 그 "거리"가 무엇을 의미하든, 그것은 결코 공간적 거리일 수 없다. 하나님은 언제 어디서나 임재하시기 때문이다.

고백서에서 염두에 두고 있는 거리는 사실 관계적 거리다. 무한하시고, 영원하시고, 불변하시는 그분께서, 자기 자신이 되기 위해 그 무엇에도 의존하시지 않는 그분께서 어떻게 우리처럼 유한하고, 일시적이고, 완전히 의존적인 존재와 관계를 맺으실 수 있단 말인가? 다른 말로 하면, 웨스트민스터 신앙고백 제7장 1항은 우리가 앞서 살펴봤던 제2장에서의 진술을 이미 전제하고 있다. 하나님이 참으로 그 "존재와 완전함에서 무한하시며, 지극히 순결한 영이시며, 눈에 보이지 않으시고, 몸이 없으시고, 지체가 없으시며, 정욕도 없으시고, 불변하시고, 광대하시고, 영원하시며, 불가해하시다"고 한다면, 그 하나님이 그런 특성이 전혀 없는 "이성적인 피조물"과 어떻게 관계를 세우실 수 있겠는가? 즉, 하나님과 사람 사이에는 일종의 존재의 거리가 있다. 무한하신 창조주께서 어떻게 유한한 피조물과 관계를 맺으실 수 있을까?

고백서의 이 단락에서 그 방식에 초점을 두고 있음을 가리키는 두 번째 암시는 고백서에 덧붙인 성경 구절에서 찾을 수 있다.[10] 이 고백서를 기록한 자들이 여기 1항에 포함한 성경 구절은 다음과 같다: 이사야 40:13-17; 욥기 9:32-33; 사무엘상 2:25; 시편 113:5-6, 100:2-3; 욥기 22:2-3, 35:7-8; 누가복음 17:10; 사도행전 17:24-25.

이 말씀들을 살펴보면, 이 단락에서 고백서 저자들이 의도한 바가 무엇인지 알게 될 것이다. 한번 읽어보라.

누가 여호와의 영을 지도하였으며 그의 모사가 되어 그를 가르쳤으랴 그가 누구와 더불어 의논하셨으며 누가 그를 교훈하였으며 그에게 정의의 길로 가르쳤으며 지식을 가르쳤으며 통달의 도를 보여 주었느냐 보라 그에게는 열방이 통의 한 방울 물과 같고 저울의 작은 티끌 같으며 섬들은 떠오르는 먼지 같으리니 레바논은 땔감에도 부족하겠고 그 짐승들은 번

---

10. 이 성경 구절은 웨스트민스터 신앙고백서 원작에는 없었다. 그러나 그것이 작성된 (1648년) 후, 의회의 지시로 웨스트민스터 총회에 의해 수록되었다.

제에도 부족할 것이라 그의 앞에는 모든 열방이 아무것도 아니라 그는 그들을 없는 것 같이, 빈 것 같이 여기시느니라(사 40:13-17).

하나님은 나처럼 사람이 아니신즉 내가 그에게 대답할 수 없으며 함께 들어가 재판을 할 수도 없고 우리 사이에 손을 얹을 판결자도 없구나(욥 9:32-33).

사람이 사람에게 범죄하면 하나님이 심판하시려니와 만일 사람이 여호와께 범죄하면 누가 그를 위하여 간구하겠느냐(삼상 2:25).

여호와 우리 하나님과 같은 이가 누구리요 높은 곳에 앉으셨으나 스스로 낮추사 천지를 살피시고(시 113:5-6).

기쁨으로 여호와를 섬기며 노래하면서 그의 앞에 나아갈지어다 여호와가 우리 하나님이신 줄 너희는 알지어다 그는 우리를 지으신 이요 우리는 그의 것이니 그의 백성이요 그의 기르시는 양이로다(시 100:2-3).

사람이 어찌 하나님께 유익하게 하겠느냐 지혜로운 자도 자기에게 유익할 따름이니라 네가 의로운들 전능자에게 무슨 기쁨이 있겠으며 네 행위가 온전한들 그에게 무슨 이익이 되겠느냐(욥 22:2-3).

그대가 의로운들 하나님께 무엇을 드리겠으며 그가 그대의 손에서 무엇을 받으시겠느냐 그대의 악은 그대와 같은 사람에게나 있는 것이요 그대의 공의는 어떤 인생에게도 있느니라(욥 35:7-8).

이와 같이 너희도 명령 받은 것을 다 행한 후에 이르기를 우리는 무익한 종이라 우리가 하여야 할 일을 한 것뿐이라 할지니라(눅 17:10).

우주와 그 가운데 있는 만물을 지으신 하나님께서는 천지의 주재시니 손으로 지은 전에 계시지 아니하시고 또 무엇이 부족한 것처럼 사람의 손으로 섬김을 받으시는 것이 아니니 이는 만민에게 생명과 호흡과 만물을 친히 주시는 이심이라(행 17:24-25).

고백서의 이 단락의 전개 과정을 성경적 조명 아래 논하기 위해서는 이렇게 참고 구절을 열거하는 것이 중요하다. 인용된 성경 구절은 이사야서 40장에 언급된 하나님과 그분의 피조물 사이의 거리로부터 시작해, 전적으로 독립적이신 하나님 자신과 나머지 피조물 사이에 필연적인 관계가 형성될 수 없다는 현실에 도달한다. 하나님의 독립성―그분을 측량할 자가 없고, 그분에게 지혜나 지식을 가르친 자도 없으며, 그분에게 열방은 통의 한 방울 물과 같다는 등―으로 인해 하나님과 사람 사이에는 감히 중재자가 있을 수 없다. 하나님은 지극히 높은 곳에 앉으셨기 때문에, 우리는 그분께 이익이 될 만한 행동을 할 수 없다.

달리 말하자면, 여기 첨부된 성경 구절의 전개 과정은 하나님과의 거리 문제가 (하나님이 아닌 우리에게) 있음을 보여 준다. 그 거리로 인해 하나님의 존재와 피조물의 존재 사이에 장벽이 형성된 것이다.

이 고백서는 창조주 하나님이 전적으로 독립적이신 반면 피조물은 그렇기 않기 때문에, 무한하시고, 영원하시고, 불변하신 그분께서 자신이 만든 피조물을 향해 자발적으로 낮아지기로 결정하시지 않는 한 둘 사이에는 어떠한 관계도 형성될 수 없음을 명확히 밝히고 있다. '거리'라는 용어에서도 그랬듯 더 정확한 이해를 위해서는 이 두 용어('자발적'/'낮아지다')를 주의 깊게 살펴볼 필요가 있다.

이 고백서에서 하나님의 낮아지심이 '자발적'인 것이라고 진술할 때, 이 진술은 매우 중요하고 핵심적인 신학적 주장이다. 그 주장의 요지는 하나님의 창조 행위를 포함해 피조물이 꼭 필요하지 않았다는 것이다. 무엇인가 필요하다는 것은, 그것이 반드시 있어야 하고 그것이 없어도 괜찮을 가능성이 없음을 의미한다. 정사각형은 반드시 네 개의 변이 있어야 한다. 네 개의 변이 있지 않는 한 그것은 정사각형이 될 수 없다(물론 다른 조건도 충족되어야 한다). 그런데 피조물이 반드시 있어야 하는 것은 아니었다. 하나님의 성품 안에 그 무엇도 창조를 요구하지 않았다. 하나님이 아무것도 창조하지 않기로 결정하셨다 하더라도, 그분에게 뭔가 잘못된다든지 결핍된다든지 하는 게 없었다. 하나님은 스스로 완전하시고 충만하셨다. 그러므로 우리는 삼위일체 하나님이 창조하기로 기꺼이 결정하신 것임을 인정해야 한다. 그분은 창조하지 않을 수 없으셨던 것이 아니다. 오히려 그분은 창조하기로 기꺼이 결정하셨다.

하나님이 행하기로 정하신 일은 낮아지는 것이었다. 앞에 언급했던 것처럼, 하나님의 그러한 낮아지심을 통해 관계가 시작된다. 이는 하나님이 자신의 피조 세계와 관계를 맺기 위해 내려오신다는 말의 의미이기도 하다. 피조물은 지극히 높으신 그분께 올라갈 수 없기 때문에, 하나님이 우리와 함께하기로 결정하신 것이다.

달리 말하면, 창조 속에서 하나님이 행하기로 결정하신 그 일은 하나님으로서의 그분의 성품을 반영한다. 심지어 그 행위가 피조적이며 피조된 존재들과 관련될 때도 그렇다. 아담과 하와에게 말씀하시는 하나님은 영원한 말씀으로서의 그분의 성품을 반영한다. 동산에서의 거니심은 편재하시는 그분의 성품을 관계적으로 반영한다. 마찬가지로, 하나님이 특정한 날, 특정한 시간에 모세에게 나타나신 것은 영원하신 그분의 속성을 관계적으로 반영한다.

이는 언뜻 이해하기 어려울 수 있다. 우리는 영원이란 개념이 시간과 반대되는 것으로, 한 장소에 실재하는 것이 편재성과 반대되는 것으로 생각하는 데 익숙하다. 그러나 이러한 대조가 하나님께, 그리고 피조물과 하나님의 관계에 똑같이 적용되는 것은 아니다. 만물을 창조하시고 자신을 특정 시간과 장소에 두신 분이 곧 영원하시고 무한하신 하나님이기에, 영원하시고 보이지 않으시며 무한하신 자존자로서의 하나님의 성품은 피조물과 하나님의 관계의 실재를 설정한다.

이것은 매우 아름답고 신비한 성경적 논리가 아닐 수 없다. 우리가 처음에는 서로 상반된다고 여겼던 개념들이 사실은 하나님이 갖고 계신 유기적이고 일관성 있는 단면들이자 피조물과 그분의 관계에 대한 표현이라는 것이다. 이 진리에 대한 성경적 논리는 다음과 같다. 하나님의 하나님 되심으로 말미암아 그분은 어쩔 수 없이 제한되고 피조물을 배려한 방식으로, 피조물과의 교제 가운데 하나님 자신을 표현하실 수 있으며 실제로 그렇게 하신다. 그러나 하나님의 신적 성품에 대한 제한되고 피조물을 배려한 표현은 하나님으로서의 그분의 성품만큼이나 참된 것이다. 그것은 전자가 후자에게서 나오기 때문이다.[11] 그러므로, 하나님은 피조물과의 관계를 수립하고 유지하기 위해 계시된 관계적 성품과 속성을 통해 자신을 나타내기로 결정하신다.

예를 들면, 아담과 하와가 "동산에 거니시는 여호와 하나님의 소리를 듣고"라는 본문(창 3:8)을 읽을 때, 우리는 이를 위해 하나님이 스스로 인성을 취해 동산에서 아담과 하와와 함께 거닐고 대화하셨을 것으로 생각할 수 있다. 이러한 현상은 아담과 하와와 관계를 맺기 위해, 이번 경우에는 심판하기 위해 일어났다. 그것은 역사상 최초로 기록된 하나님의 구속적 현현 장면이다.[12] 이때를 시작으로, 하나님의 낮아지심은 특별히 구속적인 목적에 초점을 맞추게 된다.

---

11. 여기서 더 전개하지 않을 전문적인 논제가 있다. 이러한 진술은 우리가 하나님의 성품들이 피조물의 그것들과 유사하다고 단언할 때의 그런 의미라는 것이다. 그것은 단순히 그분의 성품들은 그분께 속한 것이고 우리의 성품들은 우리에게 속한 것이라는 그런 개념이 아니라는 것이다. 비록 이 말이 완전히 틀린 말은 아니지만 말이다. 오히려 그것은 (필연적으로) 영원한 무언가가 하나님과 피조물과의 임시적인 관계 속에 내려왔음을 의미한다.
12. 이 사건이 있기 전에도 명령하실 때를 비롯해 어떤 방식으로든 하나님이 아담과 하와에게 "나타나셨다"고 볼 수 있다. 그러나 우리는 어떤 형태로 현현하셨는지는 들은 바가 없다.

고백서에 따르면, 언약이라는 성경적 개념을 특징짓는 것이 바로 그 "자발적인 낮아지심"이다. 다른 말로 하면, 하나님—성부, 성자, 성령—께서는 피조 세계와 관계 맺기 위해 (경륜적 삼위일체에 관한 논의에서 보았듯) 이러한 특징과 속성들을 나타내시며, 이러한 관계는 언약적 관계를 특징으로 한다.[13]

고백서 7장에서 이어지는 설명에 따르면, 그러한 언약 관계는 아담과 하와의 행위에 의해 자격이 주어지는 관계였다. 하나님께 순종할 경우, 그들은 하나님과의 언약 관계를 유지할 수 있었다. 하지만 아담과 하와가 불순종한 이후로, 하나님과 우리의 관계는 은혜를 특징으로 하게 되었다. 그러나 우리가 고백서 7장에서 가장 먼저 보게 되는 것은 언약의 원칙이다. 행위의 원칙이나 은혜의 원칙이 있기 전에, 하나님이 관계를 맺기 위해 자기를 낮추셨던 언약의 원칙이 있었다. 하나님의 그러한 낮아지심 때문에 창조주 하나님과 피조물, 특히 피조된 사람 사이의 관계가 형성될 수 있었다. 한번 세워진 그 관계는 결코 끝나지 않을 것이다. 그것은 영원한 미래까지 이어질 것이다.

그러므로 장엄한 신비의 그 모형은—존재론적 삼위일체와 경륜적 삼위일체 사이의 구분에서, 그리고 하나님 아들의 신성과 인성 사이의 구분에서 보았던 그 모형은—이미 언급했듯, 하나님의 "언약적 낮아지심"으로 이름붙일 수 있을 것이다. 이는 피조물과의 언약 관계를

---

13. 여기서 계속 전개할 수는 없지만, 우리가 반드시 짚고 넘어가야 하는 한 가지 요지는 하나님과 피조물과의 관계에서 초점은 그분의 신적 본질이 아니라, 성삼위 하나님의 위격에 있다는 것이다.

세우기 위한 성삼위 하나님의 자발적인 "내려오심"이며, 이 관계는 태초에 시작되었다가 영원한 미래까지 이어진다. 헤르만 바빙크는 이를 다음과 같이 적절하게 표현했다.

> 단지 하나의 관계가 아닌 모든 관계, 그리고 인간 사이에 형성되는 모든 종류의 의존, 복종, 순종, 우정, 사랑 등의 관계가 종교에서 원형을 발견하고 완성을 이룬다면, 종교는 언약을 특징으로 할 것이다. 그렇다면 하나님은 자신의 거룩한 자리에서 내려오셔서 '피조물들을 향해 낮아지시고, 알리시고, 계시하시고, 인간들을 위해 자신을 내어주셔야 한다. 또한 영원히 거하시며 높고 거룩한 곳에 계신 그분께서 마음이 겸손한 자들과 함께 계셔야 한다'(사 57:15). 그러나 이러한 일련의 조건들은 언약에 대한 진술 외에 다른 무엇이 아니다. 어떤 종교를 언약으로 칭할 수 있다면, 그 종교는 이로 인해 참되고 진정한 종교로 묘사될 것이다. 지금까지 어떠한 종교도 이런 방식으로 이해된 적이 없었다. 모든 사람은 범신론적으로 하나님을 피조적인 위치로 끌어내리거나, 이신론적으로 하나님을 피조적인 것 위로 끝없이 고양시켜 왔다. 그러나 둘 중 어느 경우를 통해서도 인간은 참된 교제로, 언약 관계로, 진정한 종교로 도달할 수 없다.[14]

바빙크가 다른 모든 종교의 형태를 설명한 방식에 주목해 보라. 그

---

14. Herman Bavinck, *Reformed Dogmatics, vol. 2, God and Creation*, ed. John Bolt, trans. John Vriend (Grand Rapids: Baker Academic, 2004), 569-70, 『개혁교의학2』 부흥과개혁사.; 저자 강조.

들은 하나님을 끌어내려 피조물보다 조금 더 나은 분이 되게 하거나, 하나님을 끝없이 고양시켜 자신이 창조하신 것과 관계를 맺을 수 없게 만든다. 하지만 기독교는 그러한 양극단을 모두 명백하게 부정한다. 언약적으로 낮아지시기 때문에 하나님은 자존하시는 삼위 하나님 되심을 유지하시면서도 그와 동시에 자신의 피조물, 특히 자신의 형상으로 지음 받은 자들과 관계 맺기 위해 내려오실 수 있다.

여기서 한 가지 더 언급할 내용이 있다. 거리의 문제, 그리고 피조물과의 관계적 딜레마는 하나님께는 전혀 문제가 되지 않는다. 반복해 말하자면, 성경적 관점은 이렇다. 하나님이 스스로 하나님 되신다는 사실에도 불구하고가 아니라 그 사실 때문에 그분은 낮아져 우리와 관계 맺으실 수 있다는 것이다. 다른 말로 하면, 하나님은 이 관계로 인해 자신을 부인하시는 것이 아니라, 자발적으로 낮아지길 결정하심으로써 오히려 우리에게 하나님의 충만하심을 더욱 나타내 보이신다.

성경적 구분

지금까지 우리는 하나님이 완전히 자존하시는 분임을 살펴보았다. 그분은 모든 창조된 것들로부터 독립적이시며, 가까이 다가갈 수 없는 빛 가운데 거하신다. 그런 의미에서 그분은 피조물과 정반대다. 피조물이 갖고 있는 대부분의 특징이 하나님께는 해당되지 않는다. 그분은 제한되지 않으신다. 그분은 일시적이지 않으시다. 그분은 변하지 않으신다. 하나님의 이러한 특징을 우리가 완전히 파악하거나 이해하기란 불가능하다. 우리에겐 그러한 특성에 대한 경험도, 그런 것을 이해할 지성도 없다. 그런 특성은 우리에게 신비의 영역으로 존재한다.

그러나 또한 우리는 그토록 무한하시고, 영원하시고, 불변하시는 하나님이 피조물과의 언약 관계 안으로 친히 내려오셨음을 확인했다. 그분은 우리와 관계를 맺기 위해 새로운 특성 안에 자신을 표현하심으로써 그렇게 하셨다. 그분은 역사 곳곳에서 특정 장소에 머무셨다. 그분은 언어로 구성된 문장으로 말씀하셨다. 그분은 역사 속 특정 시간에 나타나셨다. 동산에서 아담과 함께 거니셨을 때나 산에서 모세에게 말씀하셨을 때, 그것은 역사 속 특정한 날, 특정한 시간에 이뤄졌다.

하나님이 말씀 가운데 친히 우리에게 주신, 하나님에 대한 이 두 가지 참된 그림을 어떻게 양립시킬 수 있을까? 신학 역사에서는 하나님의 그러한 특성들을 분류하고자 하는 다양한 방식의 시도가 이뤄졌다. 어떤 이들은 하나님께 비공유적 incommunicable 속성과 공유적 communicable 속성이 있다고 말한다. 즉, 하나님의 어떤 속성은 우리가 무엇인지 알 수 있도록 피조물에게 공유될 수 없다는 것이다. 예를 들면, 하나님의 영원성이 그런 속성에 해당한다. 한편 하나님의 다른 속성들, 예를 들면 그분의 지혜, 선하심, 또는 공의 같은 것은 피조물 안에서 공유될 수 있다.

하나님의 여러 특성을 구분하기 위해 제안된 다른 방식으로는 "형이상학적인 것과 도덕적인 것" 또는 "절대적인 것과 상대적인 것"의 구분법이 있다. 이 모든 범주는 하나님의 완전성 안에서의 차이를 설명하는 데 도움이 될 수 있다.

그러나 우리는 하나님의 속성을 생각하는 또 다른 방식을 고려해 볼 수 있다. 하나님의 속성을 설명하는 앞의 다른 방식을 무효화하거나 부정하는 것이 아니라, 오히려 향상시켜 주는 방식이다. 이 방식은 하나님으로서 (따라서 피조물과는 구별되는) 그분의 속성에 대해 단언할 때 의미하는 것, 그리고 하나님이 우리와 관계 맺으시는 것과 관련된 속성에 대해 단언할 때 의미하는 것이 무엇인지 더 명확히 하고자 한다. 전자에 해당하는 특성을 가리켜 하나님의 '본질적'essential 특성이라 규정할 수 있다. '본질적'이라는 것은 피조물이 있든 없든 간에 하나님이 갖고 계시고 하나님 자체인 모든 특성을 의미한다. 이들이 본질적인 이유는 이 특성들이 없으면 하나님은 하나님이실 수 없기 때문이다.

예를 들어 하나님이 무한한 존재가 아니라면, 일종의 한계에 종속되실 것이다. 그분이 제한되시는 존재라면, 자기 존재를 유지하기 위해 자신을 한정시키는 무엇에든 의존해야 하실 것이다. 물론 이러한 존재는 진정한 하나님이 아니다. 따라서 하나님의 본질적 특성 속에 우리는 (고백서의 진술처럼, "정욕이 없으시다"는 사실을 포함해) 무한하심, 영원하심, 불변하심 등을 포함시킬 수 있다. 이들을 비롯해 많은 속성이 피조물의 유무와 무관하게 하나님에 관한 타당한 이해 안에 포함된다. 따라서 그런 특성들은 그분께 본질적인 것이다. 그 특성들은 주요한 요소들이며, 하나님에 관해 언급되는 다른 모든 것의 토대로 여겨져야 한다.

하나님의 자발적인 낮아지심으로 인해 하나님이 소유하시는 특성들은 그 모든 본질적 특성까지 포함한다. 그러나 이는 우리와 관계 맺으시는 하나님 자신에 대한 계시적 측면에서 포함하는 것이다. 결국 이러한 특성들은 피조물과 관계를 맺고자 하시는 하나님의 헌신을 표현하고 있다. 그런 의미에서 이 특성들은 이차적이다. 이 특성들은 우리와 그분의 관계 속에 나타난 계시 측면에서 하나님을 묘사하기에 '상대적'이다. 예를 들면, 하나님의 분노와 진노는 하나님의 본질적 거룩하심에 대한 표현들이다. 그러한 것들은 죄와 반역이 나타남으로 인해 하나님이 표현하신 특성들이다. 마찬가지로, 하나님의 은혜로우심은 죄가 실재하는 가운데 맞이하는 그분의 과분한 사랑과 호의에 대한 표현이다.

피조물 자체가 없을 때는 하나님의 분노도, 진노도 없었다. 피조물도, 죄의 유입도 없을 때는 하나님이 은혜로우셔야 할 필요가 없었다. 그러한 특성들은 하나님의 자발적 낮아지심이라는 조명 아래에서만 드러나기 때문에, 우리는 그런 것들을 '언약적'이라고 부른다. 그런 특성들은 장엄한 신비의 모형—즉 하나님의 언약적 낮아지심—이 비추는 빛 안에서만 그 자체로 존재한다. 낮아지심이란 개념이 본래 지극히 높은 곳을 전제하는 것처럼, 언약적 특성 또한 본질적 특성을 전제한다. 그렇기에 언약적 특성은 본질적 특성과 정반대되는 개념이 아니다. 오히려 우리에게 계시될 때 언약적 특성은 본질적 특성이 무엇인지 다양한 방식으로 표현한다.

이 진리에 접근하는 한 가지 방식은, 하나님의 본질과 성삼위의 위격 사이에 대한 신학적 구분을 인식하는 것이다. 이 구분은 현재 우리가 다루고 있는 주제에 대한 유용한 유비를 제공한다. 하나님의 본질은 단순히 말해 하나님이 어떤 분인지를 말한다. 하나님은 변하지 않으시고 항상 그분 자신으로 존재하신다. 각 위격들 또한 (부분적으로가 아니라) 완전한 하나의 본질이며, 따라서 삼위의 위격들 또한 본질상 하나님이시다.

그런데 삼위일체의 위격들에게는 각각 서로 구별되면서도 상대적인 특성들이 있다. 각 위격은 다른 위격과의 관계성 속에서 그분 자신이 되신다. 성부는 나지 않으시며, 발출하지 않으신다. 성부는 성자와 성령과의 관계 속에서 그분 자신이신 것이다. 성자는 성부로부터 나시지만, 발출하지는 않으신다. 성자는 성부와 성령과의 관계 속에서 그분 자신이신 것이다. 성령은 발출하시지만 나지는 않으신다. 성령은 성부와 성자와의 관계 속에서 그분 자신이신 것이다. 이 모든 것이 성삼위 각 위격의 '상대적'(관계적) 특성들이다. 그러므로 하나님의 본질적 특성은 그 무엇과도 관련되지 않은 '절대적' 본질, 그리고 다른 위격과의 관련성 속에서 구별되어 정의되는 '상대적'인 위격을 포함한다.

또한 하나님이 표현하시는 언약적인(그 자체로는 관계적인) 특성은 (서로 관련되어 있는) 위격들의 특성이다. 이런 방식으로 우리는 하나님의 (본질적인) 불변성과 각 위격들의 관계적(언약적) 차이, 둘 다를 인식할 수 있다. 물론 이를 통해 불가해한 모든 것을 설명할 수는 없으며, 그 신비를 축소하지도 못한다. 그러나 본질적인 것과 상대적인 것이 각각 왜 그러한지 사고하는 데 도움이 될 수 있을 것이다. 여기에 너무나 경이롭고 영광스러운 한 가지 진리가 있다. 그것은 절대적인 속성과 상대적인 속성이 맨 먼저 성삼위 하나님 안에 존재한다는 사실이다!

도움이 될 만한 비유 하나를 들겠다. 여기서 소개할 비유는 신성을 모독하려는 의도에서 나온 것이 아니다. 그것은 단지 하나의 비유일 뿐이고, 사실 모든 비유는 실패하기 마련이다. 슈퍼히어로 영화의 많은 요소는, 대부분 부지중에, 기독교 진리에 대한 일종의 패러디 역할을 한다. 전형적인 슈퍼히어로라고 할 수 있는 슈퍼맨을 예로 들어보자. 우리는 슈퍼맨에 관한 몇 가지 사실을 알고 있다. 슈퍼맨이 슈퍼맨인 이유는 그가 다른 행성에서 와서 슈퍼파워를 소유하고 있기 때문이다. 크립톤 행성에서 지구로 내려왔을 때, 그는 단지 평범한 사람들과 관계를 맺기 위해, 그리고 클라크 켄트Clark Kent라는 인물이 되기 위해 다른 특성을 취했다. 클라크 켄트로서 그는 자신의 슈퍼파워를 감추고 있지만, 그 힘은 결코 사라지지 않는다. 어떤 의미에서 보면, 그는 평범한 사람처럼 보이기 위해 낮아졌다고 할 수 있다. 자동차를 운전한다고 해서, 그가 하늘을 나는 능력을 잃은 것은 아니다. 어떤 순간에도, 심지어 클라크 켄트의 모든 특성을 덧입는 순간에도, 그가 슈퍼맨이기를 중단한다든가 슈퍼파워가 사라진다든가 하지 않는다. 그는 본질적으로 슈퍼맨이다. 심지어 그가 클라크 켄트의 모습으로, 즉 우리 중 하나와 같은 모습으로 우리와 함께하기 위해 낮아진다 하더라도 말이다.

이와 유사한 방식으로, 하나님—성부, 성자, 성령—께서는 언약적 낮아지심 안에서, 심지어 우리에게 자신의 성품을 계시하시는 순간에도, 자신의 본질적 특성의 많은 부분을 우리에게 감추신다. 하나님이 자신의 본질적 특성을 버리신 것이 아니다. 그분은 결코 버리실 수 없다. 하지만 여호와께서 자기 원수들과 맞서 싸우실 때, 심지어 그 싸우심 자체가 전능한 능력을 드러낼 때조차 자신의 전능함을 언약적으로 감추시는 모습을 보이신다. 예를 들면, 여호수아 5:13-6:3에서 여호와께서는 전쟁의 용사 같은 모습으로 (외관상 명백히) 인간의 형체를 덧입어 현현하신다. 그러나 이러한 현현 속에서조차 여호수아는 이러한 여호와의 임재를 예배할 기회로 여기도록 명령받는다(수 5:15; 비교. 출 3:5). 그리고 원수들을 여호수아의 손에 넘기신 이가 바로 그 신적인 용사임을 알게 된다.

그렇다면 이것이 신적인 용사에게는 그곳에서 직접 원수를 멸할 능력이 없음을 의미하는가? 그렇지 않다. 오히려 그분의 권능이 전장에서 현시됨을 의미한다. 그것은 그분의 전능하신 능력에 대한 또 하나의 그림이다. 따라서 우리는 하나님으로서의 특성을 가리키고 있는, 그리고 본질적 특성을 드러내기도 하고 감추기도 하는 언약적 특성을 보게 된다. 비록 본질적 특성이 완벽하게 현시되지는 않지만, 언약적 특성은 여전히 그분의 하나님 되심을 우리에게 계시하고 있다. 우리가 그 안에 있는 모든 충만한 위엄을 이해할 수는 없다. 그분은 하나님이시기 때문에, 우리에게 언제나 불가해한 존재일 수밖에 없다. 그럼에도 불구하고, 비록 궁극적으로는 헤아릴 수 없다 할지라도, 우리에게 계시되는 그 진리는 참이고 사실이다.

이 신비에 주목하는 또 다른 방법은 이전 장에서 논의했던 내용을 다시 한 번 숙고하는 것이다. 우리는 성자 예수께서 자기 백성을 구속하기 위해, 완전한 하나님인 채로 인성을 덧입으시는 것을 보았다. 그렇게 인성을 취하셨지만 성자의 본질적인 존재 자체가 변화하지는 않았다. 심지어 피곤해지고(마 8:24), 긍휼을 느끼고(마 15:32), 눈물을 흘리고(요 11:35), 분노하던(막 10:14) 순간조차 그분은 무한하고, 영원하고, 불변하는 분이셨다.[15]

그리스도는 완전한 하나님이신데, 이러한 경험이 어떻게 하나님 되심을 변화시키지 않을 수 있을까? 우리는 어떻게 그럴 수 있는지 알 길이 없음을 시인할 수밖에 없다. 하나님 되심이 변하지 않은 채, 어떻게 그분이 완전한 인성을 취하셨는지 알지 못하는 것과 매한가지다. 그러나 어쨌든 그분은 그렇게 하셨다! 그리고 하나님이 행하신 일은 하나님의 하나님 되심 자체에 기인한다. 그 일은 어떤 식으로든 그분과 상반되는 것이 아니다. 이 두 가지 모두 그분에 관한 진리임을 인정하지 않고서는 그리스도를 (성경적으로) 타당하게 알 수 없다. 우리 자신의 구원과 성화는 전적으로 그 진리에 달려 있다.

성육신 안에서 성자께서는 본래 자신에게 속하던 것이 아닌 새로운 특성을 영구적으로 취하셨다. 하지만 우리가 놓쳐선 안 될 사실이 있다. 하나님이 사람과 관계를 맺으신 태초부터, 우리와의 관계 안에 계신 하나님을 묘사하는 특성들이 모습을 드러냈다는 사실이다. 이

---

15. 이를 비롯해 우리 구주의 다른 여러 특성에 대한 훌륭한 관찰을 보려면 다음 자료를 참고하라. Benjamin Breckinridge Warfield, "The Emotional Life of Our Lord," in *The Person and Work of Christ* (Philadelphia: Presbyterian and Reformed, 1950).

는 하나님이 그 관계 안에 들어오시기 위함이었다. 그 특성 가운데 일부는 지금도 영구적으로 남아 있으며(예. 은혜, 진노), 다른 일부는 일시적인 것이었다(예. 구약에서의 현현, 사람의 형체, 불로 나타나심 등). 하나님은 언약 역사 도처에서 자신을 계시하시다가 성자의 성육신 안에서 마침내, 구속적으로, 극적으로, 완전하게 자신을 계시하셨다.

그러므로 성육신의 위대하고 영광스러운 신비는, 창세 때부터 우리와 관계 맺어 오신 위대하고 영광스러운 하나님 안에 있는 신비의 정점이라 할 수 있다! 우리는 성경이 하나님의 질투하심에 대해 언급할 때, "사실은 그렇지 않다"고 말해서는 안 된다. 하나님의 질투는 우리를 향한 하나님의 낮아지심, 즉 그리스도 안에서 정점에 달하게 될 낮아지심에 대한 하나의 표현이다! 또한 성경이 하나님의 노하심에 대해 이야기할 때, "그런 변화는 피조물 안에서 일어나는 것"이라고 말해서는 안 된다. 또한 성경이 자기 백성에 대한 하나님의 택하심을 언급할 때, "하나님께는 사실 선택이라는 것이 있을 수 없다"고 말할 필요가 없다. 하나님의 질투는 주되심에 관한 하나의 언약적 표현이고(그것 자체가 하나님의 본질적인 자존성을 표현한다), 그분의 노하심과 은혜는 거룩하심에 대한 하나님의 언약적 표현이며(그것 자체가 그분께 본질적이다), 자기 백성에 대한 택하심은 구속을 위해 낮아지기로 결정하신 그분의 영원한 헌신(엡 1:4)이란 사실을 인정해야 한다.[16]

---

16. "그러므로 하나님은 '지극히 거룩하신 이'로 불리신다. 하나님은 자기 자신 안에서 스스로 존재하시고 하나님과 비견될 수 있는 것이 전혀 존재하지 않기 때문이다. 하나님과 피조물 사이에 존재하는 형이상학적인 격차는 거룩이란 개념으로 표현될 수 있

언약적 낮아지심의 정점으로서의 성육신, 그리고 하나님이 보이신 진노하심과 은혜로우심 같은 성품 사이에는 중요한 차이들이 존재한다. 성육신에서 성자께서는 새로운 특성인 인성을 취하셨다. 그분이 이 본성을 취하심으로 우리는 성육신하신 성자의 특정 속성을 그분과 우리의 관계 안에서 인지하게 되었다. 하나님의 진노와 은혜는, 덧입으신 인성이라는 측면으로는 설명되지 않는다. 그러나 그런 것들은 성육신과 마찬가지로 우리와의 관계 안에서 나타난 하나님의 성품에 대한 표현이다. 그러한 것들은 우리와 관계를 맺기로 결정하실 때 하나님이 어떤 분인지에 대한 일부를 우리에게 보여 준다.[17]

하나님의 언약적 특성을 부정하려는 시도들은, 비록 그 취지는 이해할 수 있으나, 결국 신학의 생명소인 신비에 불의를 저지르는 합리화에 불과하다. 그들은 하나님이 하나님으로 계시는 한 우리와 실제로 관계 맺는 것이 불가능하다고 상정한다.[18] 그들은 하나님이 우리에

다." Geerhardus Vos, *Reformed Dogmatics*, ed. Richard B. Gaffin, et al., Vol. 1 (Bellingham, WA: Lexham Press, 2012-2014), 25-26.

17. 리처드 뮬러에 따르면, "다른 신적 감정의 경우에서처럼, 개혁주의자들은 분노, 미움, 멸시, 질투 같은 부정적인 속성들을 하나님께 적용된 은유와 신인동감설로, 또는 우리를 향한 계시와 조화라는 방식으로 하나님으로부터 취한 것으로 규명한다—목이 곧은 이스라엘에 대한 하나님의 진노의 사례에서처럼(출 32:10), '마치 하나님이 이스라엘의 완고함을 경험으로 배우신 것으로 이해해선 안 된다.'" Richard A. Muller, *Post-Reformation Reformed Dogmatics: The Rise and Development of Reformed Orthodoxy*, Vol. 3, *The Divine Essence and Attributes* (Grand Rapids: Baker Academic, 2003), 581.『하나님의 본질과 속성』 부흥과개혁사.; 저자 강조.

18. "정통주의는, 일시적인 관점에서 하나님이 새로운 관계로 들어가시는 것을 부정하지 않는다는 것에 주목하라—그들은 다만 외부적 관계들이 신적 존재에 속하게 하는 '우발적인' 특성들을 부정할 뿐이다. 그런 것들은 하나님 '안에' 있지 않기 때문에, 그들의 변동은 신적인 존재 안에서의 무변화를 암시한다." Muller, *Post-Reformation*

게 그분 자신에 관해 하신 말씀의 의미를 약화시킨다. 그들은 성육신에서 정점에 이르게 된 하나님과 우리의 관계에 담긴 놀라운 신비를, 설령 가리진 않더라도, 축소시키는 결과를 낳고 있다.

하나님은 정말 노하신다. 역사 속에서 자기 백성을 향한 하나님의 성향은 진노로부터 은혜로 향한다. 성령께서는 근심하실 수 있으며 실제로 그렇게 하신다. 이 모든 성품은, 심지어 영원에 이르기까지, 하나님에 관한 진실이다! 그러나 이러한 진리들을 단언할 때 우리는 성육신에 관한 논의에서도 그랬듯이, 하나님 안에는 어떠한 변화도 없음을 단언해야 한다. 그럴 수 없기 때문이다. 하나님은 자신의 무한성, 영원성, 불변성을 결코 포기하지 않으신다. 그 모든 것은 그분 안에 그대로 유지된다. 반드시 그래야 하기 때문이다. 그리고 그러한 것들은 우리에게 언약적으로 계시된다. 즉, 하나님과 우리의 관계 안에서 하나님이 계시하신 특성 안에 계시된다는 것이다. 그것은 하나님의 존재에 본질적이다. 그리고 하나님의 행하심과 하나님 되심에 필수적 토대를 제공한다. 그리고 그분은 우리에게 오신다. 그분은 우리와 함께 친밀한 교제를 나누신다. 그분은 우리 가운데 거하시고 영원토록 그렇게 하신다.

Reformed Dogmatics, Vol. 3, The Divine Essence and Attributes, 317. 『하나님의 본질과 속성』 부흥과개혁사.

성경적 송영

하나님의 불가해한 삼위일체성을 다루며 하나님의 신비의 위엄에 대한 논의를 시작한 것은 적절한 선택으로 보인다. 하나님은 하나님 되심만으로 찬양과 예배를 받기에 합당하신 분이다. 설령 그분이 우리를 구원하기 위해 아무것도 행하지 않으셨다 하더라도, 어떤 피조물에게도 은혜를 나타내지 않으셨다 하더라도, 하나님은 여전히 무한한 영광과 찬양을 받기에 합당하신 분이다. "썩지 아니하시고 보이지 아니하시고 유일하신 지혜자, 하나님"이라고 찬양할 때 우리는 무한한 신성으로 인해 하나님을 찬양한다. 우리는 그분이 하나님이기 때문에 그분을 찬양한다.

하지만 사실, 하나님의 많은 계시는 하나님이 행하신 일로 인해 하나님을 찬양하도록 격려한다. 하나님의 계시는 하나님이 창조와 함께 세우신 관계로 인해 하나님을 예배하라고 권고한다. 왜 그러한 것인가? 하나님이 하나님 되심으로 인해 찬양 받으셔야 한다면, 성경은 왜 우리에게 하나님이 행하신 일로 인해 하나님을 찬양하라고 하는가? 그 대답은 이렇다. 하나님이 행하신 일로 하나님을 찬양하라는 권면은 단순히 그분이 행하신 일에 초점을 두게 하려는 것이 아니다. 오히려 그 의도는 우리가 하나님의 위엄 있는 성품에 다시 주목하게 하려는 데 있다! 하나만 예를 들어, 시편 104편에 주목해 보자. 그 시작은 다음과 같다.

내 영혼아 여호와를 송축하라
여호와 나의 하나님이여 주는 심히 위대하시며
존귀와 권위로 옷 입으셨나이다
주께서 옷을 입음 같이 빛을 입으시며
하늘을 휘장 같이 치시며
물에 자기 누각의 들보를 얹으시며
구름으로 자기 수레를 삼으시고
바람 날개로 다니시며
바람을 자기 사신으로 삼으시고
불꽃으로 자기 사역자를 삼으시며
땅에 기초를 놓으사
영원히 흔들리지 아니하게 하셨나이다
옷으로 덮음 같이 주께서 땅을 깊은 바다로 덮으시매
물이 산들 위로 솟아올랐으나
주께서 꾸짖으시니 물은 도망하며
주의 우렛소리로 말미암아 빨리 가며
주께서 그들을 위하여 정하여 주신 곳으로 흘러갔고
산은 오르고 골짜기는 내려갔나이다
주께서 물의 경계를 정하여 넘치지 못하게 하시며
다시 돌아와 땅을 덮지 못하게 하셨나이다(시 104:1-9).

피조 세계에 대한 묵상은 이 시편 기자가 창조에 대한 경탄을 넘어 창조주의 광대하신 위업을 향해 나아가게 한다(이것은 또 다른 책의 주제가 될 것이다. 그러나 피조 세계의 다양한 측면을 묵상하는 습관을 가져 하나님의 위엄에 대한 계시를 그 안에서 발견하는 것은 그리스도인들에게 권장해야 할 성경적 묵상 실천 중 하나이다. 시편 104편은 이를 위한 출발점으로 적당한 본문이며, 이러한 묵상의 가장 완벽한 사례라 할 수 있다.)

하나님은 피조 세계와 그 안에서 행하신 일로 인해 찬양 받아 마땅하시다. 그러나 그 때문만이 아니다. 오직 그분만이 이루실 수 있는 구속 사역으로 인해 하나님은 찬양 받으셔야 한다. 주께서 자기 백성을 애굽인들의 손에서 건져내신 후, 모세와 이스라엘 민족은 다음과 같은 찬미의 노래를 불렀다.

> 이때에 모세와 이스라엘 자손이 이 노래로 여호와께 노래하니 일렀으되
> 내가 여호와를 찬송하리니 그는 높고 영화로우심이요
> 말과 그 탄 자를 바다에 던지셨음이로다
> 여호와는 나의 힘이요 노래시며 나의 구원이시로다
> 그는 나의 하나님이시니 내가 그를 찬송할 것이요
> 내 아버지의 하나님이시니 내가 그를 높이리로다
> 여호와는 용사시니 여호와는 그의 이름이시로다
> 그가 바로의 병거와 그의 군대를 바다에 던지시니
> 최고의 지휘관들이 홍해에 잠겼고
> 깊은 물이 그들을 덮으니 그들이 돌처럼 깊음 속에 가라앉았도다
> 여호와여 주의 오른손이 권능으로 영광을 나타내시니이다

여호와여 주의 오른손이 원수를 부수시니이다

주께서 주의 큰 위엄으로 주를 거스르는 자를 엎으시니이다

주께서 진노를 발하시니 그 진노가 그들을 지푸라기 같이 사르니이다

주의 콧김에 물이 쌓이되 파도가 언덕 같이 일어서고

큰 물이 바다 가운데 엉기니이다

원수가 말하기를 내가 뒤쫓아 따라잡아 탈취물을 나누리라,

내가 그들로 말미암아 내 욕망을 채우리라,

내가 내 칼을 빼리니 내 손이 그들을 멸하리라 하였으나

주께서 바람을 일으키시매 바다가 그들을 덮으니

그들이 거센 물에 납 같이 잠겼나이다

여호와여 신 중에 주와 같은 자가 누구니이까

주와 같이 거룩함으로 영광스러우며 찬송할 만한 위엄이 있으며

기이한 일을 행하는 자가 누구니이까

주께서 오른손을 드신즉 땅이 그들을 삼켰나이다

주의 인자하심으로 주께서 구속하신 백성을 인도하시되

주의 힘으로 그들을 주의 거룩한 처소에 들어가게 하시나이다

여러 나라가 듣고 떨며 블레셋 주민이 두려움에 잡히며

에돔 두령들이 놀라고 모압 영웅이 떨림에 잡히며

가나안 주민이 다 낙담하나이다

놀람과 두려움이 그들에게 임하매

주의 팔이 크므로 그들이 돌 같이 침묵하였사오니

여호와여 주의 백성이 통과하기까지

곧 주께서 사신 백성이 통과하기까지였나이다
주께서 백성을 인도하사 그들을 주의 기업의 산에 심으시리이다
여호와여 이는 주의 처소를 삼으시려고 예비하신 것이라
주여 이것이 주의 손으로 세우신 성소로소이다
여호와께서 영원무궁하도록 다스리시도다 하였더라(출 15:1-18).

이것은 하나님의 구원을 찬양하는 노래다. 그러나 그 구원의 역사는 하나님의 하나님 되심 자체로 인해 하나님을 찬양하기 위한 하나의 수단일 뿐이란 사실에 주목하라. 그 구원을 통해 하나님의 위엄 있는 성품이 나타나기 때문에 하나님이 찬양 받으신다는 것이다. 여호와 하나님은 "나의 힘이요 노래"가 되시는 분이다. "여호와여 신 중에 주와 같은 자가 누구니이까? … 주의 인자하심으로 주께서 구속하신 백성을 인도하시되 주의 힘으로 그들을 주의 거룩한 처소에 들어가게 하시나이다." 하나님의 언약적 특성이 하나님의 하나님 되심과 모순되는 것이 아니라 오히려 그것을 더 계시한다는 점에 주목할 필요가 있다. 하나님이 우리와 맺으시는 관계는 예배를 향한 수단이다.

그러므로 주님께서 우리에게 주시는 구원은 불가해하신 하나님의 영광의 위엄을 우리에게 보여 주기 위한 수단이다. 물론 우리는 영원한 고통의 위협으로부터 건짐 받은 것으로 인해 하나님께 감사 드려야 마땅하다. 그러나 그것은 구속의 성취와 적용 가운데 그분이 계시해 보이시는 삼위일체 하나님의 경이와 위엄에 비하면 이차적이다.

앞 장 끝 부분에서 우리는 오직 어린양만이 찬양 받을 자격이 되시

기에, 성도들이 천상에서 주 하나님과 어린양께 찬미의 노래를 올려 드리는 장면을 보았다. 이것이야말로 하나님의 언약의 메시지다. 그것은 단지 하나님이 우리와 관계를 맺으셨다는 사실에 (물론 이것만으로도 신비로운 일이지만) 그치지 않는다. 더 중요한 것은 성삼위 하나님만이 유일하게, 성자의 위격 안에서, 우리에게 내려오셔서 우리가 완전히 망쳐놓은 관계를 회복하실 수 있다는 것이다. 우리는 그분이 우리를 구원하신 일로 인해 하나님을 찬양한다. 그러나 우리의 찬양은 거기에 멈춰서는 안 된다. 언약을 맺으신 삼위일체 하나님께 대한 진정한 찬양은 언제나 거룩하신 하나님의 성품에 담긴 위엄에 주목하면서 지극히 높은 곳까지 올라가야 한다.

거룩, 거룩, 거룩! 전능하신 주님!
천지 만물 모두 주를 찬송합니다.
거룩, 거룩, 거룩! 자비하신 주님!
성삼위일체 우리 주로다!
레지널드 헤버, "거룩, 거룩, 거룩"Holy, Holy, Holy

✛

하나님이 지적인 주체라면, 계획을 가지실 것이 틀림없다. 영원하시고 무한히 지혜로우시고 능력 있으시고 불변하시는 주체라면, 그분은 태초부터 하나의 포괄적인 계획을 가지고 계실 것이 분명하다. 그분이 성삼위로 존재하신다면, 그분의 계획은 상호적인 것이 분명하다—즉 언약적 특징을 지닌 것으로, 성삼위 간 협약에 의해 시행되는 것이다.

- 아치볼드 알렉산더 하지, J. A. 하지, 『웨스트민스터 소요리문답의 조직신학: 공개 해설』에서.

6
하나님의 작정과 열망에 담긴 신비의 위엄

나니아 연대기 시리즈의 『사자와 마녀와 옷장』에서 나니아 왕국은 마녀의 통치 아래 있었다. 마녀의 통치로 나니아는 항상 겨울이었지만 크리스마스는 없었다. 그러나 사자 아슬란이 행동을 개시한다. 마침내 마녀와 아슬란이 마주하게 되자, 마녀는 아슬란에게 아이들 중 한 명, 에드먼드가 배신자로 밝혀졌음을 알린다. 그러자 아슬란은 마녀와 조약을 맺고 에드먼드를 대신해 자신이 죽는 데 동의한다. 그러나 그 후 아슬란은 죽음으로부터 돌아온다. 그가 다시 살아나자, 아이들은 혼란스러워한다.

"그런데 이게 다 어떻게 된 거예요?" 그들이 다소 흥분을 가라앉히자 수잔이 물었다. 아슬란이 말했다. "마녀는 심오한 마법을 알긴 하지만 그보다 더 심오한 마법이 있다는 것은 모르고 있지. 마녀는 시간의 여명 이후에 대해서만 알고 있을 뿐이란다. 그러나 마녀가 시간의 여명 이전의 정적과 어둠이 존재하던 때를 조금이라도 더 내다볼 수 있었다면 다른 마법이 존재한다는 것도 알았을 게다. 결백한 자가 반역자의 죄를 대신해 스스로 목숨을 바치면 돌탁자는 깨지고 죽음 그 자체는 다시 원상태로 돌아간다는 것이지."[1]

이 장에서 우리는, "시간의 여명 이전의 정적" 속을 들여다보고자 최선을 다할 것이다. 하나님의 언약적 낮아지심에 담긴, 위엄 있는 신비는 이미 거기서 시작되었다. 거기서 우리는 성부, 성자, 성령께서 하나님 백성의 구원을 위해 협의하고 합의하셨음을 살펴볼 것이다. 또한 "시간의 여명 이전의 정적" 속에서 성삼위 하나님이 "장차 일어날 모든 일"을 작정decree하셨음을 볼 것이다.[2] 그렇다면, 모든 인류 역사는 영원 전에 하나님이 이미 계획하신 것에 대한 하나의 현시라고 볼 수 있다.

성삼위 하나님이 일어나는 모든 일을 계획하시고 작정하셨지만 그렇다고 해서, 어떤 이들의 생각처럼, 하나님이 피조물과 인류의 운명으로부터 무관심하게 동떨어져 계시는 것은 아니다. 그분은 단지 계획만 하시고, 이후에는 뒤로 물러앉아 일어나는 모든 일을 마냥 지켜만

---

1. C. S. Lewis, *The Lion, the Witch and the Wardrobe* (New York: Scholastic, 1995), 163. 『나니아 나라 이야기 2: 사자와 마녀와 옷장』 시공주니어.
2. 웨스트민스터 신앙고백 제3장 1항.

보시는 그런 분이 아니다. 오히려, 지극히 신비로운 방식으로 그 모든 것을 계획하신 하나님은 스스로 세밀하게 계획하신 모든 것 가운데서 자신의 소원과 열망을 표현하신다. 예를 들어, 하나님은 모든 사람이 회개하고 믿음으로 나아오길 깊이 열망하신다. 태초부터 이미 마지막을 계획하셨고 특정한 사람들을 자기 백성으로 택하신 하나님은, 그럼에도 불구하고 악인들의 멸망을 기뻐하지 않으신다(겔 18:23). 어떻게 그럴 수 있을까? 그것은 하나님의 작정하심과 피조물과의 관계에 담긴 놀라운 신비가 아닐 수 없다. 그렇다면 "더 심오한 마법"은 우리로 하여금 더 심오한 신비, 즉 피조물을 향한 하나님의 열망과 함께 하나님의 영원한 작정을 더 잘 이해하도록 도울 것이다.

하나님의 작정과 열망을 보다 자세히 들여다보기 전에, 앞선 장들을 간략히 요약하는 것이 도움이 될 것이다. 지금쯤이면 하나님과 삼위일체, 성육신, 그리고 사람과 맺으신 하나님의 언약을 둘러싼 장엄한 신비의 모형을 마음에 두고 있을 것이다. 그 신비의 모형은 삼위일체이신 하나님의 특성을 포함한다. 또한 이는 성삼위 하나님이 "존재와 완전함에서 무한하시며, 지극히 순결한 영이시며, 눈에 보이지 않으시고, 몸이 없으시고, 지체가 없으시며, 정욕도 없으시고, 불변하시고, 광대하시고, 영원하시며, 불가해하시다"는 사실을 포함한다. 따라서 아타나시우스 신조의 진술처럼, 우리는 "성부께서 영원하시고, 성자께서 영원하시며, 성령께서 영원하십니다. 그러나 셋으로서 영원하

신 것이 아니라 한 하나님으로서 영원하십니다"라고 고백한다.[3]

그러나 성삼위 하나님의 절대적인 독립성을 인정하면서도 동시에 우리는 '존재론적' 삼위일체와 '경륜적' 삼위일체의 성경적 구분을 확증해야 한다. 두 범주 사이의 차이는, 경륜적 현시 안에서 성삼위 각 위격은 피조물과 구속과 관계하기 위한 목적으로 관계적 특성을 표현함으로 하나님을 계시하신다는 것이다.

그러므로 경륜적 삼위일체는 하나님의 언약적 낮아지심의 한 예다. 아버지는 아들을 보내시고 그 아들로 인해 기뻐하신다(참고. 요 3:16, 마 3:17). 아들은 백성을 구하시고, 자기에게 속한 이들을 구속하기 위해(참고. 요 10:11, 15), 그리고 아버지의 뜻을 행하기 위해 오신다(참고. 마 26:42, 히 10:7). 성령께서는 피조물 위로 운행하기 위해(창 1:2), 성육신에서 성자의 인성을 수태시키기 위해(눅 1:35), 세상을 책망하기 위해(요 16:8-11), 하나님 백성을 위로하고 그들과 함께하기 위해(요 14:16-18), 그리고, 성자와 더불어 우리에게 생명을 주기 위해(고전 15:45) 오신다.

창조가 없던 때에는 이 모든 특성이 나타나지 않았다. 성부께서 성자를 보내셔야 하거나, 성자께서 성부께 순종해 보냄을 받으셔야 하거나, 성령께서 위로하고 책망하셔야 할 필요가 없었다. 이 모든 현상은 경륜적이다. 즉 창조와 구속을 전제한다. 그 특성이 존재하는 이유는, 스스로 낮아지시고, 창조하시고, 그 백성을 구속하기로 정하신 성

---

3. Philip Schaff, *The Creeds of Christendom, with a History and Critical Notes: The Greek and Latin Creeds, with Translations*, Vol. 2 (New York: Harper & Brothers, 1890), 67. 『신조학: 신조의 역사와 신학』 CLC.

삼위 하나님의 자유롭고 자발적인 결정 때문이다.

하나님의 진노, 노하심, 자비, 그리고 은혜에 대해서도 마찬가지다. 이 모든 것이 하나님의 성품을 드러내는 특징들이다. 그것들은 모두 창조 안에서, 그리고 창조 때문에 현시되었으며, 영원한 미래에 이르기까지 유지될 것이다. 그것들은 그 자체로 하나님께 적용되는 존재론적 특성은 아니지만 하나님의 존재론적 특성에 대해 계시해 준다. 그것들은 모두 하나님이 피조물과 맺으신 관계를 전제한다.[4] 우리가 보았듯이, 그런 특성들은 하나님이 세우신 언약 관계 속에서 표현되지만, 하나님이 존재론적으로 어떠한 분인지 반영한다.

또한 우리는 피조 세계 안에 나타난 성자의 사역 속에서 이러한 언약적 낮아지심을 보았다. 동산에서 아담과, 산에서 모세와, 여리고에서 여호수아와 소통하실 때, 그분께서는 자신이 세우신 언약 관계의 빛 안에서 자신을 표현하셨다. 자기 백성과 함께 구속사 안에서 역사하시면서 심지어 일시적으로 피조된 (즉, 인간) 본성을 취하기까지 하셨다. 이 모든 것은 아버지의 뜻을 행하고 백성의 구원을 이루기 위해 그분이 단번에, 영구적이고 영원히, 수태에서 영원한 미래까지 인성 전체를 취하신 사건을 기대한다.

그렇기에 성삼위 하나님께 근원과 기원을 둔 언약적 낮아지심에 대한 계시는 아들 안에 초점을 맞추며 정점을 이룬다. 성자의 성육신 사

---

4. 우리는 이러한 언약적 본성들이 하나님의 존재론적 속성 안에 근거를 두고 있음을 기억해야 한다. 그것들은 하나님의 본질적 속성과 맥을 같이 하지만, 피조물에 비추어 볼 때 존재하는 부수적인 방식 또는 양식이다.

건은 구속사 전체의 요체라 할 수 있다. 아들의 성육신 직전까지 일어났던 모든 일, 그리고 성육신 이후 영원까지 뒤따르는 모든 일이 바로 그 단일한 표적적 사건(성육신)을 통해 그 의미가 밝히 드러난다.

이 낮아지심은 태초 전에 시작되었다. 언약적 낮아지심은 창세기에 기원을 둔 것이 아니다. 그것은 역사의 어느 한 시점에서 시작한 것이 아니다. 그것은 영원 전부터 시작되었다. 영원 전(엡 1:4, "창세 전")부터 영원한 미래에까지 그리스도는 중심점이 되신다. 창조와 상관없이, 그리고 창조가 시작되기도 전에, 성삼위 하나님은 외부적인 것이 될 무엇인가를 위해 스스로 헌신하셨다. 그분은 창조로부터 영원까지 장차 일어날 모든 것을 작정하셨다. 그러한 작정하심 자체가 하나님의 낮아지심인 것이다. 왜냐하면 그것이야말로 외부적인 어떤 것—즉, 창조와 구속—에 대한 하나님의 헌신이었기 때문이다. 이 언약적 낮아지심에 담긴 장엄한 신비는 영원 전부터 하나님이 창조와 구속을 위해 자신을 헌신—스스로 '속박'—하셨다는 데 있다.

영원 전 그 때—성경에서 말하는 "창세 전"—에 하나님은 영원한 미래까지 장차 역사 속에서 일어날 모든 것을 결정하셨다.[5] 이 모든 것을 아우르는 작정으로 인해 하나님과 관련한 모든 것이 달라졌다. 그 작정 안에서 하나님은 자신이 만드신 피조물과 피조된 인간에게 영구

---

5. 참고. "하나님은 영원 전부터, 자신의 뜻으로 세우신 지극히 지혜롭고 거룩한 계획에 따라, 장차 일어날 모든 일을 원하시는 대로, 불변하도록 정하셨다. 그러나 그렇다고 해서 하나님이 죄의 창시자가 되시거나 피조물의 의지에 강제력을 행사하시거나 하지 않는다. 또한 제2원인들의 자유나 우발성은 제거되지 않고 오히려 보장된다"(웨스트민스터 신앙고백, 제3장 1항).

적으로, 영원한 미래에 이르기까지 스스로를 속박시키셨다! 하나님의 주권적 작정은 영원 전부터 시작되었고, 그것은 영원한 미래의 새 하늘과 새 땅뿐 아니라 영원한 지옥의 고통까지 내포하고 있다.

성경적 전개

이 단락의 주제는—서로 긴밀하게 연계된—세 가지 특징적인 논의들로 나뉠 수 있다. 첫째, 하나님이 시작하신 언약 관계의 영원한 시작을 다룰 것이다. 둘째, 하나님의 포괄적인 작정에 중점을 두고 살필 것이다. 셋째, 모든 인간 피조물을 향하신 하나님의 긍휼과 열망에 대해 확증할 것이다. 이 세 가지 논의는 본래 신학적으로 함께 다뤄야 한다. 그러나 여기서는 우리가 정한 소기의 목적을 위해 구분될 필요가 있다. 첫 번째 논의는 다른 두 논의를 적절하게 이해하도록 돕는 핵심이라 할 수 있다.

하나님의 영원한 사랑

첫 번째 논의는 보통 '구속 언약'pactum salutis이라 일컫는 것과 관련된다. 영원 전에 기원을 두고 있는 이 언약 안에서 성부, 성자, 성령께서는 사람들을 창조하고 구속하기로 합의하셨다. "시간의 여명 이전의 정적" 때에 성부께서는 자신을 위해 한 백성을 택하셨다(엡 1:4). 성부께서는 백성의 편에서 성부의 일을 완수하기 위해 역사 가운데 오신 성자에게 그들을 맡기실 것이다(요 17:11). 그리고 성령께서는 성자께서 이루신 구속을 역사 속에서 동일한 백성에게 적용하기로 동의하셨다(요 16:12-15). 이것이 바로 자기 백성을 위한 하나님의 영원한 협정, 곧 하나님 자신과의 언약이다. 그런데, 영원 안에 왜 구속 언약 같은 것이 있어야 한다고 생각하는가?

이는 성경이 분명하게 그러한 방향을 가리키기 때문이다. 여기서 우리는 이와 관련한 논의를 깊이 있게 전개하지는 못하고 다만 소개만 하려 한다. 그리스도에 관한 사도 베드로의 진술에 초점을 맞추는 것이 현재로서는 최선의 출발점이 될 것이다. 베드로전서 1:20에서 베드로는 그리스도에 대해 언급하며 이 같이 말한다.

> 그는 창세 전부터 미리 알린 바 되신 이나 이 말세에 너희를 위하여 나타내신 바 되었으니.

이 구절에서 강조해 놓은 문구는 다소 난해하지 않은가? 여기에 쓰인 바울의 언어는 충격적이기까지 하다. 그리스도께서 "창세 전부터 미리 알린 바" 되었다는 이 구절은 과연 무슨 의미인가? 하나님이 그리스도를 '미리 아셨다'는 표현이 과연 가능한가? 성부께서, 영원의 어느 시점에서, 성자를 그리스도로 알게 되셨다는 뜻인가? 모든 것을 아시는 하나님이라면, 성삼위 위격에 대해서야 말할 필요도 없지 않은가!

이 질문에 대한 답을 생각하기 전에, 우리는 신약 성경이 "미리 알다"라는 단어를 어떻게 사용하는지 확인할 필요가 있다. 이 단어는 이 본문 외에 신약 전체에서 단 다섯 차례 사용된다(롬 8:29, 11:2; 벧전 1:2; 벧후 3:17; 행 26:5). 그 가운데 마지막 두 구절(벧후 3:17, 행 26:5)은 분명히 어떤 사람(또는 사람들)이 과거에 알았던 무언가를 지칭한다. 따라서 가장 기본적인 의미로, "미리 알다"foreknow란 단어는 예전에 또는 과거에 알았음을 뜻한다. 그러나 다른 네 용례의 경우(롬 8:29, 11:2; 벧전 1:2, 20), 목적어는 과거에 알려진 '어떤 것'이 아니라, 영원 전부터 알려진 '어떤 사람' 또는 '사람들'이다. 우리가 다루는 베드로전서 본문 외에, 그런 의미로 사용된 다른 두 구절은 모두 로마서에서 찾을 수 있다.

존 머레이의 로마서 8:29("하나님이 미리 아신 자들…")에 대한 주석은 길지만 인용 가치가 충분하다. 그리스도께서 "미리 알린 바 되셨다"는 베드로전서의 기록을 이해하는 데 도움이 될 것이기 때문이다. 로마서 8:29에 대해 머레이는 이렇게 말한다.

> 이 본문에서 "하나님이 미리 아신 자들"을 언급하고 있음에 주목해야 한다. 여기서 '자들'은 동사의 목적어이며, 그것을 추가로 꾸미는 수식어는 없다. 이러한 사실 자체는, 또 다른 강력한 이유가 있지 않는 한, "하나님이 미리 아신 자들"이란 표현 자체에 이미 전제되는 구별이 있음을 보여준다 … 비록 '미리 알다'foreknow란 용어가 신약에서 드물게 사용되고 있지만, 성경의 용례에서 '알다'know라는 단어에 매우 빈번하게 주어지는 의미를 쉽게 간과하는 것을 정당화할 수 없다. '미리 알다'라 함은 단순히 '알다'라는 단어에 '사전에'beforehand라는 개념이 덧붙여진 것이다. 성경에서 '알다'란 단어는 단순한 '인지'의 의미를 뛰어넘어 풍성한 의미를 갖는

경우가 많다. 그것은 실제적으로 '사랑'과 거의 동의어처럼 사용된다. 그것은 주목해 보고, 특별한 관심과 기쁨과 애정과 행동으로 아는 것이다(참고. 창 18:19; 출 2:25; 시 1:6, 144:3; 렘 1:5; 암 3:2; 호 13:5; 마 7:23; 고전 8:3; 갈 4:9; 딤후 2:19; 요일 3:1). '알다'라는 단어의 이러한 취지가 이 본문의 '미리 알다'라는 용어에 적용되지 말아야 할 이유는 없다. 이는 이 단어가 유사한 문장 구조 안에서 쓰이고 있으며, 선택 사상이 명백히 함의되고 있는 11장 2절에서도 마찬가지다(참고. 11:5, 6) … 그 의미는 "하나님이 주목하신 자들" 또는 "하나님이 영원부터 차별화된 애정과 기쁨으로 아신 자들"이며, 실질적으로 "하나님이 미리 사랑하신 자들"과 동일하다.[6]

머레이가 지적한 것처럼, 해당 본문들은 하나님이 '어떤 것'을 미리 아신 것이 아니라, '어떤 사람(들)'을 미리 아신다고 말한다. 따라서 '미리 알다'는, 그 미리 앎(예지)의 주체가 하나님이실 경우, 단순히 하나님이 어떤 것을 사전에 아셨음을 의미하지 않는다. 원래 하나님은 영원부터 모든 것을 아신다. 따라서 이들 세 본문에 굳이 그 단어를 넣을 이유는 없다. 맥락상 이 단어가 필요했던 것이다.

그러므로 '미리 알다'란 단어의 표현이 각각의 경우 구원을 논하는 맥락에서 사용되고 있고, 알려진 대상(들)이 네 개의 본문에서 모두 '사람들'이란 점을 감안할 때, 전지하심보다 구체적인 다른 의미를 고

---

6. John Murray, *The Epistle to the Romans*, The New International Commentary on the Old and New Testament (Grand Rapids: Eerdmans, 1968), 1:316-18. 『로마서 주석』 아바서원.

려할 수밖에 없다. 머레이의 주장에 따르면, 그 단어가 여기서 실제로 의미하는 것은 하나님의 '미리 사랑하심'이다. 하나님은 구속을 목적으로 사랑의 눈길을 어떤 이들에게 두셨다. 적어도 로마서에서 이 단어는 분명히 그런 의미로 쓰였다.

그런데 베드로전서 1:20은 그리스도께서 "창세 전부터" 알린 바 되었으며, 마지막 때에 우리를 위하여 나타내신 바 되었다고 말한다. 우리를 위한 것이라는 표현을 보아 이 본문도 사실상 우리의 구원에 대해 말하고 있음을 알 수 있다. '미리 알다'의 실제 의미에 대해 배운 내용을 감안하면, 여기서도 우리 구속의 성취라는 목적과 함께 그리스도에 대한 미리 사랑하심이란 의미로 해석되어야 할 것이다.

그리스도께서 "미리 알린 바 되셨다"(즉, 미리 사랑받으셨다)는 진술은 우리의 구속에 대한 전망과 함께 성부께서 성자를 향해 표현하신 특별한 사랑이 있었음을 의미해야 한다. 영원 전에 성자께서 우리의 구원을 위해 낮아지기로 동의하셨기 때문에 성부 하나님의 미리 사랑하심을 받으셨다. 성령을 통한, 성자를 향한, 성부의 미리 사랑하심. 그것이야말로 '구속 언약'(또는 '화평 언약')이 의미하는 바다. 영원 전에, 성부와 성자와 성령께서는 한 백성을 구속하기로 합의하셨다. 이 합의에는 역사 안에서, 창조의 계시 안에서, 그리고 하나님이 은혜롭게 제공하실 구속의 계시 안에서 발생할 모든 일이 포함되었다.

성자를 향한 성부의 미리 사랑하심. 이것은 십자가 죽음을 목전에 두고 아버지께 기도하셨을 당시 그리스도께서 마음속에 품으셨던 것임에 틀림없다.

내게 주신 영광을 내가 그들에게 주었사오니 이는 우리가 하나가 된 것 같이 그들도 하나가 되게 하려 함이니이다 곧 내가 그들 안에 있고 아버지께서 내 안에 계시어 그들로 온전함을 이루어 하나가 되게 하려 함은 아버지께서 나를 보내신 것과 또 나를 사랑하심 같이 그들도 사랑하신 것을 세상으로 알게 하려 함이로소이다 아버지여 내게 주신 자도 나 있는 곳에 나와 함께 있어 아버지께서 창세 전부터 나를 사랑하시므로 내게 주신 나의 영광을 그들로 보게 하시기를 원하옵나이다 … 내가 아버지의 이름을 그들에게 알게 하였고 또 알게 하리니 이는 나를 사랑하신 사랑이 그들 안에 있고 나도 그들 안에 있게 하려 함이니이다(요 17:22-24, 26).

베드로 자신도 당시 들었을 이 기도에서 아들을 향한 아버지의 "창세 전"의 사랑, 그리고 구속함을 받은 자들을 향한 하나님의 사랑은 매우 긴밀하게 얽혀 있다. 그리스도께서는 "창세 전"에 아들을 사랑하신 아버지의 사랑이 우리 안에도 거하기를 기도하셨다. 더 이상 언급할 필요 없이 그것은 구속의 사랑이다. 그것은 영원 전부터 성삼위 하나님이 이미 시작하셨으며, 구속 언약을 특징짓는 사랑이다.

물론, 성부와 성자와 성령께서는 작정이나 창조와 상관없이 (존재론적으로) 그들 스스로 이미 무한하고 영원한 사랑을 소유하고 계셨다는 것 또한 참된 진술이다. 그러나 그리스도의 기도는 존재론적 삼위일체가 아니라 삼위일체의 경륜적이고 구속적인 측면에 초점을 두고 있다. 즉, 그리스도께서는 성삼위 하나님이 그리스도 안에서 성령을 통해 이루실, 영광스러운 구원의 초석을 마련했던 영원 전의 그 합의에 초점을 두셨다는 것이다. 주님은 아버지께서 그리스도를 사랑하심 같이 우리를 사랑하심을 세상이 알기 원한다고 기도하신다. 그 사랑은 본래 존재론적 삼위일체의 사랑은 아닐 것이다. 그것은 영원 전에 이미 합의되었기에 그리스도로 인해 완성되고 성령으로 적용되는 우리의 구속을 바라보는 언약적 사랑임에 틀림없다!

그리스도께서 십자가를 목전에 두고 기도하셨던 그 사랑은 베드로전서에서 가리키고 있는 미리 사랑하심, 그리고 로마서 8장과 11장에서 택함 받은 자들의 것으로 여기는 사랑 외에 다른 무엇일 수 없다. 그것은 하나님의 영원한 구속적 사랑이다. 그것은 영원 속에서 오직 성삼위 하나님만이 이루실 수 있는 구원의 효시가 되는 사랑이다. 그것은 그리스도께서 기도하신 모든 대상에게 적용되는 사랑이다. 그들은 아버지께서 아들에게 주신 자들이고(요 17:6), 그리스도로부터 말씀을 받은 자들이며(17:8, 14), 세상에 속하지 않으나 세상에 남겨진 자들이고(17:9, 11, 16), 아버지께서 그 아들을 보내셨음을 아는 자들이며(17:25), 그리스도께서 함께 거하길 소원하시는 자들이다(17:24).

그렇다면, 구속 언약의 전개 과정은 이렇다. "시간의 여명 이전의 정적" 때에, 성삼위 하나님이 택하신 백성을 위한 구속을 발효하시고 그것을 완성하기로 합의하셨다. 택하신 백성의 구원을 목적으로 자신의 애정을 성자에게 두셨던(미리 사랑하셨던) 것처럼, 성부께서는 그리스도를 통해 그리고 성령 안에서 자신이 그리스도에게 주시고(17:6, 9, 11, 12), 그리스도께서 위하여 죽으시며(17:9; 참고. 요 10:10ff., 마 1:21), 성령이 주어졌고 또한 주어질(14:16-17) 모든 자들 위에 자신의 영원한 애정을 두셨다.

이것은 성경에 담긴 또 하나의 측량할 수 없는 신비다. 성삼위 하나님—스스로 완전하신 그분, 아무 부족함이 없는 그분, 영원무궁한 복락 가운데 거하시는 그분, 완전히 자족하시는 그분—이 자신을 위해 한 백성을 창조하고 구속하기로 결정하신 이유가 무엇일까?

피조물로서 우리 인간의 최고 갈망은 우리가 완전해 지는 것, 즉 본래 의도되었던 모든 것이 되는 것이다. 그러나 하나님은 이미 스스로 완전한 상태로 존재하신다. 그분에게는 불완전함이 없으시다. 하나님은 아무것도 갈망하지 않으신다. 그럼에도 불구하고 하나님은 피조물인 우리와 같은 모습을 영원토록 덧입기로 결정하셨다. 이를 위해 하나님은 낮아지셔서 표현할 필요가 없었던 특성들로 자신을 표현하기로 결정하셨다. 바로 우리 수준에서 우리와 관계하기 위해서였다. 대체 무슨 이유에서일까? 유일하고도 최선의 대답은 로마서 11:36이다. "이는 만물이 주에게서 나오고 주로 말미암고 주에게로 돌아감이라 그에게 영광이 세세에 있을지어다 아멘."

실로 다른 어떠한 종교나 사람이 만든 어떤 제도도 이 같은 유형의 사고에 가까이 다가가지 못했다. 다른 어떤 이교도에도 스스로 완전하신 하나님, 그러나 하나님 되심을 온전히 유지하시면서도 우리 중 하나와 같이 되기로 결정하신 하나님은 존재하지 않는다. 하나님이 친히 우리에게 이 놀라운 진리들을 말씀하시지 않았다면, 우리 스스로는 생각해 내지 못했을 것이다(고전 2:9-10). 하나님에게 영광이 세세에 있을지어다.

하나님의 작정

'구속 언약', '하나님의 작정' 같은 주제는 보통 '하나님의 사역'the works of God이라는 큰 범주에 속해 다뤄진다. 영원한 언약과 작정 안에서 하나님은 무엇인가를 행하기 위해 활동하시기 때문이다. 이것은 타당한 구분이라 할 수 있지만 그런 구분법도 단지 우리 성삼위 하나님의 신비를 고양시키는 하나의 방편일 뿐임을 잊어서는 안 된다.

영원 속에서의 하나님의 이러한 사역을 일컬어 전문적인 라틴어로 '내적'ad intra 사역이라 칭한다. 이 용어가 의미하는 바는 그러한 하나님의 사역이 성삼위 하나님 안에서 발생한다는 것이다. 어떻게 그런 일이 가능할 수 있을까?

우리는 이미 하나님이 전적으로 완전하시며 자족하시는 분임을 보았다. 하나님은 부족한 것도, 필요한 것도 없으시다. 또한 우리는 하나님이 영원하시다는 것을 보았다. 이는 하나님이 스스로 존재하기 위해, 또는 스스로 온전한 교제를 누리기 위해 시간의 흐름에 종속되지 않으심을 의미한다. 우리는 이러한 존재가 과연 어떠한지 사실상 이해하지도, 상상하지도 못한다.

그러나 이제 우리는 성부, 성자, 성령 하나님이 만물을 창조하시고 한 백성을 구속하기로 합의하셨던 영원한 한 '기점'point이 있었음을 알았다. 그러한 한 기점이 있으려면, 하나님 안에서 일종의 변화가 있어야 하지 않는가? 하나님이 영원토록 존재하시던 가운데 영원하신 그분께서 구속 언약이 없던 상태에서 구속 언약이 있는 상태로 이동하셨다면, 일종의 영원한 변화가 이뤄진 것이 아니고 무엇이겠는가?

이 질문에 대한 첫 번째 대답은, 영원한 구속 언약의 '기점'이 무엇이든 그것은 하나님 안에서의 변화가 아니며, 그럴 수도 없다는 것이다. 하나님이 자신 안에서 변화하실 수 없다는 말은 계속해서 반복할 필요가 있다. 구속 언약은 하나님을 영원한 존재에서 일시적인 존재로, 또는 무한한 존재에서 유한한 존재로 변화시킬 수 없다. 이런 일이 정확히 어떻게 가능한지 우리는 알지 못한다. 하지만 그러한 진술은 사실이며 의문의 여지가 없다. 하나님은 불변하시며, 언제까지나 그러하실 수밖에 없다.

첫 번째 대답을 인정한다면, 두 번째 답으로 넘어갈 수 있다. 그 질문에 대한 두 번째 대답은 우리로 하여금 어떤 구분을 하게 만든다. 창조와 구속에 대해 생각할 때, 우리는 그런 것들이 존재할 필요가 전혀 없었음을 인지한다. 이미 언급했듯이 하나님께서는 세상을 창조할 이유도, 죄가 피조 세계에 들어온 후에 구속할 이유도 전혀 없으셨다.

이를 설명하기 위해, 우리는 앞 장에서 언급했던 한 가지 실례를 더 전개해 보고자 한다. 하나의 정사각형이 정사각형으로 입증되기 위해서는 다음 사항을 모두 충족해야 한다.

1. (정확히) 네 개의 변이 있어야 한다.
2. 각 변은 직선이어야 한다.
3. 하나의 선으로 연결되어야 한다.

4. 하나의 평면 위에 그려져야 한다.
5. 각 변은 각기 다른 변과 길이가 같아야 한다.
6. 각 내각은 각기 다른 내각과 90도로 동일해야 한다.
7. 각 변은 서로 꼭짓점과 맞닿아야 한다.

어떤 물체가 (1)항과 (6)항만 제외하고 모두 참이라고 가정해 보자. 그런 물체가 정사각형일 가능성이 있는가? 물론 없다. 정사각형은 반드시 네 개의 변이 있어야 하며, 각 내각은 모두 90도여야 한다. 이것은 곧 정사각형이 그 자체로 충족되지 않는다는 의미다. 정사각형이 하나의 정사각형으로 성립되기 위해서는 다른 조건들이 필요하다. 즉, 선, 면, 각, 동일한 수치 등이 필요한 것이다.

그렇다면 "하나님이 하나님 되시기 위해서 필요한 것이 무엇일까?"라고 질문할 수 있다. 아마 이런 식으로 답하고픈 사람이 있을지 모르겠다. "하나님이 정말 하나님이려면 '영원성'이 필요합니다. 영원한 존재가 아니라면, 그분은 하나님이 아니겠지요." 또는, "하나님이 하나님 되시기 위해 필요한 것은 불변성입니다. 불변성이 없다면, 그분은 변화하실 것이고, 따라서 참 하나님이 되실 수 없습니다." 또는, "하나님이 진정으로 하나님 되시려면 선한 존재이어야 합니다." 그러나 이런 답변들은 미묘하지만 중대한 오류를 범하고 있다. 그들은 영원성, 불변성, 선함과 같은 특성들을, 기원과 존재에 있어, 하나님으로부터 어떤 식으로든 독립된 개체로 보고 있다. 정사각형의 예에서 선과 면과 각도 같은 것들은 정사각형으로부터 독립적으로 존재할 수 있다. 팔각형에도 선과 각이 있지만, 그것은 정사각형이 아니다. 따라서 정사각형의 이 특징들은 정사각형이 없어도 존재할 수 있다.

그러나 영원성, 불변성 등을 포함해 하나님의 다른 여러 본질적 특성들은 선, 면, 각 같은 것과는 다르다. 그것들은 어떤 식으로든 하나님 밖에 있다가 하나님의 특성을 형성하기 위해 적용되는 것이 아니다. 오히려 하나님의 그러한 본질적 특성들은 하나님이 참되고 유일하신 삼위일체, 자족하시는 하나님으로 존재하시는 방식일 뿐이다. 다른 말로 하면, 영원성은 하나님과 동떨어져 존재하다가 하나님께 적용되어 그분을 영원한 하나님으로 만드는 그런 것이 아니다. 영원성은 우리가 하나님의 존재를 기술하는 여러 방식 중 하나다. 영원성은 어떤 요소가 아니다. (시간이 우리에게 그렇듯, 하나님이 거하시는 어떤 환경 같은 것도 아니다.) 그것은 성삼위 하나님께 있는 하나의 본질적 특성이다. 영원은 하나님이 그 안에 들어가 계시는 곳이 아니다. 그것은 오히려 자존하시는 하나님에게 속한 하나의 본질적 특성이다. 하나님은 시작도, 끝도 없으시며 시간의 흐름에 종속되지 않으신다는 것을 인정하는 하나의 표현일 뿐이다.

이는 구속 언약과 하나님의 작정과 어떤 관계가 있는가? 그것은 이 두 가지가—하나님의 영원성과 불변성과는 달리—필요하지 않은 무언가를 우리에게 가리키고 있음을 인식하게 도와준다. 하나님은 하나님 되시기 위해 필요한 것이 없으시기에, 작정하실 필요도, 창조 사역에 동의하실 필요도 없었다. 또한 죄가 세상에 유입된 후에 구속이 성취되어야 할 이유도 없었다.

그렇다면, 이 모든 것이 존재한 이유가 무엇인가? 여기서 우리는 하나님의 본성에 대해 생각할 때 중요한 구분을 인식할 필요가 있다. 하나님은 삼위의 위격으로 존재하기 때문에, 인격적 특성을 가지신다. 하나님의 그러한 인격적 특성은 우리 안에 들어 있는 인격적 특성의 근원이다. 그것은 우리가 하나님의 형상으로 지음 받았다는 의미이기도 하다. 선택하실 수 있는 능력 또한 인격적 특성 가운데 하나다. 다른 말로 하면, 삼위이신 하나님은 어떤 것은 행하고 다른 어떤 것은 행하지 않기로 뜻하신다는 것이다.

하나님이 불가피하게 뜻하시는 것들이 있다. 하나님은 스스로를 불가피하게 뜻하신다. 즉, 하나님은 스스로 하나님 되심을 불가피하게 원하신다. 하나님의 의지는 그분의 본질적 특성의 한 측면이다. 따라서 하나님의 본질적 특성처럼 하나님의 의지 또한 필연적이다.

그러나 불가피하지 않은 것들을 뜻하시는 경우도 있다. 그러한 것들을 우리는 하나님의 자유의지로 여긴다. 여기서 자유란, 하나님의 의지의 그러한 측면이 낳은 결과가 무엇이든, 정의상 우연적임을 의미한다. '우연적'contingent이란 단어는 있어야 할 필요가 없는/없었던 무언가를 뜻한다. 우리는 이미 하나님의 자발적인 낮아지심에 대한 논의에서 이를 살펴본 바 있다. 그것은 자유롭고, 우연적인 결정이었다. 하나님은 낮아지기로 선택할 필요가 없으셨다. 여기서 우리는 하나님의 작정과 더불어 구속 언약까지 모두 하나님의 자유로운 선택에 의해 비롯된 것임을 인식할 필요가 있다.

이것은 우리가 기억해야 할 중요한 구분이다. 하나님의 불가해적 본성에 대해 상고하는 하나의 적절한 방식을 제공하기 때문이다. 하나님의 본성에는—무한하심, 영원하심, 불변하심 같이—필연적인 측면도 있지만, 우리에게 표현하고 계시하기 위해 자유롭게 선택하신 측면도 있음을 기억해야 한다. 하나님은 창조주가 되기로 결정하셨지만, 사실 창조하실 필요가 없었다.[7] 하나님은 은혜를 확장하기로 결정하셨지만, 사실 은혜로우셔야 할 필요가 없었다. 하나님이 창조하기로 선택하시고 아담이 세상에 죄를 가져왔기 때문에, 죄에 대한 하나님의 분노와 진노 또한 그분의 자유 의지에 기인한다(죄가 이 세상에 유입되었을 때, 거룩하신 하나님은 죄에 대해 분노하고 진노하시는 것 외에 다른 무엇도 하실 수 없었을 것이다).

그러므로 하나님의 작정에 대해 생각할 때, 우리는 성삼위 하나님 외에 아무것도 존재하지 않았던 때 일어난 하나님의 자유로운 선택을 표현하고 있는 것이다. 그것은 비록 하나님의 내적인(ad intra) 행위이지만, 외적인(ad extra)—즉 하나님 외부에 존재하는—모든 것과 하나님의 관계를 나타낸다. 하나님의 작정은 그분이 행하기로 자유롭게 결정하신 것이며, 또한 하나님과 다른 모든 것 사이에 관계를 세우고 시작하게 하는 근원적 배경이다.

하나님의 작정에 대해 생각할 때, 우리는 창조에 대한 하나님의 계

---

7. "창조된 실재와 관련 없는 속성들은 창조와 어떻게든 관련된, 따라서 신적 행위의 원리인 속성들로부터 근본적으로 구분되어야 한다"(Andreas J. Beck, "Gisbertus Voetius(1589-1676): Basic Features of His Doctrine of God," in *Reformation and Scholasticism*, ed. Willem van Asselt and Eef Dekker, 205-226 [Grand Rapids: Baker Academic, 2001], 218).

획을 떠올리게 된다. 그 계획은 포괄적이다. 그것은 하나님이 창조하시는 모든 것을 포함하며, 하나님은 모든 것을 창조하신다. 하나님의 포괄적인 작정을 가리키는 성경적 용어로 '경륜'^{counsel}(뜻)이라는 단어가 있다. 예를 들어 보겠다.

> 너희 패역한 자들아 이 일을 기억하고 장부가 되라 이 일을 마음에 두라 너희는 옛적 일을 기억하라 나는 하나님이라 나 외에 다른 이가 없느니라 나는 하나님이라 나 같은 이가 없느니라 내가 시초부터 종말을 알리며 아직 이루지 아니한 일을 옛적부터 보이고 이르기를 나의 뜻^{counsel}이 설 것이니 내가 나의 모든 기뻐하는 것을 이루리라 하였노라(사 46:8-10).

주께서 자신의 본성을 묘사하시다가("나 외에 다른 이가 없느니라", "나 같은 이가 없느니라") 포괄적인 의도에 대한 진술("시초부터 종말을 알리며")로 화제를 전환하시는 데 주목하라. 우리가 듣는 바, 이 의도는 하나님의 '경륜'(뜻)에 따른 것이며, 그 경륜 안에서 하나님은 모든 피조물을 향한 자신의 목적을 이루실 것이다.

하나님의 작정에는 모든 것이 포함된다. 여기에 예외는 없다.[8] 그런데 하나님의 작정에는 하나님의 영원한 예정하심의 목적이 포함된다 (작정은 모든 것을 망라하기에, 예정과는 의미가 다르다). 이것은 에베소서 1장에서 간명한 논리로 제시된다.

---

8. 각주 45번의 웨스트민스터 신앙고백 제3장 1항을 보라.

에베소서 1:3-14은 헬라어 원문에서 하나의 긴 문장으로 구성되어 있다. 그 구절은 영원 전부터, 역사 전체를 지나, 영원한 미래로 이어지는 하나의 찬송—송영—이다. 그것은 먼저 찬송으로 시작한다.

찬송하리로다 하나님 곧 우리 주 예수 그리스도의 아버지께서 그리스도 안에서 하늘에 속한 모든 신령한 복을 우리에게 주시되(엡 1:3).

이 긴 문장의 나머지 부분(영역본으로 14절까지)은 모든 그리스도인 안에 찬양을 북돋는 일련의 송축이다. 바울이 찬양하게 하신 분은 성령으로서, 처음부터 마지막까지 하나님 계획 전체에 대한 파노라마를 기록하게 영감을 주셨다. 이 긴 문장 후반부에서는 하나님이 "모든 것을 그의 뜻의 결정대로 일하"신다고 말한다(1:11). "그 뜻의 결정"counsel of his will이란 표현 또한 하나님의 광범위한 작정을 가리키는 것임을 곧 알게 될 것이다. (다음 장에서 보겠지만) 모든 것은 그 계획대로 이루어진다. 하나님의 계획은 포괄적이다. 어느 작은 것 하나도 운으로 남겨 놓지 않는다.

그러나 성경에서 하나님을 찬양해야 할 첫 번째 이유로 언급되는 것은 하나님의 광범위한 작정이 아니다. 성경이 하나님을 찬양하기 위한 이유로 가장 먼저 언급하는 것은 무엇인가? 우리가 하나님을 찬양하는 것은 그분이 "창세 전에 그리스도 안에서 우리를 택하사 우리로 사랑 안에서 그 앞에 거룩하고 흠이 없게" 하고자 하셨기 때문이다(엡 1:4). 찬양의 첫 번째 항목은 우리가 영원 전의 과거로 향하게 한다. 성경은 그 때를 "창세 전"이라고 부른다. 영원 전에, 하나님은 한 백성을 택하셨다. 에베소서는 그 백성을 가리켜, 집합적으로, 교회라 부른다.

혹 이해가 힘들 경우를 대비한 듯, 본문은 계속해서 다음 이유를 들어 찬양할 것을 권한다. "우리로 사랑 안에서 그 앞에 거룩하고 흠이 없게 하시려고 그 기쁘신 뜻대로 우리를 예정하사 예수 그리스도로 말미암아 자기의 아들들이 되게 하셨으니"(엡 1:4-5). "택함 받은" 자들은 곧 하나님이 "예정하신" 자들이다. 그리고 하나님의 예정은 "그의 뜻의 결정대로 일하시는 이의 계획을 따라" 이루어진다. 다른 말로 하면, 하나님은 영원 전에 우리에 대해 알고 계신 바에 따라 예정하신 것이 아니다. 하나님은 우리가 역사 속 어느 순간에 하나님을 선택할 것을 보셨기 때문에 우리를 택하신 것이 아니다. 예정에 대한 그러한 관점은 성경 어느 곳에도 발견되지 않는다.

예를 들어, 로마서 9장은 여호와께서 구원을 위해 한 사람을 택하시고 다른 한 사람은 택하지 않으신 이유에 관해 분명한 입장을 드러낸다. 여기서 야곱과 에서의 사례가 언급된다. 쌍둥이 형제로 태어난 두 인물은 수태, 출생, 그리고 삶에서 사실상 별반 차이가 없다. 그러나 하나님은 둘 중 한 사람만 택하시고 다른 한 사람은 택하지 않으셨다. 하나님은 야곱이 장차 언젠가 자신을 택할 것을 미리 보시고 이 때문에 그를 영원히 선택하셨는가? 그렇지 않다. 야곱에 대한 하나님의 택하심 속에는 야곱의 어떤 활약이나 삶이 전혀 고려되지 않는다.

하나님께서 모세에게 말씀하시기를 "내가 긍휼히 여길 사람을 긍휼히 여기고 불쌍히 여길 사람을 불쌍히 여기겠다" 하셨습니다. 그러므로 그것은 사람의 의지나 노력에 달려 있는 것이 아니라 하나님의 자비에 달려 있습니다(롬 9:15-16, 새번역).

하나님은 장차 자신을 택할 것임을 영원 안에서 아신 자들에게 긍휼을 베푸시는 게 아니다. 물론 하나님은 모든 것을 아시기 때문에 그 사실도 알고 계신다. 그러나 이 본문에서 성경이 주장하는 바는 하나님이 선택하시는 이유와 관련되어 있다. 하나님은 택하실 자들을 택하신다. 하나님은 긍휼히 여길 자들을 긍휼히 여기신다. 따라서 본문이 말하는 바와 같이 우리의 구원("그것")은 우리의 선택("사람의 의지") 또는 우리의 행위("노력")가 아닌 오직 하나님의 성품에 달려 있다. 우리는 역사 속에서 하나님을 선택한다. 왜냐하면 하나님이 영원 전부터 우리를 택하셨기 때문이다.

영원 전에 일어난 하나님의 결정이 어떤 이들에게는 구원을 보장하고 다른 이들에게는 그렇지 않다면, 구원을 받느냐 그렇지 않느냐에 대한 책임을 물을 수 있는 대상은 하나님밖에 없다고 생각하는 자들도 있을 것이다. 믿음이란 것이 결국 영원 전부터 하나님의 예정하시는 택하심에 달려 있다면, 하나님이 누군가에게 불신앙에 대한 책임을 물으실 수 있겠는가? 불신은 하나님 잘못이지, 우리 잘못은 아니지 않는가. 바울에게 영감을 주시는 성령께서는 이러한 반발이 있을 것을 아시고 이 같이 말씀하신다.

혹 네가 내게 말하기를 그러면 하나님이 어찌하여 허물하시느냐 누가 그 뜻을 대적하느냐 하리니 이 사람아 네가 누구이기에 감히 하나님께 반문하느냐 지음을 받은 물건이 지은 자에게 어찌 나를 이같이 만들었느냐 말하겠느냐 토기장이가 진흙 한 덩이로 하나는 귀히 쓸 그릇을, 하나는 천히 쓸 그릇을 만들 권한이 없느냐(롬 9:19-21).

사도 바울을 통해 말씀하시는 성령께서는, 영원 전부터 하나님이 믿게 될 자들을 택하셨다면 믿음이 우리에게 달린 것이 아닐 뿐더러 우리가 선택하지 않아도 우리 잘못이 아닌 것 아니냐고 반발하는 자들이 있을 것을 아셨다. 결국 모든 것은 하나님의 책임이라는 것이다. 그분의 영원한 경륜과 의지는 막을 수 없지 않냐는 것이다.

성경이 이러한 반문에서 하나님의 본성으로 초점을 전환하는 방식에 주목하라. 이는 지금까지 우리가 각 장에서 보여 주고자 고군분투했던 것이기도 하다. 영원하시고 찬양 받기에 합당하신 성삼위 하나님의 본성을 제대로 인식한다면, 어떻게 우리가 그분의 길과 판단에 대해 세속적 방식으로 단순하게 접근할 수 있겠는가(참고. 롬 11:33-36)? 토기장이와 그릇의 비유는 만물을 창조하시고 유지하시는 하나님의 전능하신 속성을 강조한다. 오직 하나님만이, 자신이 창조하신 모든 것에 대한 절대적 권리를 소유하신다(참고. 예를 들어 사 29:16, 41:25; 렘 18:6).

그러므로 "모든 일을 그의 뜻의 결정대로 … 계획을 따라"(엡 1:11) 행하시는 하나님은 창세 전에 그리스도 안에서 우리를 택하는 것이 합당하다고 여기셨다. 하지만 이것이 사실이라면(사실이 맞긴 하다), 이는 우리가 존재하기도 전에 하나님이 우리를 사랑하셨다는 의미가 아닌가? 물론 그렇다! 로마서 8:29은 하나님이 미리 아신 자들을 또한 미리 정하셨다(예정하셨다)고 말한다. 우리는 이러한 미리 아심이 사실상 미리 사랑하심과 같은 의미임을 이미 확인했다. 하나님이 우리를 사랑하시는 데는 하나님이 그렇게 하기로 결정하신 것 말고 다른 이유가 없다.

반대로 "토기장이"이신 성삼위 하나님은 택하지 않으신 자들을 "천히 쓸 그릇"으로 만들 주권적 권한 또한 갖고 계신다. "그런즉 하나님께서 하고자 하시는 자를 긍휼히 여기시고 하고자 하시는 자를 완악하게 하시느니라"(롬 9:18). 성경이 우리에게 분명히 보여 주는 진리는, 영원 전에 이 주권적이고 독립적이신 성삼위 하나님이 피조 세계 안의 모든 것을 영원한 미래로 작정하기 위해 삼위 안에서 합의를 이루셨다는 것이다. 뿐만 아니라 자기 백성의 구원과 나머지 인류의 유기를 아우르는 하나님의 작정은 그 뜻의 영원한 경륜에 기초한 하나님의 독립적인 결정에 지나지 않는다는 것이다. 따라서 성경은 우리에게 동요될 필요도, 이 진리 주위를 기웃거리며 다른 길을 찾을 필요도 없다고 말한다. 그저 우리는 하나님의 하나님 되심으로 인해 하나님을 찬양하면 된다!

하나님의 열망

지금까지 살펴본 내용을 고려했을 때 이제 이런 생각이 자연스럽게 떠오를 수 있다. "하나님이 이미 영원 전에 일부는 택하시고 다른 일부는 제외하셨다면, 역사 속에서 택하신 백성을 향해서는 언제나 오직 사랑과 은혜로 대하시고, 제외하신 자들은 항상 진노로 대하실 것이 분명하다. 역사는 그저 영원 전에 정립된 인류에 대한 하나님의 뜻의 발현일 뿐이다."

구원과 유기를 포함해 장차 일어날 모든 일을 하나님이 고정해 두셨다면, 그분이 계획하신 것 외에 다른 방식으로는 어떤 일도 일어날 가능성이 없을 것이다. 이는 택하신 자들과 맺으신 그분의 관계는 항상 사랑과 은혜이고, 택하지 않으신 자들과의 관계는 오직 진노와 분노일 것이란 의미가 아니면 무엇이겠는가? 달리 말하면, 모든 역사는 영원히 예정된 것이기에 그리스도인은 결정론자가 될 수밖에 없지 않겠는가?

이 주제와 관련해서는 다음 장에서 자세히 살펴볼 것이다. 그러나 앞서 언급한 내용에 비춰볼 때 우리는 하나님이 역사 안에서 뜻하시고 열망하시는 것이 영원 안에서 뜻하시는 것과는 다른 범주에 있음을 인식할 필요가 있다. 이는 하나님의 뜻 자체가 사실상 모순적이라는 말이 아니다. 유한한 우리 지성에게 그것은 모순되게 보일 수 있다. 하지만 이는 영원 안에서 내리신 하나님의 선택과 역사 안에서 인류와 맺으신 관계에 담긴 장엄한 신비를 강조하고 있다.

역사 안에서 인류를 향하신 하나님의 경향성과 영원 안에서 인류를 향하신 하나님의 목적(즉, 선택과 유기) 사이에서 감지할 수 있는 긴장 관계는 종종 "복음의 값없는 제안"the free offer of the gospel이란 표제 아래 논의되어 왔다.⁹ 여기서 "값없는 제안"은 그리스도인들이 그리스도 밖에 있는 사람들에게 제안하는 것을 가리키는 말이 아니다(누가 택함을 받고 누가 받지 못했는지 우리는 알 수 없기 때문이다). 오히려, 일부는 택하시고 다른 일부는 제외하시는 하나님의 영원한 목적을 감안할 때, "값없는 제안"은 하나님의 복음 제안 안에 진정성이 있을 수 있는지 없는지를 나타낸다. 어떤 이들은 "값없는 제안"을 "선의의 제안"well-meant offer이라고 언급하기도 한다. 이는 그 개념에 대한 보다 더 선명한 사고의 표현이 될 수 있다. 다른 말로 하면, 하나님이 자신에게 속한 자가 누구인지, 속하지 않는 자가 누구인지 영원 전에 선택하셨다면, 과연 모든 사람이 돌아와 믿기를 바라시는 하나님의 열망이나 소원에 진정성이 있다고 할 수 있을까?¹⁰

이 질문의 동기 자체는 전혀 관념적이지 않다. 그 기원은 성경에서 찾을 수 있다. 예를 들면, 에스겔 33:11에서 여호와께서는 에스겔에게 다음과 같이 말씀하신다.

---

9. 여기서 필자의 논의는 존 머레이의 다음 문헌에 빚지고 있다. "The Free Offer of the Gospel," in *Collected Writings of John Murray*, Vol. 4, *Studies in Theology* (Edinburgh: Banner of Truth, 1977). 더 자세한 주해와 설명을 위해서는 이 자료를 참고하라.
10. 하나님의 '열망'(desire)과 관련해 머레이는 이렇게 말한다. "이 주제를 논의할 때 '열망'이란 단어가 사용된 것은, 그것이 가장 정확하거나 알맞은 단어여서가 아니라 모든 사람에 대한 완전하고 값없는 복음 제안이라는 특별한 함의를 제법 날카롭게 지적하는 데 일조하기 때문이다. 값없는 제안 안에는 단순히 하나님의 교훈적인 뜻만 표현되는 것이 아니라 복음 은혜의 제안에 대한 승낙으로 구원 얻길 바라는 하나님 편에서의 자애로운 경향성이 표현된다. 다른 말로 하면, 복음은 단순한 제안이나 초청이 아니라, 그 제안을 받는 자들이 제안 받은 것을 충만하게 누리는 것을 하나님이 기뻐하신다는 것을 암시한다"(Murray, "Free Offer," 113-114).

너는 그들에게 말하라 주 여호와의 말씀이니라 나의 삶을 두고 맹세하노니 나는 악인이 죽는 것을 기뻐하지 아니하고 악인이 그의 길에서 돌이켜 떠나 사는 것을 기뻐하노라 이스라엘 족속아 돌이키고 돌이키라 너희 악한 길에서 떠나라 어찌 죽고자 하느냐 하셨다 하라.

이것은 선지자를 통해 이스라엘에게 공언하신 하나님의 선포다. 그러나 이 선포는 단지 이스라엘에게만 적용되는 것이 아니다. 이 진술 자체는 훨씬 더 보편적인 취지를 갖고 있다. 하나님은 자신이 악인들의 죽음을 기뻐하지 않는다고 말씀하신다. 여기에는 자신의 죄 가운데 죽는 모든 악인이 해당된다.

이 본문에 대한 존 머레이의 언급은 유익하다. 머레이는 몇 가지 주해상의 요점으로 결론 내린 후, 이렇게 말한다.

이 구절의 "돌이키고 돌이키라 너희 악한 길에서 떠나라"는 권유와 명령의 보편성에 대해서는 논쟁의 여지가 없을 것이다. 이것은 어떤 차별이나 예외 없이, 모든 사람에게 적용되는 명령이다. 따라서 이것은 회개에 대한 하나님의 뜻을 표현하고 있다. 하나님은 모든 사람이 회개하기를 원하신다. 이 보편적 명령에는 이 뜻이 정확히 표현되어 있다. 좀더 자세히 언급하자면, 그분은 모두가 회개하고 살기를, 즉 구원 받기를 뜻하신다 … 이 권유에 암시된 뜻을 가장 정확히 표현하자면 모두가 회개해야 한다는 뜻이며, 바로 그것이 "나는 악인이 죽는 것을 기뻐하지 아니하고 악인이 그의 길에서 돌이켜 떠나 사는 것을 기뻐하노라"라는 서약적 진

술에서 선포되는 진리다.[11]

다음으로 머레이가 주목한 구절은 베드로후서 3:9이다.

주의 약속은 어떤 이들이 더디다고 생각하는 것 같이 더딘 것이 아니라 오직 주께서는 너희를 대하여 오래 참으사 아무도 멸망하지 아니하고 다 회개하기에 이르기를 원하시느니라.

다시 한 번 몇 차례의 세부적인 주해를 거친 후, 머레이는 다음과 같이 결론 내린다.

심판의 날까지 하나님이 오래 참으시는 것에 대한 이유 또는 근거가 그분의 뜻과 관련한 진술 속에서 주어진다. 그분은 아무도 멸망하길 원하지 않으시며, 그런 뜻 안에서, 또는 그것 때문에 오래 참으신다. 그리고 오히려 그분은 모두 회개에 이르기를 뜻하거나 원하시기 때문에 오래 참으신다. 회개는 생명의 조건이다. 회개 없이 사람은 멸망할 수밖에 없다. 그러나 여기서 표현되는 것처럼 사람이 구원 받아야 한다는 하나님의 뜻(열망)은 조건적이지 않다. '나는 너희가 회개하면 너희의 구원을 원할 것이라'가 아니라, '나는 너희가 회개하고 그에 따라 구원 받기를 원하노라'인

---

11. Murray, "Free Offer," 125.

것이다.[12]

이 두 본문과 관련된 다른 본문들도 있다(머레이가 다루는 본문은 다음과 같다. 마 5:44-48; 행 14:17; 신 5:29, 32:29; 시 81:13ff.; 사 48:18; 마 23:37; 겔 18:23, 32; 사 45:22). 그러나 이 모든 본문에서 우리가 얻을 수 있는 통찰은 분명하다. 하나님은 악인들이 그들의 죄 가운데 죽는 것을 기뻐하지 않으신다는 것이다. 오히려 그분은 아무도 멸망하지 않고 모두 회개하기를 원하신다. 하나님은 그러한 회개를 진심으로 명하신다(행 17:30). 우리가 이 같은 본문 속에서 마주하는 신학적 질문은 이렇다. "역사 안에서 하나님을 불쾌하게 만들며, 하나님이 뜻하신 것과 반대되어 보이는 것을 하나님은 왜 영원 전에 정하신 것일까?"

성경적 교리

지금까지 우리가 논의했던 주제들을 잘 소화했다면, 이제는 위와 같은 질문에 답하는 것 또한 한결 수월하게 여겨질 것이다. 하나님이 역사 속에서 우리와 관계 맺기 위해 낮아지심으로, 어떤 것이 하나님 것이며 어떤 것이 하나님과 관련되어 있는지는 때로 (심지어 계시되는 순간조차) 감춰진다. 이는 그분이 진정으로, 참으로, 의미 있게 우리 하나님으로서 우리와 언약적으로 교제하기 위해서다.

---

12. Murray, "Free Offer," 130-131.

성부와 성자의 존재론적 관계에서는 순종이 존재하지 않음에도 불구하고, 하나님의 낮아지심 속에서 성자는 성부께 순종하신다. 근심은 성령의 존재론적 본성에 포함되지 않음에도 불구하고, 하나님의 낮아지심 속에서 성령께서는 언약적으로 근심하신다. 여전히 무한하시고 영원하신 성자께서는 하나님의 낮아지심 속에서 역사 속에, 특정 장소와 시간 속에 자신을 두신다. 이러한 언약적 특성들은 하나님을 우리에게 실제로 계시한다. 하나님이 정확히 어떻게 그렇게 하시는지는 우리에게 여전히 신비로 남아 있지만, 그분이 그렇게 하신다는 사실은 분명하게 계시되었다.

지금까지 우리는, 비록 하나님의 작정은 그런 뜻이 아닌 것처럼 보이지만, 하나님의 낮아지심 속에 하나님이 진심으로 표현하신 뜻, 즉 모두가 회개하길 바라시는 뜻이 포함되어 있음을 살펴보았다. 우리는 모든 유형의 낮아지심을 포함해 하나님이 행하시는 그 무엇도 그분을 스스로 모순되게 하지 않는다는 사실을 인정해야 한다. 작정하심 안에서 하나님의 '뜻하심'은 모든 사람의 회개에 대한 하나님의 '뜻하심'과 일치하지 않는다. 여기에는 긴장이 있으나 그렇다고 모순이 있는 것은 아니다. 또한 성자께서 인성을 취하셨음에도 이 인성이 그분의 신성과 충돌을 일으킨 것은 아니었다.

뿐만 아니라 진노에서 은혜로 옮겨진 자들을 향하신 하나님의 경향성(엡 2:1-8을 보라) 자체가 그분의 존재론적 특성 안에서의 변화를 의미하지 않는다는 것 또한 참이다. 비록 우리는 이해할 수 없지만, 하나님의 불변하시는 본성, 그리고 진노에서 은혜로의 전이는 장엄하고 신비로운 방식으로 하나님 안에서 완전한 조화를 이룬다. 하나님의 뜻 또한 마찬가지다.

작정 안에서의 하나님의 뜻은 역사 속 인류를 향한 하나님의 뜻과 연합되어 실제로 하나가 되겠지만 그 중 어떤 하나가 다른 하나로 변이되는 것은 아니다. 따라서 우리는 영원 전에 하나님이 자기 백성의 구원을 포함해 장차 있을 모든 일을 뜻하셨던 것처럼, 또한 모든 사람이 회개하고 구원 받는 것에 대한 진정어린 표현까지 자신의 뜻 안에 포함시키셨다고 말할 수 있다. 그런 방식으로, 영원 안에서의 그분의 뜻은 역사 안에서의 그분의 뜻 안에 계시된다. 다음 단락에서 우리는 이러한 진리들과 관련해 사고할 때 실행 가능한 구분에 대해 간략하게 살펴볼 것이다. 여기서는 이러한 두 진리에 대한 논의에 있어 교회에 도움을 주기 위해 발전해 온 신학적 범주들을 확인하는 것이 유용할 것이다.

하나님의 뜻의 이 두 가지 측면과 관련한 전형적인 범주를 말하자면, 한편에는 '은밀한', '작정적인', '감춰진' 뜻이 있고, 다른 한편에는 '계시된', '교훈적인', '표명된' 뜻이 있다. 여기서는 더 단순화시켜 하나님의 '감춰진' 뜻과 '계시된' 뜻이라는 명칭을 사용할 것이다(신 29:29을 보라).

이러한 범주가 신학 역사 안에서 제법 표준적이었다고 할 수 있으나, 그에 대한 해석, 특히 서로가 어떻게 관련되는지에 관한 설명이 항상 통일된 것은 아니었다. 예를 들면, 위대한 개혁주의 조직신학자 헤르만 바빙크는 하나님의 이 두 가지 뜻은 사실 어떠한 긴장도 나타내지 않으며, 오히려 그 표현 안에서 전적으로 통일성을 이룬다고 주장했다. 하나님의 뜻에 관한 일부 신학적 구분에 대해 길고 유용한 논의를 전개한 후에, 바빙크는 다음과 같이 이 두 범주에 대한 설명을 시도했다.

하나님의 감춰진 뜻과 계시된 뜻은 서로 대립되는 것이 아니다. 물론 전자에 따르면 하나님은 죄를 뜻하시고, 후자에 따르면 그렇지 않으시지만 말이다. 전자에 따르면 하나님은 모든 사람의 구원을 뜻하지 않으시지만, 후자에 따르면 그렇게 뜻하신다. 또한 감춰진 뜻에 따르면 하나님은 죄를 전혀 기뻐하지 않으신다. 그것은 결단코 그분의 기쁨의 대상이 될 수 없다. 그분은 사람을 괴롭게 하는 데서 기쁨을 얻기 위해 누군가를 괴롭게 하시지 않는다. 반대로, 하나님의 교훈적인 뜻에 따르더라도, 하나님은 모든 사람의 구원을 개별적으로 뜻하시는 것은 아니다.[13]

그러나 바빙크의 논의에는 한 가지 문제가 제기될 수 있다. 그것은 궁극적으로 하나님의 신비의 위엄, 그 중심부와 직결되는 문제다. 이 문제는 우리 구주의 생애 가운데 있었던 한 가지 사건을 통해 예증될 수 있다. 마태복음 23:37에서 예수께서는 유대인을 향한 자신의 진심 어린 열망을 이 같이 표현하신다.

---

13. Herman Bavinck, *Reformed Dogmatics*, ed. John Bolt, trans. John Vriend (Grand Rapids: Baker Academic, 2004), 2:245. 『개혁교의학』 부흥과개혁사.

예루살렘아 예루살렘아 선지자들을 죽이고 네게 파송된 자들을 돌로 치는 자여 암탉이 그 새끼를 날개 아래에 모음 같이 내가 네 자녀를 모으려 한 일이 몇 번이더냐 그러나 너희가 원하지 아니하였도다!

여기서 예수께서는 자기 백성, 예루살렘을 향한 긍휼을 표현하신다. 이 말씀에는 깊은 열망과 좌절이 함께 표현되고 있다. 주님은 그저 스쳐지나가듯 힐끗 보시지 않았다. 자신이 택하신 민족을 향해 강렬히 응시하셨는데, 이 시선에는 실망감이 담겨 있었다. 예수께서는 "내가…하려 한 일이 몇 번이더냐"라고 말씀하신다. 이것은 구속사 전체를 통틀어 반복적으로 시도되고 반복적으로 거절되었던 것에 대한 진술이자, 하나님 자신의 인내와 오래 참으심에 대한 진술이다. 이것은 구약 전체를 망라하는, 하나님이 택하신 민족의 긴 비극의 역사에 대한 진술이다. 그리고 이스라엘의 완고한 반역 때문에 번민하시는 예수님의 깊은 염원에 대한 진술이란 점에 의문의 여지가 없다.

예수께서 표현하시는 그 염원은 하나님과 이스라엘의 언약 역사로 거슬러 올라간다. 그 언약 안에서 하나님은 자기 백성을 사랑하기로, 그들을 자기 날개 그늘 안에 숨기기로 약속하셨다(참고. 시 17:8, 36:7). 이제 예루살렘 곁에서 그들을 바라보고 계시는 하나님(의 아들)은 이스라엘의 "원하지 않음" 때문에 이스라엘을 향한 자신의 열망이 좌절되어 애통해 하신다.[14]

---

14. 그들의 그러한 "원하지 않음"(would not)이 하나님의 선택과 섭리와 어떻게 맞물릴 수

여기서 혹자는 이 본문이 그리스도의 두 가지 의지를 표현하고 있다고 추측할 수 있다. 완전한 인성을 취하신 분으로서, 그분의 인성에는 인간적 의지도 포함된다. 이는 신성에서도 마찬가지다. 그리스도 안에는 신성의 의지와 인성의 의지가 공존한다(참고. 눅 22:42). 따라서 예루살렘을 향한 그분의 슬픔은 단지 인성과 그 의지의 기능, 즉 실망감에 대한 인간적 표현으로서 신성과는 별개로 이뤄졌다는 것이다.

그러나 이러한 설명은 그리스도의 진술 속에 담긴 강력한 메시지를 심각하게 훼손한다. 여기서 그리스도는 단지 인성에 따라 말씀하시는 것이 아니다. 그분은 이스라엘이 회개했으면 좋겠다는 인간적 바람을 드러내고 계신 것이 아니다. 예수님은 메시아로서, 신인 구주로서 말씀하고 계신다. 따라서 그리스도께서 표현하시는 염원은 인성뿐 아니라 신성과도 필연적으로 결속되어 있다. 더 쉽게 말해, 그분의 열망은 신인의 위격의 산물이다. 이 본문에 대해 머레이는 유용한 글을 남겼다.

이 독특한 지위 안에서 그리스도의 인격에 속하는 위엄은 전체 에피소드 곳곳에서 빛난다. 그리고 그분이 이 뜻을 입 밖에 내시는 능력 자체로부터, 그리고 그 말씀을 표현하는 특권 자체로부터 그분 인격의 신성을 분리해 내는 것은 꽤나 부적절하다 ⋯ 신인으로서 가장 명확하고 독특한 역할 이행 속에서 우리 주님은, 예루살렘 사람들 편에서의 반응이 구원

있는지에 대해서는 다음 장에서 살펴볼 것이다.

하시고 보호하시는 하나님의 사랑을 얻는 데 필수 조건이었을 것이라는, 열망하는 뜻을 표현하신다. 비록 이 반응을 그들 마음에 창조하는 것이 하나님의 결정적인 뜻이 아님에도 불구하고 말이다. … 그리고 그 문제를 계시의 관점에서 볼 때, 만약 우리가 그분의 말씀을 성자 자신의 뜻일 뿐 아니라 성부의 뜻에 대한 기록으로 간주하지 않는다면 이는 성부 하나님에 대한 궁극적인 계시로서의 예수에 대한 우리의 이해에 어떤 영향을 미치게 될 것인가? 만약 우리 주님의 이 같은 진술에 참으로 계시적인 중요성을 부여하지 않는다면, 우리는 거대한 난관에 직면할 수밖에 없을 것이다.[15]

예루살렘이 하나님께 돌아오기를 바라는 열망을 표현하면서 그리스도께서는 신인으로서 성삼위 하나님의 언약적 열망을 표현하고 계신다.

그러나 이를 확증함에 있어서 우리는 '감춰진' 뜻 안에 있는 하나님의 의도가 '계시된' 뜻과는 다른 종류, 또는 양식이라는 점을 인식할 필요가 있다. 하나님이 영원 안에서 작정하신 뜻은 필연적으로 발생한다. 영원 안에서 그분의 뜻은 "장차 있을 모든 일"을 결정한다. 그러나 상기 본문에서 주님이 표현하시는 것처럼, 그분의 뜻 또는 열망은 정하신 뜻이나 열망은 아니다. 오히려 그것은 하나님이 우리에게 명령하신 것을 우리가 온전히 이행하길 바라는 열망을 표현한다.

---

15. Murray, "Free Offer," 120-121.

그런 의미에서 그분의 계시된 뜻은 그분의 영원한 결정을 가리키는 것이 아니라, 우리가 하나님의 본성에 순응하는 것이 무엇을 의미하는지에 대한 그분의 표현을 가리킨다. 하나님은 피조된 인간들에게 우상 숭배자가 되지 말라고 명하신다. 그렇다면 하나님이 어떤 사람들이 우상 숭배자가 되길 열망하거나 바라시는 것이 가능하겠는가? 그런 것은 하나님으로서의 본성에 전혀 부합하지 않는다. 따라서 그 긴장관계는 이런 방식으로 표현될 수 있다. 하나님은 자신의 교훈적인 뜻이 이뤄지는 것을 기뻐하신다. 그분은 악 자체가 자신의 성품과 정반대되기 때문에, 악인의 죽음에 기뻐하지 않으신다. 그러나 그분의 영원한 작정에는 죽음과 악의 실재를 정해놓으시는 것도 포함된다. 모든 것이 그분에 의해 정해진다. 그러나 이 모든 것에서 하나님은 스스로 자신을 거스르지 않으신다. 오히려 하나님은 포괄적이고 우주적인 작정의 맥락에서, 그리고 말씀 안에 우리에게 허락하신 진리의 조명 아래 자신의 성품을 계시하신다.

그러나 머레이의 언급에서 보듯이 그러한 사실이 하나님에 대한 모든 신비의 위엄을 없애는 것은 아니다.

> 측량할 수 없는 경륜 안에서 장차 일어날 것으로 작정하지 않으신 일들이 성취되기를 하나님 스스로 강렬히 열망하시는 표현들을 볼 수 있다. 이것은 하나님이 결정적으로 뜻하지 않으셨던 일이 실현되는 데 대한 뜻이 하나님 자신에게 있으며, 하나님이 작정하기를 기뻐하지 않으셨던 일을 향한 기쁨이 하나님 자신에게 있음을 뜻한다. 참으로 신비로운 일이

아닐 수 없다. 하나님이 전능하심과 은혜로우심 가운데서도 자신이 열렬히 기뻐하시는 일이 일어나게 하지 않으신 이유는 그분 뜻의 주권적인 경륜 안에 감춰져 있다. 그러나 우리는 그분이 결정적으로 뜻하지 않으신 일이 성취되기를 하나님이 열망하시거나 기뻐하신다는 개념에 반박하는 편협한 생각을 즐겨선 안 된다.[16]

성경적 구분

우리는 이 장에서 제법 폭넓은 성경적 사고의 영역을 살펴보았다. 우리는 삼위일체 하나님이 모든 것을 작정하기 위해, 더 구체적으로는 자기 백성의 구속 계획을 위해 합의하심을 보았다. 또한 하나님이 "모든 일"을 "그의 뜻의 결정대로" 작정하시며(엡 1:11), 그러한 작정 속에는 성삼위 하나님이 모든 죄악 된 인간들의 회개를 열망하신다는 사실까지 포함되는 것을 보았다. 따라서 그분은 귀 기울이는 모든 사람에게 진심으로 복음을 제안하신다. 비록 영원한 작정에 따라 오직 택함 받은 자들만 반응할 테지만, 그것은 실로 선의의 제안이다.

여기서 우리가 그러한 신비에 비추어 염두에 두어야 할 중요한 요점, 즉 중대한 실천적 요점이 하나 있다. 하나님의 열망과 관련해 하나님의 작정의 신비를 논할 때마다, 우리는 두 요소가 서로의 통찰 안에서 이해되고 확증되어야 한다는 사실을 기억해야 한다. 그렇게 할 때,

---

16. Murray, "Free Offer," 131.

예를 들어, 우리는 하나님의 작정이 이 세상과 관련된 그분의 유일한 활동이라고 여기지 않게 될 것이다. 하나님의 작정을 그러한 시각으로 본다면, 아무도 멸망하지 않길 바라는 하나님의 진실한 열망을 인식하지 못할 수 있다. 반대로 하나님의 열망만을 인정하고 하나님의 작정을 부인하는 것도 옳지 않다. 하나님의 열망은 그분의 작정 안에서 조명되어야 한다.

이러한 요지는 특히 복음에 대한 우리의 설교와 소통에서 매우 중요하다. 복음을 전할 때, 우리는 하나님의 작정이 마치 그분의 유일무이한 말씀인 것처럼 생각하거나 행동해서는 안 된다. 또 한편으론 (아마도 이것이 많은 그리스도인에게 더 큰 문제일 것이다) 아무도 멸망하지 않길 바라는 하나님의 열망이 마치 그분의 주권적 능력 부족 때문인 것 같은 암시를 주어선 안 된다. 사실은 하나님이 "장차 일어날 모든 일"을 정하시진 않은 것처럼 보여서는 안 된다는 것이다. 하나님이 악인의 죽음에 기뻐하지 않으시는 것은 신비롭게도 그분이 주권적이기 때문이다. 그 모든 것은 하나님의 영원한 작정과 조화를 이룬다.

그러므로 복음을 설교하거나 전달할 때, 우리는 이 두 진리 모두를 염두에 두어야 한다. 언제나 이러한 긴장관계에 대해 말할 수 있는 모든 것을 전달해야 하는 것은 아니겠지만, 복음의 좋은 소식에 대한 우리의 이해에 이러한 진리가 중심을 잡고 있어야 한다.

하나님의 작정과 열망은 하나의 신비로운 협력 관계로 보아야 하지만, 열망보다는 작정이 갖는 우선권을 인정할 필요가 있다. 하나님의 작정이 장차 창조 안에서, 창조를 통해 있게 될 모든 일을 시작하기에,

복음에 대한 선의의 제안에 토대를 마련하는 것도 하나님의 주권적 작정이라 할 수 있다.

지금까지 논의했던 하나님의 사역의 세 가지 중요한 측면—구속 언약, 작정, 그리고 진심어린, 또는 선의의 복음 제안—이 마태복음의 한 본문에서 요약되는 놀라운 장면을 볼 수 있다. 십자가를 목전에 두신 그리스도께서는 군중을 향해 마지막으로 다음과 같이 권고하신다.

그 때에 예수께서 이렇게 말씀하였다. "하늘과 땅의 주님이신 아버지, 이 일을 지혜 있고 똑똑한 사람들에게는 감추시고, 어린 아이들에게는 드러내어 주셨으니, 감사합니다. 그렇습니다. 아버지, 이것이 아버지의 은혜로운 뜻입니다. 내 아버지께서 모든 것을 내게 맡겨주셨습니다. 아버지 밖에는 아들을 아는 이가 없으며, 아들과 또 아들이 계시하여 주려고 하는 사람 밖에는 아버지를 아는 이가 없습니다. 수고하며 무거운 짐을 진 사람은 모두 내게로 오너라. 내가 너희를 쉬게 하겠다. 나는 마음이 온유하고 겸손하니, 내 멍에를 메고 나한테 배워라. 그리하면 마음에 쉼을 얻을 것이다. 내 멍에는 편하고, 내 짐은 가볍다"(마 11:25-30, 새번역).

무리 가운데 서서 무리를 향해 직접 말씀하시기 전에 예수께서 하늘에 계신 아버지를 바라보며 기도하시는 놀라운 장면이다. 이 기도는 성경적 진리로 가득한데, 특히 그분의 정체와 삼위일체에 대한 분명한 계시(유사 본문인 누가복음 10:21은 이렇게 진술한다: "예수께서 성령으로 기뻐하시며 이르시되")가 포함된다. 여기서는 이 장에서 우리가 논의하는 것과 직접 연관되는 부분에 초점을 맞춰 이 본문을 살펴보고자 한다. 가장 먼저, 예수께서 아버지의 영원하시고 택정하시는 목적으로 인해 감사하심에 주목하라. "은혜로운 뜻"에 따라 "이 일"을 감추시는 분도, 계시하시는 분도 성부 하나님이다. 예수께서는 복음과 회개의 필요성을 선포하는 가운데 하나님이 주권적으로 일하심을 대중 앞에 선언하신다. 복음의 효력은 궁극적으로 아버지의 주권적이고 "은혜로운 뜻"에 뿌리를 두고 있다.

그리고 예수께서는 군중을 향해 자신의 정체와 관련해 의문의 여지를 남기지 않으신다. 주님은 그들에게 영원 전, 즉 예수께서 역사 안에서 행하시는 모든 일을 일으킨 구속 언약의 때를 가리키신다. 그리고 감추시고 계시하시는 그분의 아버지께서 "모든 것"을 그리스도 자신께 맡기셨다고 말씀하신다. 따라서 앞서 우리가 "창세 전에 그리스도 안에서 택함" 받았다는 가르침에 대해 살펴본 것과 유사하게, 여기서 의미하는 바는 선택하시는 아버지께서 또한 그분의 아들에게 임무와 책임을 부여하시고, 선택이 적용된 사람들을 맡기신다는 것이다. 선택은 아버지의 특권이다. 그러한 하나님의 선택이 "그리스도 안에서" 이뤄진다는 것은 아버지께서 택하시는 목적의 수단을 아들에게 맡기심으로 말미암아 모든 것이 아들 안에서 완성되게 하신다는 의미다.

주님의 말씀에 따르면, 구속 언약 속에 있는 이 영원한 관계가 아들과 함께하시는 아버지의 목적을 명확하게 밝혀 주는 이유는, 영원 안에서, 오직 아버지만이 그 아들을 아시기 때문이다. 그뿐만이 아니다. 오직 아들만이 아버지를 아시며, 그 지식은 오직 아들이 계시하기로 선택하신 자들만이 가질 수 있다.

다른 말로 하면, 이 몇 개의 구절에서 예수께서 하신 말씀 전체의 맥락은 성삼위 하나님의 영원한 관계다. 이 기도에서 예수께서는 성령 안에서 기뻐하시며, 구속 사역의 실재를 묵상하신다. 아버지를 나타내고 계시하기 위해(참고. 요 14:8-10), 그런 후에 완수하신 것을 적용하시는 성령을 보내기 위해, 영원 전에 이미 동의하신 대로 이 땅에 내려오시는 것은 예수님의 임무다. 이 말씀을 통해 드러나는 영광을 감히 인간의 언어로 묘사하기란 불가능하다. 심지어 자신 안에서 이뤄질 역사적 성취의 완결이 가까이 임하고 있는 중에도, 예수께서는 하나님의 영원한 언약과 영원한 경륜의 장엄한 실재를 이 짧은 세 구절 안에 제시해 보이셨다.

이 세 구절을 마치신 후, 예수께서는 전체 무리를 향해 호소하신다. 여기서 우리는 값없는 복음의 제안을 보게 된다. 그들 모두를 향해 예수님은 말씀하신다. "모두 내게로 오너라"(마 11:28, 새번역).

하나님은 진리를 보게 될 자들과 진리가 감춰지게 될 자들을 주권적으로 정하셨다. 이 주권적 목적은, 성부와 성자와 성령께서 창조와 구속에 합의하셨던 영원 전에 기원을 두고 있다. 아들이 오셔서 자기 백성에게 아버지를 계시해 주시지 않는 한, 그 누구도 이러한 합의나 구속에 대해 알 길이 없다. 그러므로 모든 사람은 그리스도께 나아와야 한다. 오직 그 안에서만 자기 영혼의 안식처를 발견할 수 있기 때문이다. 하나님의 영원한 작정과 열망에 대한 우리의 논의 전체가 이

여섯 구절 안에 요약되어 있다!

  이 장에서 논했던 모든 내용을 감안하면, 이 신비의 위엄을 성경적으로 생각해 보고자 할 때 또 다른 구분이 필요하다는 것을 알 수 있다. 앞서 보았듯이, 구속 언약은 표현 자체가 함의하는 것처럼, 하나의 언약(covenant)이다. 성삼위 하나님은 스스로 구속 사역에 헌신하셨으며, 따라서 이 지점 전에는 그럴 필요가 없던 방식으로 자신의 본성을 표현하는 일에 헌신하셨다. 성부께서는 자기 백성을 택하시고, 성자께서는 성부께 순종하기로, 오셔서 죽기로 동의하시며, 성령께서는 성자께서 성취하신 것을 적용하는 "또 다른 보혜사"로 오기로 동의하신다(요 14:16). 이 모든 특성은 하나님의 창조와 구속의 작정 안에 필요한 것이었다. 그러나 하나님이 스스로 하나님 되시기 위해 필요했던 것은 아니다.

  그러므로 성삼위 하나님이 언약적으로 표현하시는 특성들에 대해 생각할 때, 한편으론 '영원한' 언약적 특성들이 있고, 다른 한편으론 '역사적인' 언약적 특성들이 있음을 인지해야 한다.[17] 물론 후자는 전자를 전제로 한다. 그러나 어떤 경우, 역사적인 언약적 특성들은 하나님의 영원한 언약적 특성에서는 요구하지 않는 시공간 안에서의 낮아지심을 요구한다.

  따라서 하나님의 언약적 낮아지심의 신비가 성삼위 하나님의 자유 의지의 활동 안에 자리하고 있다고 생각하면 도움이 될 것이다. 하

---

17. 이러한 구분을 제안해 준 나의 동료, 레인 팁톤(Lane Tipton)에게 감사를 표한다.

하나님이 전혀 하실 필요가 없는 어떤 일을 행하고자 결정하시면, 그 결정 자체가 곧 하나의 낮아지심인 셈이다. 그것은 하나님이 스스로 하나님이 아닌(그리고 하나님일 수 없는) 어떤 것과 관계를 맺기로 한 결정이다. 따라서 그것은 (일단 결정되고 나면) 그 관계 형성을 위해 그분의 내려오심을 요구한다. 일단 형성되고 나면, 그 관계는 하나님의 본성의 새로운 측면을 계시한다. 그러한 계시는 우리로 하여금 영원한 성삼위 하나님의 위엄을 향하도록 하기 위한 것이다.

스스로 절대적으로 필연적이신 존재—반드시 존재하실 수밖에 없고, 아무것도 부족하지 않으시며, 불변하시는 존재—께서 필연적이지 않은 그 무엇을 뜻하신다는 것이 과연 어떻게 가능할 수 있는가? 우리로서는 도저히 답을 찾을 수 없는 그 질문은 우리의 신학과 성경의 생명소인 신비 속으로 다시 우리를 이끈다. 우리로서는 전혀 불가능하기 때문에, 우리는 결코 이해할 수 없다. 그것은 언제나 그러하듯이 우리 이성을 뛰어 넘는다. 그분은 하나님이시다. 그분 외에 그와 같은 다른 이는 없다.

성경적 송영

이미 언급한 바와 같이 하나님과 우리 관계에 담긴 그 신비는, 적절한 방식으로 인식되지 못할 경우, 우리를 분노, 좌절, 또는 불신앙으로까지 이끌 수 있다. 하지만 그런 방향으로 이끌리는 것은 결국 우리 자신을 지나치게 높이 여기고, 하나님을 지나치게 낮게 여기는 사고에 기인한다. 우리는 미묘하게, 또는 무의식적으로 우리 자신의 사고에 과도한 중요성을 부여한 나머지 하나님의 위엄 앞에 절하기를 거부하곤 한다. 그러나 성경은 그러한 사고방식을 지지하지 않는다. 성경은 우리를 그것과 정반대 방향을 향해 계속 나아가게 한다.

에베소서 1:3-14에 나오는 송영은 이에 대한 완벽한 예라 할 수 있다. 하나님은 그리스도 안에서 우리를 선택하셨기 때문에, 찬양받기에 합당하시다. 그분은 우리를 양자 삼기 위해 예정하셨다. 하나님은 그리스도 안에서 정하신 목적을 따라, 하나님의 뜻의 신비를 알게 하셨다. 하나의 긴 문장으로 된 이 본문은 성경적 진리들로 가득하여, 우리가 일평생 하나님께 돌릴 수 있는 찬양과 송축을 깨닫게 한다.

시편을 통독하면서 하나님을 찬양해야 할 모든 이유를 추적해 보는 것도 가치 있는 훈련이 될 것이다. 그 이유들을 묵상하다 보면, 하나님이 우리를 위해 행하신 일로 인해 그분께 찬양하는 순간에도, 사실 하나님이 찬양받으셔야 할 최우선적인 이유는 우리 때문이 아니라 하나님의 하나님 되심 때문임을 인식하게 된다. 하나님이 어떤 분인지 인식하는 순간, 비로소 우리는 그분이 행하신 일로 말미암아 감탄하고 또 감탄하게 된다. 위엄하신 하나님은 아무것도 부족하거나 필요한 것이 없으신 상태에서 우리를 위해 낮아지셨다. 그리고 그러한 낮아지심 안에서 하나님은 우리를 택하셔서 자신과 함께 영원히 살게 하셨다. 하나님은 우리가 자신과 함께 거할 수 있도록 필요한 일을 완수하셨다.

이것이 바로 시편 8편에서 다윗이 마음에 품고 있던 주제다.

여호와 우리 주여
주의 이름이 온 땅에 어찌 그리 아름다운지요!
주의 영광이 하늘을 덮었나이다
주의 대적으로 말미암아
어린 아이들과 젖먹이들의 입으로 권능을 세우심이여
이는 원수들과 보복자들을 잠잠하게 하려 하심이니이다
주의 손가락으로 만드신 주의 하늘과
주께서 베풀어 두신 달과 별들을 내가 보오니
사람이 무엇이기에 주께서 그를 생각하시며
인자가 무엇이기에 주께서 그를 돌보시나이까(시 8:1-4).

하나님의 위엄에 대한 묵상은 즉시, 그리고 반드시 우리가 마땅히 머물러야 할 자리로 돌아가게 만들 것이다. 그 신비의 위엄 안에서 우리는 위대하신 하나님이 왜 우리를 마음에 두셨는지 궁금히 여기게 될 것이다. 우리가 듣게 될 유일한 대답은 이것이다. "하나님이 영원 전부터 영원한 미래까지 우리를 사랑하기로 결정하셨기 때문이다." 이로써 신비는 더 심오해지고, 우리의 찬양은 더 크게 울리게 될 것이다.

벤자민 워필드는 한 설교에서 이렇게 고백했다.

영원의 깊은 곳에서 예견된 우리의 비참함은 그분의 주목을 받는 한 가지 원인이었습니다. 신성의 본질만큼이나 영원한 성부와 성자 사이의 신비로운 교통 안에서 우리—우리의 형편, 우리의 죄, 우리의 무력함, 그리고 우리의 상태와 결말의 끔찍함—는 그분께 고려와 우려의 대상이었습니다… 우리가 주목해야 할 사실은 단순히 하나님이 죄악 되고 하찮은 피조물에게 주목하셨다는 사실이 아닙니다. 지극히 거룩하시고 지극히 찬양받으실 하나님은 사람의 운명을 걱정하고 염려하셨습니다. 사람에게 그러하신 것에 비해 그분 자신의 것은 돌보지 않으셨습니다. 죄악 된 인간이 대체 무엇이기에 하나님이 그를 사랑하신단 말씀입니까. 세상의 기초가 놓이기도 전에, 독생자를 그들의 생명을 위한 대속물로 주신다는 상상할 수도 없는 경륜으로 그들을 구원할 준비를 하셔야 할 이유가 무엇이란 말입니까! 사랑하는 형제들이여, 이것은 사람의 영광이 아닌 하나님의 영광을 위한 것입니다. 그것은 우리의 존엄과 가치를 표현하는 것이 아닙니다. 그것은 모든 지식을 초월하는 하나님의 사랑의 크기와 길이와 높이와 깊이를 상고하도록 우리 마음을 경이로 채웁니다.[18]

광대한 무한하심, 위엄을 비추는 거울,
빛의 휘장에 펼쳐진 은하수;
주여, 신비 속에서 당신의 영원하심이 솟아납니다,
아무도 볼 수 없는, 무한히 높은 그 곳에서!

누가 당신의 지혜를 측량할 수 있겠습니까?

---

18. B. B. Warfield, *The Saviour of the World* (1916; repr., Carlisle, PA: Banner of Truth, 1991), 236.

누가 당신의 계획을 이해할 수 있겠습니까?

사람의 생각이 어찌 당신의 진리를 받아들일 수 있겠습니까?

주께서 큰 권능으로 보이심보다 말씀으로 더 많이 나타내시니,

그것은 갈보리의 그 사랑, 무한한 은혜!

당신의 성삼위 위엄, 날 향한 당신의 성삼위 사랑이,

하늘 위로 영원 전부터 심어졌습니다.

성부여, 이것은 무슨 신비입니까, 당신의 무한하심 안에서

당신의 아들을, 무한한 사랑을, 내게 주셨나이다!

에드먼드 클라우니, "광대한 무한하심, 위엄을 비추는 거울"Vast the Immensity, Mirror of Majesty

✚

모든 사람은 자기 인생사를 돌아보기만 해도 그것을 주관하시는 고귀한 손길이 있음을 분별할 수 있을 것이다. 이 지점에서 하나님의 합력하심에 대한 믿음은 그분에 대한 우리의 의존과 가장 긴밀하게 연결된다. 그분은 우리의 자유로운 행위조차 관장하시며, 그분이 행사하시는 방식이 우리의 지각을 얼마나 초월하든 간에 그것은 하나의 협력이자 협주곡이다. 만약 우리의 자유가 유지되어야 한다면, 우리에게 영향을 줄 수 있는 것은 어떤 문제나 운명이나 운이 아니라 오직 하나님의 협력이다(시 104:4; 잠 16:1, 21:1).

- 게할더스 보스, 『개혁주의 교의학』에서

7

하나님의 섭리와
우리의 선택에 담긴 신비의 위엄

하나님의 섭리의 본질, 그리고 그것과 우리의 선택과의 관계는 찰스 디킨스Charles Dickens의 『크리스마스 캐럴』에 잘 묘사되어 있다. 미래의 유령이 크루지에게 손짓으로 그의 무덤을 가리키자 스크루지는 망설이며 이렇게 말한다.

스크루지는 말했다. "당신이 가리키는 저 묘지로 가까이 가기 전에 한 가지 질문에 대답해 주십시오. 이 환영들은 앞으로 일어날 일을 보여 주는 건가요? 아니면 단지 앞으로 일어날 수 있는 일을 보여 주는 건가요?" 하지만 유령은 그 곁에 있는 무덤을 계속 가리킬 뿐이었다. "사람의 행로는 어떤 정해진 끝을 예견할 수 있지요. 만약 굴하지 않고 계속 가다간 그 끝으로 가게 되어 있단 말입니다." 스크루지가 말했다. "하지만 그 행로에서 벗어나면, 그 결말도 달라질 겁니다. 당신이 저에게 보여 주시는 것도 그런 거라고 제발 말해 주세요!"[1]

우리는 스크루지의 이 예리한 질문에 어떻게 대답할 것인가? 여러 대안 중 하나를 선택함으로써 어떤 일이 진행될 법한 행로를 바꾸는 것이 가능할까?

스크루지의 질문을 다루기 위해서는 하나님의 섭리에 관해, 그리고 그 섭리가 우리의 책임 있는 선택과 어떻게 관련되는지에 관해 생각할 필요가 있다. 하나님의 구속 언약, 그리고 작정에 대한 논의는 하나님의 섭리에 대한 논의로 자연스럽게 이어진다.

항상 그렇지만 웨스트민스터 신앙고백은 섭리에 대한 간명한 설명을 시작하기 적절한 곳이다.[2] 제5장, "섭리에 대하여" 1항은 다음과 같이 진술한다.

---

1. Charles Dickens, *A Christmas Carol* (London: Blackie and Son, 1908), 102. 『크리스마스 캐럴』 비룡소.
2. 고백서의 해당 장 전체에 대한 성경적 토대가 되는 풍성한 구절들을 언급하는 것도 가치 있는 일이다. 하나님의 섭리에 대한 개념은 성경 전역에 가득 차 있다. 고백서의 이 장에서 주어진 순서에 따라 인용되는 성구들은 다음과 같다. 히 1:3; 단 4:34-35; 시 135:6; 행 17:25-26, 28; 마 10:29-31; 잠 15:3; 시 104:24, 145:17; 행 15:18; 시 94:8-11; 엡 1:11; 사 63:14; 엡 3:10; 롬 9:17; 창 45:7; 시 145:7; 렘 27:31, 44; 사 55:10-11; 호 1:7; 마 4:4; 욥 34:10; 롬 9:19-21; 왕하 6:6; 단 3:27; 롬 11:32-34; 삼하 24:1; 대상 21:1; 왕상 22:22-23; 대상 10:4, 13-14; 삼하 16:10; 행 2:23, 14:16; 시 76:10; 왕하 19:28; 창 50:20; 사 10:6-7, 12; 약 1:13-14, 17; 요일 2:16; 시 50:21; 대하 32:25-26, 31; 삼하 24:1; 고후 12:7-9; 시 73; 77:1, 10, 12; 막 14:66-72; 요 21:15-17; 딤전 4:10; 암 9:8-9; 롬 8:28; 사 43:3-5, 14; 롬 1:24, 26, 28; 11:7-8; 신 29:4; 마 13:12; 25:29; 신 2:30; 왕하 8:12-13; 시 81:11-12; 살후 2:10-12.

만물의 위대한 창조주 하나님은 모든 피조물, 활동, 사물을 가장 큰 것에서부터 가장 작은 것에 이르기까지 보존하시고, 지휘하시고, 배치하시고, 통치하시는데, 틀림없는 예지, 그리고 자유롭고 변치 않는 자기 뜻의 경륜을 따라 자신의 지극히 높은 지혜와 거룩한 섭리로 하시며, 이로써 자신의 지혜, 능력, 공의, 선하심, 긍휼하심의 영광이 찬양받게 하신다.

그러므로 하나님의 섭리에 대해 생각할 때, 우리는 하나님이 만물을 보존하시고 지휘하시며, 이를 "틀림없는 예지, 그리고 자유롭고 변치 않는 자기 뜻의 경륜을 따라" 행하신다는 사실에 주목한다. 지금쯤이면, 이러한 용어와 개념이 익숙할 것이다. 하나님은 영원 전부터 모든 것을 아시며, 그 지식은 "자유롭고 변치 않는 자기 뜻의 경륜"에 의해 감독을 받는다. 다른 말로 하면, 하나님의 섭리가 의미하는 바는 하나님이 모든 각 세부 사항을 주관하시며, 각 세부 사항은 영원 전부터 이미 계획되어 있다는 것이다.

고백서는 계속되는 2항에서 "제1원인이신 하나님의 예지와 작정과 관련해 모든 일은 변함없이, 틀림없이 일어난다"고 진술한다. 다른 말로 하면, 하나님이 영원 안에서 계획하신 일은 필연적으로 발생할 수밖에 없다는 것이다. 일단 결정되고 나면 하나님의 계획이 변경되거나 어떤 방식으로든 변개될 가능성은 없다는 것이다.

따라서 이 시점에서 스크루지의 현실은 냉혹해 보인다. 오늘 우리의 선택이 내일의 운명을 바꿀 수 있을까? 하나님이 만사를 계획해 놓으셨다면, 그리고 그분의 계획이 광범위하고 불변하다면, 미래의 유령은 스크루지의 선택이 장차 일어날 일에 아무 변화를 가져올 수 없다고 말했어야 하는 것 아닌가?

하나님의 섭리에 대한 그러한 개념은 우리가 책임져야 하는 선택이라는 현실과 과연 공존할 수 있는가? 앞에서 나는 고백서 제5장 2항을 인용하면서 일부 중요한 요소들을 고의로 생략했다. 여기에 다시 그 전문을 소개한다.

> 제1원인이신 하나님의 예지와 작정과 관련해 모든 일은 변함없이, 틀림없이 일어난다. 그러나 동일한 섭리에 의해 제2원인의 본성에 따라 필연적으로나 자유롭게 또는 우연하게 일어나도록 명령하신다.

하나님이 모든 일을 다스리시는 가운데, 하나님의 작정의 필연성과 그 작정을 이행하는 섭리는 이 세상의 우리 삶에서 유효한 측면인 자율성 또는 우발성을 부정하거나 무효화하지 않는다. 사실, 우리의 자유를 확립시켜 주는 것이 하나님의 섭리다!

이제 지금쯤이면 이러한 긴장을 어떻게 성경적으로 다뤄야 할지 예상할 수 있을 것이다. 이번 논의에서, 우리는 먼저 하나님의 섭리에 대한 성경적 근거를 살펴본 후에, 성경이 가르치는 바를 우리에게 설명해 주는 신학적(즉, 교리적) 개념에 대해 배울 것이다. 앞 장들의 진행 방식대로, 이후에는 성경적 구분들을 살펴보고 송영으로 마무리할 것이다.

성경적 전개

하나님의 섭리에 대한 성경의 가르침은 성경 모든 본문 안에 진술 또는 전제되어 있다. 완전한 방식으로 만물을 창조하시고 피조 세계에 명령하시는 성삼위 하나님은 창조를 마치신 후, 뒤로 물러나 우주가 자체적으로 굴러가게끔 내버려두지 않으셨다. 사실상 모든 그리스도인이 여기에 동의할 것이다.

그러나 하나님의 섭리에 대한 우리의 온전한 시야를 가리는 특정한 사고방식이 있다. 이런 사고방식은 하나님의 섭리에 대한 성경적 관점을 단언하는 듯하다가도, 하나님이 세상의 일상사로부터 물러나신 것처럼 여긴다. 하나님에 대한 그러한 관점 안에서 우리는 사실상 거의 무의식적으로 매일 발생하는 모든 소란 너머 어딘가로 하나님을 밀어내고 있다. 이런 사고방식은 모든 크고 작은 피조물들 안에서 역사하시는 하나님을 인식하기보다는, 비록 무의식적이라 할지라도 '대자연의 어머니'Mother Nature나 '동물적 본능'에 과도한 신빙성을 부여한다. 결국 피조물 안에서 역사하시는 하나님의 활동이 우리의 생각 속에 남지 않게 되는 것이다. 이 사고방식은 우주와 우리 주변 세계가 성삼위 하나님의 운행하심에 따라서가 아니라, 어떤 (비인격적인) 법칙에 따라 움직인다는 견해를 받아들인다. 오늘날 많은 그리스도인 사이에서 이런 관점이 만연한 것으로 보인다.

아마도 이런 관점은 하나님의 초월성에 대한 주장에 빚지고 있는지도 모른다. 하나님은 피조 세계의 모든 양상 너머에 계시기 때문에,

모든 것 위에 계신다. 피조물은 유한적이지만 하나님은 무한하시다. 피조물은 의존적이지만 그분은 독립적이시다. 피조물은 시간의 경과에 따라 움직이지만 그분은 영원하시다. 따라서 하나님의 초월성은 모든 그리스도인이 긍정해야 하는 진리이며, 그 진리를 강조하는 것은 옳은 일임에 틀림없다.

그러나 단지 하나님의 초월성만 생각한다면, 그것과 보완되는 면을 놓치기 쉽다. 우리는 하나님의 내재하심 또한 인정해야 한다. 즉, 하나님은 항상 초월적으로 존재하시는 가운데서도 자신이 만드신 만물 안에 함께 계시되, 그 만드신 만물과 동일하지는 않으시다. 피조물 안에서의 하나님의 임재와 활동은 철저하다. 피조 세계 안에 하나님이 부재하시는 곳은 존재하지 않는다. 그런 의미에서, 모든 것이 하나님 안에 있다(행 17:28을 보라).[3]

창조 교리에 이어 하나님의 섭리 교리는 우리로 하여금 모든 피조물 안에 침투하시고 임재하시는 하나님을 보게 도와준다. 내가 사용하고 있는 컴퓨터, 지금 박동하고 있는 우리의 심장, 우리가 마시고 있는 공기, 우리 주변에 울리는 소리 등 이 세상의 모든 것이 내재하시는 성삼위 하나님에 대한 증거다.

하나님의 작정과 관련해 이미 논의한 바가 있기 때문에, 하나님의 섭리에 대한 성경적 근거에 대해서는 상대적으로 간략하게 논의하고

---

3. 우리는 초월성과 내재성 모두 창조를 전제로 한다는 점을 인식해야 한다. 창조 전에는 하나님 외에 다른 무엇도 존재하지 않았다. 따라서 어떤 것을 초월하거나 어떤 것 안에 내재하실 필요가 없었다.

자 한다. 이전 장에서도 살펴봤듯이, 에베소서 1장은 우리를 영원 전에서 영원한 미래로 이끌면서 "모든 일을 그의 뜻의 결정대로 일하시는" 하나님에 대해 증언한다(엡 1:11). 지난 장에서 우리는 "그 뜻의 결정"이 이뤄진 시점, 즉 장차 있을 모든 일에 대한 성삼위 하나님 각 위격의 협의와 결정이 있던 영원 전을 생각해 보았다. 하나님의 작정은 그 삼위격의 결정을 가리킨다.

그러나 우리는 또한 그 영원한 경륜에 따라 모든 일을 일하시는 분이 바로 하나님이심을 인정한다. 여기서 "모든 일을 … 일하시는"은 자신의 작정을 이행하기 위해 우주 가운데 활동하시는 하나님의 섭리를 가리킨다. 하나님의 섭리의 교리는, 상기 고백문의 진술처럼, "모든 피조물, 활동, 사물을 가장 큰 것에서부터 가장 작은 것에 이르기까지 보존하시고, 지휘하시고, 배치하시고, 통치하시는" 분이 하나님이란 사실을 포함한다. 이것이 하나님의 섭리적인 일하심이다. 그분은 태초부터 영원한 미래까지 그 일을 행하신다. 일단 시작한 이상, 그 일은 결코 멈추지 않는다.

하나님의 섭리는 대개 서로 구별되면서도 불가분한 두 가지 성경적 개념 아래 논의된다. 첫 번째 개념은 모든 것에 대한 하나님의 주권적 다스리심이다. 이와 관련해서도 성경은 모든 본문에서 그 사실을 기술하거나 전제하고 있다. 여기서 우리는 그 중에 익숙한 본문 하나를 예로 들어 설명하고자 한다.

요셉의 형제들은 요셉을 시기하다가 그만 그를 죽이기로 결심한다. 그들은 구덩이에 요셉을 던져 넣었다가 지나가는 이스마엘 상인들에게 그를 팔아넘기고, 상인들은 요셉을 이집트로 데려간다(창 37장). 이집트에서 요셉은 바로의 수하에서 권력자가 된다. 그러다 마침내 요셉의 형제들은 이집트로 찾아와야 하는 형편에 이르고, 자신들이 죽이고자 했던 동생 요셉과 재회한다. 요셉이 그 형제들에게 말한다.

> 요셉이 형들에게 이르되 내게로 가까이 오소서 그들이 가까이 가니 이르되 나는 당신들의 아우 요셉이니 당신들이 애굽에 판 자라 당신들이 나를 이 곳에 팔았다고 해서 근심하지 마소서 한탄하지 마소서 하나님이 생명을 구원하시려고 나를 당신들보다 먼저 보내셨나이다 이 땅에 이년 동안 흉년이 들었으나 아직 오 년은 밭갈이도 못하고 추수도 못할지라 하나님이 큰 구원으로 당신들의 생명을 보존하고 당신들의 후손을 세상에 두시려고 나를 당신들보다 먼저 보내셨나니 그런즉 나를 이리로 보낸 이는 당신들이 아니요 하나님이시라 하나님이 나를 바로에게 아버지로 삼으시고 그 온 집의 주로 삼으시며 애굽 온 땅의 통치자로 삼으셨나이다(창 45:4-8).

하나님이 자신을 보내셨기 때문에 이집트에 오게 된 것이라고 고백하면서 요셉은 모든 것을 다스리시는 하나님의 섭리를 인정하고 있다. 형제들에게 "나를 이리로 보낸 이는 당신들이 아니요 하나님이시라"고 했을 때, 요셉은 현재 자신이 이집트에 있기까지 형제들의 역할이 전혀 없었다고 말하는 것이 아니다. 감독하시는 하나님의 섭리가 요셉의 이집트 거주에 결정적인 이유라고 말하는 것이다. 칼뱅은 이 본문을 다음과 같이 통찰하고 있다.

이 놀라운 본문은 우리에게 인생사의 올바른 행로는 결코 사람들의 부패와 사악함에 의해 방해받지 않으며, 오직 하나님이 그 모든 것을 선한 종국으로 이끄실 수 있음을 보여 준다. 또한 어떤 태도와 목적으로 하나님의 섭리를 생각해야 하는지 가르쳐 준다. 이에 대해 논의할 때 호기심이 강한 사람들은 계획된 결말은 무시한 채 모든 것을 뒤섞어 곡해할 뿐 아니라, 자신들의 힘으로 온갖 엉터리 생각들을 꾸며내 하나님의 공의를 욕되게 한다. 그러한 경솔한 행위 때문에 일부 경건하고 삼가는 사람들은 이러한 교리가 사람들의 시야에서 감춰지길 바라게 된다. 하나님이 온 세상을 다스리시며, 그분의 뜻과 주관하심에 의해서가 아니면 아무것도 이뤄지지 않음이 선언되는 순간, 하나님의 신비에 경외심을 품지 않는 자들은 여러 다양한 질문들을 퍼붓는다. 하찮을 뿐 아니라 해롭기까지 한 질문들을.[4]

피조 세계에 대한 하나님의 광범위하고 불가해한 다스리심은, 칼뱅의 지적대로, 하나님에 대한 신비 가운데 하나다. 그것은 때론 하찮고 해로운 질문들을 유발할 수 있다. 그러나 그 자체를 의심해서는 안 된다. "… 이 있으라"고 말씀하시고 그대로 되게 하신 하나님은 만물을

---

[4]. John Calvin, *Commentary on the First Book of Moses Called Genesis*, trans. John King (Edinburgh: Calvin Translation Society, 1850), 2:377-378.

통치하시는 바로 그 하나님이다. 그분의 통치는 섬세하고 세밀하게 이뤄지기 때문에 그분의 자애로운 통치와 관리 밖에는 아무것도 존재할 수 없다. 형제들이 자신에게 불의를 행한 것을 회고하며 요셉은 이렇게 말한다. "당신들은 나를 해하려 하였으나 하나님은 그것을 선으로 바꾸사"(창 50:20). 요셉의 형제들의 악한 모의조차 하나님의 섭리 안에 있는 하나님의 계획을 훼방할 수 없었다.

하나님의 섭리와 불가분하게 엮여 있는 두 번째 개념은 존재하는 모든 것에 대한 그분의 보존하심이다. 하나님은 만물을 통치하실 뿐 아니라 보존하시고 유지하신다. 아레오바고에서 한 설교에서 바울은 아테네인들에게 이 점에 대해 분명히 밝혔다. 아테네인들과 철학자들과 논쟁을 시작했을 때, 바울은 무엇보다 그들이 하나님의 주권적 권위를 이해하길 원했다.

> 우주와 그 가운데 있는 만물을 지으신 하나님께서는 천지의 주재시니 손으로 지은 전에 계시지 아니하시고 또 무엇이 부족한 것처럼 사람의 손으로 섬김을 받으시는 것이 아니니 이는 만민에게 생명과 호흡과 만물을 친히 주시는 이심이라 인류의 모든 족속을 한 혈통으로 만드사 온 땅에 살게 하시고 그들의 연대를 정하시며 거주의 경계를 한정하셨으니 이는 사람으로 혹 하나님을 더듬어 찾아 발견하게 하려 하심이로되 그는 우리 각 사람에게서 멀리 계시지 아니하도다 (행 17:24-27).

하나님은 만물을 창조하셨고, 만물의 주재이시다. 하나님은 만물로부터 독립해 존재하시나, 만물은 그분께 의존하고 있다.

하나님의 세밀한 주권적 통치를 확립한 후, 바울은 당시 대부분의 청중에게 친숙하던 고대 문헌에서 두 글귀를 인용한다. 그들에게 친숙하지 않았던 것은 바울이 그 두 문구를 하나님께 적용하는 방식이었다. 첫 번째 인용문은 간결한 방식으로 하나님의 섭리의 보존적 측면을 제시한다. 바울은 이렇게 말한다.

우리는 하나님 안에서 살고 움직이고 존재하고 있습니다(행 17:28, 새번역).

아레오바고 언덕의 청중에게 전한 내용은 너무나 광범위하고 포괄적이어서 오히려 그 강력한 요지를 놓치기 쉽다. 온갖 초월적인 힘에 종속되고 한계가 있는 헬라의 판테온 신들과는 달리, 바울이 선포하는 하나님은 우리 모두가 그 안에서 살고, 우리 모두가 그 안에서 움직이며, 우리 모두가 그 안에서 존재하는 그런 하나님이다.

다른 말로 하면, 바울은 아테네인들에게 하나님의 섭리로 보존하심이 시시각각 이뤄지지 않는다면, 우리 중 어느 누구도 여기 이 자리에서 살아 숨쉬고 듣고 생각할 수 없다고 말한 것이다. 심지어 아테네인들이 참되신 하나님을 거부하고 우상을 만들고 있을 때도, 그와 동시에 참되신 하나님께 그들의 모든 존재와 활동을 의존하고 있었던 것이다. 그들은 하나님 안에 있지 않는 한, 단 한 발짝을 내디딜 수도, 단 한 숨을 내쉴 수도, 단 하나의 사고를 생각해 낼 수도 없다. 하나님에 대한 그들의 거부 자체도 사실은 그분의 은혜로운 섭리의 실재에 의존하고 있다![5]

보존하시는 하나님의 섭리의 실재를 간명하게 묘사하고 있는 또 다른 본문은 히브리서 1:3이다. 히브리서의 도입 구절에 대해서는 언급할 것이 너무 많아 요약하기 어려울 정도다. 히브리서 기자는 우리의 위대한 대제사장이신 하나님의 아들이 천사들보다, 모세보다, 레위 제사장들보다 훨씬 더 뛰어나신 분임을 입증하기 위해 그 아들의 영광스러운 실체를 이렇게 묘사한다. "이 모든 날 마지막에는 아들을 통하여 우리에게 말씀하셨으니 이 아들을 만유의 상속자로 세우시고 또 그로 말미암아 모든 세계를 지으셨느니라 이는 하나님의 영광의 광채시요 그 본체의 형상이시라 그의 능력의 말씀으로 만물을 붙드시며 죄를 정결하게 하는 일을 하시고 높은 곳에 계신 지극히 크신 이의 우편에 앉으셨느니라 그가 천사보다 훨씬 뛰어남은 그들보다 더욱 아름다운 이름을 기업으로 얻으심이니"(히 1:2-4).

그 아들은 만물을 붙드시는 이시다. 한 순간이라도 그분께서 만물을 놓으시면, 만물은 즉시 존재하기를 중단할 것이다. 그야말로 아무것도 남지 않게 될 것이다. 존재하는 모든 것이 지속되는 유일한 이유는 하나님 아들의 모든 것을 보존하시는 능력 때문이다. 아들의 이러

---

[5]. 바울의 아테네 설교의 변증적 의의에 대한 추가적 논의를 위해서는 다음 자료를 참고하라. K. Scott Oliphint, *Covenantal Apologetics: Principles and Practice in Defense of Our Faith* (Wheaton, IL: Crossway, 2013). 또는 로고스바이블 소프트웨어의 디지털 라이브러리 프로그램을 통해 그것을 찾아보라.

한 섭리에 대해 칼뱅은 이렇게 논급한다.

> 여기서 '붙들다'의 의미는 창조된 모든 것을 그 상태 그대로 보존 또는 존속한다는 의미다. 저자는 하나님의 권능으로 그들이 보존되지 않는다면 모든 것이 즉시 무로 돌아갈 것을 암시한다.[6]

이 세상을 보존하시는 하나님은 자기 백성을 위해 내려오시고 죄를 정결케 하신 그분과 동일한 분이시다.

성삼위 하나님은, 그 아들을 통해, 우주 만물을 다스리시고 유지하신다. 그분의 모든 통치와 보존은 역사 속에서 영원한 작정을 이행한다. 그렇다면 이러한 하나님의 섭리는 우리의 일상에서 매일 일어나는 실제 사건들과 어떻게 관련되는 것일까? 영원 전에 이미 광범위하게 결정된 것이기 때문에 모든 일은 그저 필연적인 것인가? 미래의 유령은 스크루지에게 그의 선택이 결국 아무 의미도 없다고 말해야 하는가?

---

6. John Calvin, *Commentary on the Epistle of Paul the Apostle to the Hebrews*, trans. John Owen (Edinburgh: Calvin Translation Society, 1853), 37-38.

성경적 교리

하나님의 섭리

우리가 우리의 결정과 선택과 관련해 하나님의 섭리를 생각할 때 마주치는 신비는 매우 심오하며 쉬 사라지지 않는다. 그것을 더 자세히 살펴보기 전에, 우리의 선택과 관련해 하나님의 섭리를 언급할 때 그것이 과연 무엇을 의미하지 정확히 따져볼 필요가 있다. 여기서는 우리의 선택과 행동과 관련 없이 일어나는 사건과 환경에 대해서는 논하지 않을 것임을 먼저 밝혀둔다. 그런 사건들 역시 하나님에 의해 통제되고 정해진다. 그러나 우리가 여기서 주목하고자 하는 신비는 우리의 결정과 관련한 하나님의 섭리다.

따라서 우리는 인간의 선택이 감안된 하나님의 섭리에 대한 세 가지 두드러진 관점을 간략하게 제시해 보고자 한다. 세 관점 모두, 우리가 내리는 선택에 따라 발생한 것처럼 보이는 사건들 속에서 하나님이 모든 일을 관장하시는 것이 어떻게 가능한지 설명하려 하고 있다. 다른 말로 하면, 모든 각각의 선택이 하나님의 섭리적 통치 안에 포함되어 있다면, 과연 하나님의 섭리는 인간의 선택과 맞물려 어떻게 작용하는가? 여기서는 하나님의 섭리 속에 하나님의 다스리심과 유지 또는 보존하심이 포함된다는 것을 기억해야 한다.

이 세 관점을 다음 두 가지 명제와 관련해 제시하면 보다 쉽게 이해할 수 있을 것이다.

1. 하나님은 모든 순간 모든 일의 원인이 되신다(God causes everything at every moment: GC).
2. 인간은 이 세상에서 일어나는 일의 원인으로 작용한다(Humans cause things to happen in this world: HC).

하나님의 섭리에 대한 한 가지 관점에 따르면, HC는 참이지만, GC는 참이 아니다. 달리 말하면, 이 관점은 하나님이 모든 것을 보존하시지만, 모든 것, 특히 우리의 선택까지 주관하시거나 다스리실 수 없다고 주장한다. 그것은 만물에 대한 하나님의 보존만을 인정하고 만물에 대한 다스리심은 인정하기 않기 때문에 '신적 보존론'preservationism으로도 불린다. 이 관점에 따르면 이 세상에서 우리 선택의 유일한 원인은 우리 자신이다.

두 번째 관점은 때론 '기회 원인론'occasionalism이라고 불린다. 우리가 이 세상에서 행하기로 선택하는 것은 단지 하나님의 인과적 통치를 위한 기회일 뿐이라는 것이다. 이런 관점에서는 HC가 성립될 수 없고 다만 GC만 적용될 수 있다. 우리가 무언가를 선택해 일어나게 하든, 하나님이 즉각적으로—항상 그리고 모든 곳에서—그 일의 원인이 되신다는 것이다. 때로는 이런 관점을 가리켜 '연속적 창조설'continuous creation이라 부르기도 한다. 일어나는 각각의 모든 일이, 그 일어나는 시점에, 하나님에 의해 창조되었다고 가정하기 때문이다. 그렇다면 하나님의 섭리는 역사의 모든 순간 이 세상에서 영구적으로 선포되는 "…이 있으라"는 그분의 말씀이다.

이 두 관점은 각기 상반되는 개념을 강조하고자 한다. 첫 번째 관점은 비록 그들을 보존하시는 분은 하나님이지만, 인간이 스스로 독립적인 원인이길 원하고 있다. 두 번째 관점은 하나님만이 모든 각각의 결과의 유일한 원인이길 바라고 있다. 그러나 두 관점 모두 기독교에서 가장 독보적인 관점이라고 할 수 없다.

세 번째 관점은 대개 '협력적 관점'concursus view이라고 부르는데, GC와 HC 모두 하나님의 섭리에 적용하고자 하는 관점이다. 여기서 '협력'concursus이란 단어는 라틴어로 '함께 달리다'to run together를 의미한다. 이것이 가장 보편적인 기독교의 관점이며, 상기 고백문에도 표현되어 있다. 이 관점에 따르면, 하나님은 우리가 하는 모든 선택에서 최초의, 제1의 원인이 되시며, 인간은 선택에 있어 제2의, 종속적인 원인이 된다. 우리가 무엇인가 선택할 때, 거기에는 협력이 발생한다. 하나님이 그 선택을 정하시고 발생하게 하시지만, 한편 우리는 진정으로 책임 있게 그 선택을 행한다. 하나님이 제1의 원인이 되시지만 우리 선택의 책임자가 되시는 것은 아니다. 하나님이 제1원인이 되심과 동시에, 우리가 선택을 행하기에 우리는 제2의 원인이 된다. 하지만 나의 선택 속에 어떻게 첫 번째 원인과 두 번째 원인이 있을 수 있는가? 그리고 어떻게 그 두 번째 원인에게만 책임이 있을 수 있는가? 여기에 바로 그 신비가 존재한다.

인간의 선택

아마도 신학 전체를 통틀어 자유 의지만큼 논란의 여지가 많은 용어도 별로 없을 것이다. 이 용어의 신학적 계보는 최소한 초대 교부들에게까지 거슬러 올라간다. 이것은 교회사 전반에서 끊임 없이 논의되어 온 개념 중 하나다.

다행스럽게도 우리는 이 논쟁에 대해 자세히 논할 필요가 없다. 우리는 그저 웨스트민스터 신앙고백 위에 우리 논의의 틀을 세우면 된다. 고백문 제9장의 제목은 "자유 의지에 대하여"이다. 이 같은 개혁주의 전통의 신앙고백에 그런 개념이 자리를 차지할 필요가 없다고 생각하는 사람이 많다는 점을 감안하면, 이러한 제목 자체가 다소 놀랍게 여겨질 수 있다. 이와는 반대로, 그리고 통상 그렇듯 이 고백문은 엄청난 주제들을 단 몇 줄의 짧은 문장과 단락 안에 우겨넣고 있다. 제9장 1항은 이렇게 시작한다.

하나님은 인간의 의지에 자연적인 자유를 부여하셨는데, 그것은 강요된 것이 아니며 선이나 악으로 결정된 본성의 어떤 절대적인 필요에 의한 것도 아니다.

이 진술에는 다소 설명이 필요한 몇 가지 핵심 개념이 있다.

먼저 "자연적인 자유"natural liberty란 용어는, 사람들을 지으실 때 하나님이 그들에게 선택할 수 있는 능력을 주셔서 그들의 선택이 이 세상에 여러 결과를 초래하게 하셨음을 상키시키기 위한 것이다. 부분적으로는 "하나님의 형상"으로 지음 받았다는 것에 이러한 의미도 포함된다.

하나님의 형상이 무엇을 의미하는지에 대해서는 언급할 것도, 언급된 것도 무수히 많다. 성경은 그 의미가 정확히 무엇인지 간명하게 정의하고 있지 않다. 하지만 그렇다고 해서 하나님이 당신의 형상에게 무엇을 의도하셨는지 우리가 전혀 헤아릴 수 없다는 것은 아니다. 여기서 우리는 하나님의 형상이라는 심오하고 풍성한 성경적 개념에 대해 단지 표면적으로만 살펴볼 수 있을 것이다. 그러나 몇 가지 강조할 수 있는 두드러진 요지들은 다음과 같다.

1. 자신의 경륜으로 사람(남자와 여자)을 창조하기로 결정하시자마자 하나님은 그들에게 다스리는 통치권을 부여하신다.

> 하나님이 이르시되 우리의 형상을 따라 우리의 모양대로 우리가 사람을 만들고 그들로 바다의 물고기와 하늘의 새와 가축과 온 땅과 땅에 기는 모든 것을 다스리게 하자 하시고(창 1:26).

다른 어떤 피조물도 이 같은 통치권을 부여받지 않는다. 하나님은 사람을 그 주인의 집을 돌보는 '작은 주인'으로 창조하셨다. 사람은 하나님이 만드신 것을 취해 (하나님 아래서) 다스리고, 이롭게 하며, 사람들의 유익과 하나님의 영광을 위해 사용해야 한다.

사람을 향한 하나님의 이러한 통치 명령은 창조의 전체 구조에 대대적인 변화를 가져왔다. 닷새 동안 창조는 오직 하나님께 속한 것이었다. 피조 세계는 그분이 보시기에 좋을 대로 사용되고 구성되었다. 그러나 이제 여섯째 날, 가장 영광스러운 창조의 날에 하나님은 자신의 성품을 반영하기 위한 무언가를 만드신다. 그리고 사람에게 당신의 피조 세계를 다스릴 책임을 주신다. 하지만 그 통치가 어떻게 이뤄졌는지는 자세히 기록되지 않았다. 우리는 동산에서 아담과 하와의 일상적인 활동을 내밀히 알지는 못한다. 그러나 무엇을 행했든 간에, 그들은 하나님께 대한 언약적 책임의 맥락에서 그 일들을 행했다.

2. 그렇다면 창조의 최초 행위에서 볼 때, 하나님의 형상이 된다는 것은 사람, 즉 남자와 여자(1:27)가 하나님께 대한 책임 있는 관계에 놓였음을 의미하는 것이 분명하다. 그 관계에는 하나님이 만드신 것에 대한 사람의 다스림도 포함된다. 하나님의 기쁨을 위해 창조된 만물은 또한 사람의 책임 있는 통치를 위해서도 창조되었던 것이다. 어떤 의미에서는 하나님이 사람에게 피조 세계를 넘기심으로, 사람의 순종적인 다스림의 일과 과정이 하나님의 즐거움에 포함되게 하신 것이다. 사람이 행사하는 그러한 지배는 특정한 결과를 초래하는 '책임 있는 지배'였다.

예를 들어, 동물 이름 짓기를 통해 우리는 하나님과 사람의 관계 속에서 일어나는 결과 중 하나를 볼 수 있다. 이제 사람이 피조 세계에 대한 지배권을 갖고 있기에 동물들의 이름을 짓는 책임이 사람에게 주어졌다. 그리고 이름을 짓는 과정은 하나님께로부터 받은 책임이기에, 아담의 책임에 대한 하나님의 주권이 강조된다. 동물들의 이름을 지을 수 있도록 그들을 아담에게 데려오시는 이는 하나님이셨다(창 2:19-20). 단순히 아담에게 각 동물의 이름을 지어야 할 책임이 부여된 것이 아니다. 오히려 하나님이 그에게 데려오신 동물들에게 이름을 지어줌으로써, 아담은 피조 세계에 대한 자신의 지배권을 행사할 수 있었다. 이것은 아담에게 지배할 책임을 주시는 하나님에 대한 하나의 그림이다. 그리고 그 책임은 주권자이신 주 하나님과의 관계 안에서, 그리고 그분의 궁극적인 통제 안에서 이행되는 것이었다.

3. 하나님은 아담이 이름을 짓도록 그에게 동물들을 이끌어 오심으로 자신의 주권을 적극적으로 보이셨을 뿐 아니라, 아담과 하와가 다스리지 못할 피조 세계의 한계를 정하심으로 피조물에 대한 자신의 주권적 통치를 소극적으로 보이셨다. 하나님은 동산 전체에서 한 나무를 지정하시고, 그곳은 그들이 관할할 수 있는 구역이 아님을 명확히 하셨다. 그렇게 함으로써 그들에게 피조 세계가 본래 누구의 것인지 상기시키셨던 것이다. 그들은 그 나무를 내버려두어야 했다. 그것은 그들에게 맡겨진 소관이 아니었다.

우리가 아는 한, 하나님이 지정하신 그 나무에는 주목할 만한 특별한 점이 없었다. 창세기 기사에 따르면, 하나님은 단지 한 나무를 "선악을 알게 하는 나무"로 지명하시고(창 2:17) 아담과 하와의 통치권이 그 나무로 인해 제한받게 된다고 말씀하신다. 아담과 하와의 통치권에 한계를 정한 것은 하나님의 주권적 통치권이었다.

그들이 동산을 다스릴 때조차, 그들의 통치권은 모든 것에 미치지 않았다. 그들은 한 나무만큼은 다스리기는커녕 만져서도 안 되었다. 하나님은 이렇듯 가시적이고 손에 잡히는 방식을 사용해 피조물에 대한 사람의 주권이 만물의 궁극적 주재이신 하나님께 기원과 특성을 두고 있음을 보여 주셨다.

그들이 말하는 바, 나머지가 인류 역사다. 우리는 이후 무슨 일이 일어났는지 너무나 잘 알고 있다. 아담과 하와는 죄를 범했다. 그들은 자신의 지배권이 동산 내 모든 영역으로, 심지어 하나님이 금지하신 그 나무에까지 확장되어야 한다는 생각에 속아넘어갔다. 그들은 하나님의 포괄적인 주권적 통치를 거부했고 그것을 찬탈하려 했다. 아담과 하와가 실행에 옮겼을 때, 그들과 하나님의 관계는 영원히 돌이킬 수 없는 길로 들어섰고, 하나님이 보시기에 좋았던 피조 세계는 탄식하며 신음하기 시작했다(롬 8:19-22). 이로써 사람은 죄 없던 상태로부터 추락했고 피조 세계는 그 좋음을 상실했다. 첫 번째 죄로 말미암아 사람들은 계속해서 자신의 삶을 스스로 주관하고자 시도해 왔지만 비극적 결과 외에는 아무것도 남지 않았다. 아담과 하와의 선택에는 결과가 뒤따랐다. 우리 모두의 선택에도 결과가 뒤따른다.

우리 모두에게는 아담이 죄를 범하기 이전 상태로 남아 있었다면 하고 바라는 마음이 있다. 그러나 하나님의 형상이 된다는 것의 (부분적인) 의미는 아담과 하와 그리고 그들 이후 모든 인류가 자신의 행동에 대해 하나님 앞에서 책임 있는 존재가 되는 것이다. 하나님은 우리에게 명령을 주신다. 우리가 그 명령에 순종하든 불순종하든 간에 거기에는 항상 결과가 뒤따를 것이다. 우리의 책임은 여섯째 날, 하나님이 사람과 맺으신 관계 때문이다. 하나님 앞에 책임 있는 존재가 된다는 것은 그분과 언약 관계 안에 있는 것이다. 이는 다른 피조물과는 근본적으로 다른 것이다.

'형상'(즉 '이미지')이란 개념 자체가 실은, 그 정의상 관계적 단어라 할 수 있다. 하나의 형상에는 원형과의 관계가 요구된다. 어떤 그림이나 사진이 존재하는 이유는 그것이 원본에 대한 이미지이기 때문이다. 그것은 원형(원본)이 없이는 존재할 수 없다. 원형이 없으면 형상도 없다. 우리가 동산에서 목격하듯, 이 관계는 형상이 그 원형을 향해 어떻게 행동하는가에 따라 특징된다. 형상(이미지)은 자신의 원형을 반영하는 만큼 자기 존재의 의미를 구현하며, 반대로 자신의 기원을 감추려 하는 만큼 자기 존재의 목적에서 벗어나게 된다. 하나의 형상이 스스로 원형인 것처럼 가장한다면, 이는 실체에 대한 괴기스럽고 불쾌한 왜곡일 수밖에 없다. 가증한 허상인 것이다.

4. 하나님이 자신의 형상과 맺으신 관계는 그들을 향한 말씀에서 드러난다. 바다의 생물들을 창조하셨을 때, 그분은 그들에게 복을 주시고 이 같이 선포하신다. "이르시되 생육하고 번성하여 여러 바닷물에 충만하라 새들도 땅에 번성하라 하시니라"(창 1:22). 그런데 아담과 하와를 창조하셨을 때, 우리는 비슷한 표현 같지만 유의미한 차이를 확인할 수 있다.

> 하나님이 그들에게 복을 주시며 하나님이 그들에게 이르시되 생육하고 번성하여 땅에 충만하라, 땅을 정복하라, 바다의 물고기와 하늘의 새와 땅에 움직이는 모든 생물을 다스리라 하시니라 하나님이 이르시되 내가 온 지면의 씨 맺는 모든 채소와 씨 가진 열매 맺는 모든 나무를 너희에게 주노니 너희의 먹을거리가 되리라(창 1:28-29).

사람의 창조와 더불어 하나님의 축복이 임하고 있다. 그런데 이제는 "하나님이 이르시되"가 아니라, "하나님이 그들에게 이르시되"라고 표현된다. 이제는 하나님의 형상으로 사람이, 즉 남자와 여자가 창조되었기 때문에 하나의 관계가 형성되었다. 그리고 이 관계 안에서 하나님은 사람에게 말씀하시고, 또한 그들과 그 관계의 조건을 수립하신다. 창조의 어느 시점에서도 이렇듯 관계적이고 책임 있는 하나님의 말씀이 만드신 것들을 향한 적이 없었다. 오직 아담과 하와에게만 그러했다. "선악을 알게 하는 나무"를 따로 구별되게 하신 것 또한 이러한 하나님의 말씀이었다.

하나님은 아담과 하와에게 그들이 피조 세계 안에서, 그리고 그것과 함께 무엇을 할 수 있는지 말씀해 주셨다. 그리고 그들이 해서는 안 되는 것 또한 말씀해 주셨다. 하나님께 대한 이러한 언약적 책임을 밑바탕으로 그 동산 안에서 아담과 하와는 하나님께 순종하기로 선택할 수도, 불순종하기로 선택할 수도 있었다. 순종을 선택한다면, 그들은 하나님과의 영원한 삶을 기업으로 받을 수 있었다. 반대로 불순종을 선택한다면, 그들에게 죽음이 임할 것이 명백했다. 어느 길이든 그것은 그들의 선택이었고, 그들의 선택은 필수적인 결과를 수반할 것이었다.

신앙고백서에서 "자연적인 자유"를 언급할 때, 그것은 바로 이 선택할 수 있는 능력을 의미한다. 그 능력은 태초에 우리의 첫 부모에게 주어진 것으로, 심지어 타락 사건 후에도 우리가 "하나님의 형상"으로 존재하는 한 결코 상실할 수 없다. 다른 말로 하면, 의지를 갖는다는 것은 결국 선택할 수 있음을 의미한다. 그 능력은 타락 때에도 상실되지 않았다. 의지를 보유하는 한, 우리는 선택할 수 있는 자연적인 능력을 여전히 보유한 것이다.

고백서 제9장에서는 이와 관련해, 우리의 의지가 "선이나 악으로 결정된 본성의 어떤 절대적인 필요"에 의한 것이 아니라고 말한다. 그 의미는 곧 우리의 선택이 결코 자연적으로 결정된 것이 아니라는 것이다. 자연적인 결정이라면 그것은 창조 질서 자체에 기인하는 것이어야 한다. 그러나 피조 세계는 필연성에 의해 작용하지 않는다. 어떤 선택이 진정한 선택이 되기 위해서는 선택하는 주체가 우리여야 한다. "본성의 어떤 절대적인 필요"는 선택의 여지를 전혀 허용하지 않는다. 그렇게 되면 본성(즉, 창조) 자체가 우리가 행할 바를 결정할 것이기 때문이다.

창세기 1장에 대한 또 하나의 관찰이 이를 설명하는 데 도움을 줄 것이다. 하나님이 새들과 물고기들을 창조하셨을 때 하신 말씀이다. "하나님이 그들에게 복을 주시며 이르시되 생육하고 번성하여 여러 바닷물에 충만하라 새들도 땅에 번성하라 하시니라"(창 1:22). 하지만 이 명령은 새들이나 물고기들 편에서의 책임 있는 선택을 내포하지 않는다. 사람에게 말씀하셨을 때와는 달리 하나님은 새들과 물고기들을 향해 말씀하시지 않는다. 하나님은 단지 하나님의 선포에 따라 그들의 움직임이 어떠해야 할지 일러 주실 뿐이다. 따라서 새들과 물고기들의 번식은 "본성의 필요"에 따른 것이다. 그들에게는 자유로운 선택권이 주어지지 않는다. 오히려 그들이 어떻게 행동해야 하는지에 대한 설명만 있을 뿐이다.

　그러나 사람의 창조 당시 하나님이 주신 명령은 사람을 향해 주어졌다. 그리고 사람의 선택이 초래하게 될 결과가 분명한 방식으로 밝혀졌다. 선악을 알게 하는 나무의 열매를 먹지 말라는 명령에는 그 명령과 관련한 "본성의 필요"가 내포되지 않는다. 그것은 다만 사람의 책임 있는 선택일 뿐이며, 그의 선택은 좋든 나쁘든 간에 특정한 사건을 불러오게 될 것이다.

　이제, 스크루지의 곤혹스런 질문이 답을 찾은 것처럼 보인다. 스크루지가 자신의 무덤을 곁눈질하며 내뱉은 수수께끼 같은 말을 기억하는가? "사람의 행로는 어떤 정해진 끝을 예견할 수 있지요. 만약 굴하지 않고 계속 가다간 그 끝으로 가게 되어 있단 말입니다. … 하지만 그 행로에서 벗어나면, 그 결말도 달라질 겁니다." 마치 아담과 하와에게 주신 하나님의 명령과 유사하게 들리지 않는가?

　　여호와 하나님이 그 사람에게 명하여 이르시되 동산 각종 나무의 열매는 네가 임의로 먹되 선악을 알게 하는 나무의 열매는 먹지 말라 네가 먹는 날에는 반드시 죽으리라 하시니라(창 2:16-17).

　다른 말로 하면, 선악을 알게 하는 나무의 열매를 먹는 것은 죽음을 가져오지만, 그 나무를 피하면 영원한 생명으로 들어서게 된다. 그들이 내리는 선택은 그들의 미래의 향방에 직접적인 영향을 초래하게 된다는 것이다.

"하지만 잠깐만요." 혹자는 이렇게 항변할지도 모른다. "지금까지 하나님이 장차 일어날 모든 일을 정하셨다고 계속 말해 오지 않았던 가요? 그분의 영원한 작정은 변함없는 것이라고 말이죠. 현재 일어나는 모든 일은 영원 전에 이미 결정되지 않았습니까?" 이 두 질문에 대한 대답은 "예, 그리고 예"이다.

성경적 구분

앞으로 반드시 있을 일, 그리고 있을 수 있는 일

위 단락의 답변, "예 그리고 예"를 전개하기 위해, 하나님은 스스로 필연적시고 그분의 언약은 우연적(즉 그분에 의해 자유롭게 결정된 것)이라는 사실이 의미하는 바에 대한 또 다른 측면을 살펴볼 필요가 있다. 지금까지 우리는 긴장 관계에 있는 것처럼 보이는 두 진리에 대해 논했다. 하나는, 하나님이 우리의 선택을 포함한 모든 것을 결정하신다는 것이며, 다른 하나는, 우리가 내리는 선택은 그에 따른 결과를 불러오는 책임 있는 선택이라는 것이다. 이제는 이 둘의 긴장 관계가 놀랍지 않아야 한다. 우리는 지금까지 공부한 모든 장에서 서로 긴장 관계에 있는 진리들, 우리로서는 통합하기 어려운 진리들을 살펴보았다. 우리는 그런 긴장 관계에 있는 진리들이 하나님, 그리고 그분이 우리를 포함한 피조물과 맺으신 관계의 영광스러운 신비를 구성하고 있음을 보았다! 여기서 우리가 논하는 진리도 예외가 아니며, 따라서 이 장에서 논의되는 긴장 관계에 대한 해법 또한 그리 놀랄 만한 것이 아닐 것이다.

이제 우리는 하나님의 본성에 대해 생각하면서 이 긴장과 관련한 몇 가지 타당한 구분을 다루고자 한다. 하나님의 뜻은 필연적임과 동시에 자유롭다는 것을 기억하라. 하나님은 필연적으로 하나님 자신을 뜻하신다. 이는 하나님이 하나님 되심을 열망하실 수밖에 없다는 말의 또 다른 표현이다. 하나님이 다른 누구나 다른 무엇이 되길 바라시는 것은 불가능하다. 그리고 하나님은 전적으로 자충족적self-sufficient이시기 때문에, 하나님이 아닌 그 어떤 것으로도 하나님이신 그분을 규명할 수 없을 것이다. 그분 밖의 무언가에 대한 열망 또는 의지는 성삼위 하나님으로서의 그분에게 본질이 될 수 없다는 의미다. 이는 우리가 하나님의 필연적인 뜻을 언급할 때 의미하는 바다.

그러나 하나님은 또한 자유 의지를 가지신다. 하나님은 전혀 할 필요가 없는 일을 행하기로 결정하실 수 있다. 지난 장에서 우리는 자신 안에서 협의하시고 작정하시는 하나님의 결정에 대해 다루면서 이를 살펴본 바 있다. 하나님은 스스로 있는 자이신 그대로 남아 계실 수 있었다. 그분께는 아무것도 부족한 것이 없다. 하나님은 스스로에게 충만한 존재다. 하나님 안에는 무엇을 창조하거나 구속해야 할 필요가 전혀 없다. 하지만 그분은 작정하기로 결정하셨고, 그 결정은 하나님이 내리신 자유로운 선택이었다.

하나님이 자유롭게(즉, 우연적으로) 창조하고 구속하기로 결정하셨기 때문에, 창조와 구속은 그 자체로 우연적이다. '우연적'contingent이라 함은 어떤 것이 존재할 수도, 그렇지 않을 수도 있음을 의미한다. 따라서 창조와 구속은 필연적이지 않은 실재들이다. 창조와 구속이 존재한 것은 하나님이 그것들이 존재하도록 자유롭게 결정하셨기 때문이다. 마찬가지로 하나님은 창조와 구속이 존재하지 않게끔 결정하실 수도 있었다. 따라서 당신의 존재, 그리고 나의 존재는 모두 우연적이다. 하나님을 제외한 모든 것은 우연적이다. 하나님을 제외하고는 존재해야 하는 것은 없다. 다른 모든 것은 존재할 필요가 전혀 없었다.

이 사실이 얼마나 신비로운지 다시 한 번 생각해 보라. 하나님이, 절대적으로 필연적이시고 부족한 것이 없으신 그분께서, 필연적이지 않은 일을 왜 그렇게 행하신 걸까? 하나님이 본질상 철저하게 필연적이라면, 하나님과 관련해 자율성이나 우연성 같은 게 어떻게 존재할 수 있단 말인가?

우리가 할 수 있는 유일한 대답은 하나님의 뜻과 관련해서는 필연성(있어야 하는 것)과 우연성(있을 수 있는 것) 둘 다 공존한다는 것이다. 하나님은 절대적으로 필연적인 존재이시다. 하나님은 변하실 수 없다. 하지만 그렇다고 해서 하나님은 하나님 자신이 행하시는 모든 일이 필연적이어야 한다는 식으로 필연성에 매이지 않으신다. 하나님은 자기 존재의 필연성을 결정할 수 없다는 면에서 필연성에 매이실 뿐이다. 이는 하나님이 더 이상 하나님으로 존재하지 않기로 결정하실 수 없는 것과 마찬가지다(딤후 2:13). 그러나 하나님의 뜻이 이런 면에서 매여 있다는 것은, 하나님의 본성이 불변한다는 점을 강조하려는 것이다. 하나님은 스스로 존재하시는 분이다!

하지만 하나님과 관련될 수 없는 것들이 존재하고 있음에도, 우리는 성삼위 하나님이 (스스로!) 필연적인 것을 뜻하기도 하시고 우연적인 것(창조)을 뜻하기도 하신다는 데 동의해야 한다. 하나님의 본성이 갖고 있는 이 두 측면이 모든 면에서 같지는 않다. 하나님의 뜻이라는 측면에서 우리는 하나님의 필연적 뜻이 우선권을 갖는다고 말할 수 있다. 그분 자신을 목적으로 삼기 때문이다. 그분의 우연성은 그분의 필연성을 뒤따르고 그로부터 기인하지만, 그 초점은 언제나 그리고 오직 (하나님이 아닌) 하나님 외부의 것에 맞춰져 있다. 따라서 하나님의 뜻과 관련해 필연성이나 우연성 모두 부정될 수 없으며, 그렇지 않으면 그분은 하나님이실 수 없다. 창조하기로 결정하지 않으셨다 하더라도, 하나님은 여전히 자신이 행하지 않아도 될 일을 하기로 자유롭게 결정할 능력이 있으셨을 것이다. 인격적인 하나님으로서 그분은 필연적이지 않은 것을 자유롭게 결정 또는 결심할 수 있는 능력을 영원히 가지신다. 우리가 이것을 알 수 있는 근본적인 이유는 하나님이 창조하기로 결정하셨다는 사실 때문이다.

피조 세계가 이런 면에서 하나님과 유사하다는 사실에 놀라워할 필요는 없다. 하나님의 본질에 관한 생각으로부터 내려와 하나님의 피조물에 관해 생각해 본다면, 우리는 피조 세계 안에 (우리가 하나님의 본질 안에서 보듯) 필연성과 우연성이 자리해 있음을 확인할 것이다. 이 둘은 아름답도록 신비로운 조화를 이루고 있다. 피조 세계에 속한 필연성은 무엇보다 하나님의 영원하고 포괄적이며 광범위한 작정 안에서 발견할 수 있다. 하나님이 영원 전에 장차 일어날 일이 무엇이든 자유롭게 결정하셨다는 사실은, 우리의 선택을 포함해 현재 일어나는 모든 일이 그렇게 일어나도록 정해진 방식대로 정확히 일어나야 함을 의미한다. 피조 세계 안의 모든 일은 하나님의 영원한 경륜의 산물이다. 그분의 섭리는 피조 세계 안에서 이뤄지는 영원한 작정의 적용이다. 섭리 가운데 하나님은 자신이 작정하신 것을 적용하신다. 그분은 그야말로 모든 것을 작정하셨다. 그리고 그분이 작정하신 것은 반드시 일어날 것이며, 정해진 방식 외에 다른 방식으로는 일어날 수 없을 것이다(참고. 사 46:10, 잠 16:33).

그러나 비록 하나님이 일어나는 모든 일이 반드시 일어나도록 정하셨지만, 우리가 선택하는 것들은 그 자체로 우연적이다. 다른 말로 하자면, 우리가 선택할 때 그것이 하나님의 작정에 의해 결정된 것이라 할지라도, 우리의 선택은 우연성을 유지한다. 하나님의 본성에서 그러한 것처럼, 하나님의 피조 세계에서 또한 그렇다. 서로 다른 것의 특성을 방해하지 않은 채, 필연적인 것(즉, 하나님의 작정과 섭리)과 우연적인 것(즉, 우리의 선택)의 연합^{uniting}이 존재한다. 이것은 신비의 극치다. 우리는 우리 생각에 쉽게 받아들여지지 않는 이 두 진리를 긍정해야 한다.

이 진리를 비유로 설명하기 위해 그리스도의 인격에 대한 논의로 돌아가고자 한다. 그리스도께서 두 본성을 지니신 하나의 인격이심을 기억할 것이다. 그분의 신성은 반드시 있어야 하는 요소다. 그분은 하나님이셔야 한다. 그분이 하나님이 아닐 가능성은 존재하지 않는다. 그분의 신적 본성은 필연적인 것이다. 그러나 그리스도의 인간적 본성은 필연적이지 않다. 그것은 성삼위 하나님이 성자가 취하도록 자유롭게 결정하신 요소다. 그분이 인간적 본성을 취하신 순간에도, 인성은 그분의 신성을 바꾸거나 변화시키지 않았다. 그리스도는 (필연적으로) 하나님이시고 (우연적으로) 사람이시다. 그리스도의 신성이 그분의 인성을 억누르지 않는 것처럼, 그리스도의 인성도 그분의 신성을 억누르지 않는다. 두 본성은 본래의 본성 그대로 충만하고 완전하게 남아 있다. 그리고 두 본성이 그리스도 안에서 연합되어 필연성과 우연성은 하나의 인격 안에서 조화로운 연합을 이룬다.

그리스도 안에 근본적으로 서로 다른 본성이 있는 것처럼, 하나님은 피조 세계 안에 필연적인 것(작정과 섭리)과 우연적인(또는 언약적인) 선택을 함께 구동하실 수 있다. 그들은 서로 조화를 이루며 어떤 식으로든 서로를 훼손하거나 억누르지 않는다.

하나님이 모든 것을 작정하실 때, 작정하신 대로 되지 않거나 발생하지 않을 가능성은 없다. 일단 자유롭게 결정하시면 결정된 것들은 필연적인 것이 된다. 그러나 모든 것이 하나님의 작정 때문에 존재하게 되었다 할지라도, 우리는 작정이 피조물의 우연성을 가리거나 취소하거나 부인한다고 생각할 수 없다. 피조 세계는 비록 하나님이 작정하신 대로 존재하는 게 틀림없지만, 또한 언제나 우연적인 것으로 남을 것이다. 그렇지 않을 수가 없다.

이를 제대로 이해하기 위해 실제적인 우연성에 대한 몇 가지 성경적 사례를 살펴보자. 사울 왕이 여호와께 불순종하여 번제를 드린 후에, 사무엘 선지자가 찾아와 그를 책망한다. 그는 사울에게 무슨 일을 했는지 묻고는 이렇게 말한다.

사무엘이 사울에게 이르되 왕이 망령되이 행하였도다 왕이 왕의 하나님 여호와께서 왕에게 내리신 명령을 지키지 아니하였도다 그리하였더라면 여호와께서 이스라엘 위에 왕의 나라를 영원히 세우셨을 것이거늘(삼상 13:13).

사무엘이 한 말에 주목해 보라. 사무엘은 사울에게 만약 그가 여호와의 명령을 지켰다면, 여호와께서 그의 왕위를 이스라엘 위에 영원히 세우셨을 것이라고 말한다! 여기서 사무엘은, "만약 여호와께서 다르게 작정하셨더라면, 그분께서 당신의 왕위를 영원히 세우셨을 것입니다"라고 말하는 것이 아니다. 오히려 사무엘은 사울이 불순종이 아닌 순종을 선택했다면, 여호와께서 그의 왕위를 영원히 세우셨을 것이라고 말하고 있다. 다른 말로 하면, 사울의 선택에는 우연성이 있었고 그것이 유지되었다는 것이다. 만약 그가 다르게 행동했다면, 이스라엘 위에 그의 왕위가 영원히 세워졌을 것이다.

이것은 영원한 작정이라는 관점 앞에서 모든 것이 어떤 식으로든 유동적이라는 의미가 아니다. 비록 사울이 행한 불순종이 하나님의 작정과 섭리의 숙명과 필연성에 따른 것이라 할지라도, 사울의 선택에 대한 우연성은 실제로 작용했다. 역사적 관점에서 볼 때(즉 하나님의 작정에 대한 세부 내용을 모르는 우리의 관점에서 볼 때), 사울은 순종을 선택할 수 있었으며 사무엘은 사울이 순종했다면 무슨 일이 있었을지 여호와의 이름으로 선포함으로써 사울에게 이 점을 분명히 한다. 그러나 영원한 작정의 관점에서 본다면, 모든 일은 본래 일어나도록 작정된 대로 정확히 일어난 것이다. 사울의 관점에서, 그리고 그의 선택이라는 관점에서 볼 때, 우연성은 여전히 유지되고 있다. 그러므로 어떤 신비로운 방식에 따라, 하나님의 영원한 작정의 필연성이 역사 속에서 있을 수 있었던 일에 대한 가능성까지 배제하는 것은 아니다. 사실, 우리가 각 장에서 보았듯, 영원하고 필연적인 것이 우연적인 것을 확립한다. 우리가 내리는 선택에 담긴 우연성의 기반이자 거기에 의미를 부여하는 것은 하나님의 영원한 작정이다.

신약 본문에는 이보다 더 신비로운 사례가 등장한다. 가룟 유다가 예수를 배반할 무렵, 베드로는 자신의 단검을 꺼내들어 그리스도를 잡으러 왔던 경비병 가운데 한 사람의 귀를 잘랐다. 이 일이 일어나자마자 그리스도께서 하신 말씀은 신비로 가득하다. 그리스도께서는 베드로에게 이렇게 말씀하신다.

> 이에 예수께서 이르시되 네 칼을 도로 칼집에 꽂으라 칼을 가지는 자는 다 칼로 망하느니라 너는 내가 내 아버지께 구하여 지금 열두 군단 더 되는 천사를 보내시게 할 수 없는 줄로 아느냐 내가 만일 그렇게 하면 이런 일이 있으리라 한 성경이 어떻게 이루어지겠느냐 하시더라(마 26:52-54).

그리스도께서는 베드로에게 지금 이 순간에도 자신이 아버지께 호소할 능력이 있으며, 아버지께서는 즉시 천사들을 보내 아들을 구하실 수 있다고 말씀하신다. 다른 말로 하면, 그리스도께서 배신을 당하고 계시는 그 순간에, 심지어 모든 사건이 하나님의 영원한 계획과 경륜에 따라 정확히 펼쳐지고 있는 그 순간에도, 그리스도께서는 여전히 아버지께 청해 그 배반을 멈추게 하실 수 있다는 것이다.

그 순간 그리스도께서 이렇게 말씀하시는 편이 더 그럴 듯하지 않은가? "하지만 그렇게 하면 하나님의 작정이 어떻게 이행될 수 있겠느냐?" 그러나 그리스도께서는 영원한 작정에 호소하지 않으신다. 오히려 그분께서는 모두가 알 수 있는 것, 즉 성경에 호소하신다. 만약 그리스도께서 아버지께 요청해 열두 군단의 천사가 그분을 도우러 온다면, "이런 일이 있으리라"고 예언한 성경 말씀은 성취되지 않을 것이다. 그리스도의 이러한 확언 속에서, 우리는 그분께서 행하실 수 있었던 것의 우연성, 그리고 성경이 반드시 있을 것이라고 말한 것의 필연성을 모두 확인할 수 있다. 이 두 가지 요소는 장엄한 신비 속에서 완벽한 방식으로 함께 역사하고 있다. 그리고 베드로에게 말씀하시던 예수께서는 이에 대해 조금도 흔들림이 없으시다.

여기서 예수님의 반응을 살펴보는 것도 중요하다. 예수께서 베드로와 청중을 향해 다음과 같이 말씀하지 않으신 것이 놀랍지 않은가. "하지만 하나님이 내가 죽어야 할 것을 작정하셨고, 그에 따라 모든 사건을 섭리로 통제하셨기에 어쩔 수 없느니라." 오히려 그리스도께서는 이렇게 말씀하신다. "그렇게 하면 이런 일이 있으리라 한 성경이 어떻게 이루어지겠느냐?" 심지어 배반당하는 그 순간에도 그분은 아버지께 순종하기를 의지적으로 선택함으로써, 자신이 영원히 작정된 모든 동작을 따라 움직이는 꼭두각시가 아니라, 아버지 뜻을 이루기로 선택하기를 기뻐하는 분으로 오셨음을 인식하고 계신다(히 10:7)! 그리스도—필연성(신성)과 우연성(인성)이 연합되어 공존하시는 분—께서, 비록 자신의 죽음이 성경과 성삼위 하나님의 작정과 섭리에 따라 필연적(반드시 일어날 것)임에도 불구하고 (행 2:23), 자기 죽음의 우연성(일어날 수 있는 것)을 단언하신다. 하나님의 언약 안에서 이 이상 더 심오한 신비를 상상하는 것은 어려울 것이다!

이제 우리는 하나님의 광범위한 섭리와 우리의 책임 있는 선택의 신비를 좀더 명확하게 볼 수 있는 시야를 갖게 되었다. 이에 대한 웨스트민스터 신앙고백의 진술을 다시 상기해 보자.

> 제1원인이신 하나님의 예지와 작정과 관련해 모든 일은 변함없이, 틀림없이 일어난다. 그러나 동일한 섭리에 의해 제2원인의 본성에 따라 필연적으로나 자유롭게 또는 우연하게 일어나도록 명령하신다.[7]

이 고백문은 우리 논의에서 다루는 양 측면 모두를 훌륭하게 담고 있다. 물론 하나님은 "제1원인"이시다. 일어나는 모든 일은 "변함없이, 틀림없이" 일어난다. 그러나 하나님의 섭리 안에서, 하나님의 광범위한 작정의 적용 안에서, 이 세상 모든 일은 피조 세계 자체의 (언약적) 우연성에 따라 일어난다. 어떤 일들은 필연적으로 일어난다. 예를 들어, 정사각형은 존재 자체가 필연적이다. 정사각형의 모든 조건이 맞으면, 다른 무엇이 아닌 정사각형만 존재 가능하다. 어떤 것들은 자유롭

---

7. 웨스트민스터 신앙고백 5.2.

게 또는 우연하게 일어난다. 우리의 선택은, 비록 제1원인에 의해 정해지고 야기되었으나, 본질적으로 자유롭고 우연적이다.[8] 다른 말로 하면, 필연적인 뜻과 자유로운 뜻 둘 다 내포하는 하나님의 본성에 담긴 신비의 위엄은 하나님의 작정(일어나야 할 것)과 우리의 선택(일어날 수 있는 것)을 내포하는 피조 세계 자체의 신비의 위엄 안에 투영되고 있다.

이 신비의 어느 한 측면을 축소—더 심하게는 부정—하고자 한다면, 우리는 하나님이 작정하시고 창조하신 것으로서의 피조 세계를 이해하는 데 실패할 뿐 아니라, 이 책 초반에 언급한 합리주의의 먹잇감이 되고 말 것이다. 합리주의는 단지 하나님의 필연성만 인정하고 모든 것이 그저 필연적일 뿐이라고 결론 내릴 것이다. 그런 결론은 우리를 운명론 또는 관념적인 결정론으로 인도할 것이다. 그렇지 않으면 합리주의는 단지 우리 선택의 우연성만 인정하고 하나님은 그러한 것들을 계획하거나 통제하실 수 없다고 결론 내릴 것이다. 그런 결론은 성경이 증언하는 성삼위 하나님이 아니라, 최소한의 의미를 가진 무기력한 신으로 인도할 것이다. 합리주의는 결코 하나님께 합당한 예배와 찬양을 이끌어 낼 수 없다. 그것은 단지 자신의 지적인 성취에 은근슬쩍 만족하는 상태로 인도할 뿐이다. 그런 의미에서 본다면, 합리주의는 괴기한 자기 섬김으로, 찬양과는 정반대된다.[9]

---

8. 고백문에서 "우연성"(contingency)과 "자유"(freedom)는 예를 들어 우주의 존재는 우연적인 반면 사람의 의지는 (그 본성에 따라) 선택의 자유가 있다는 점을 인식함으로 서로 구분된다.
9. 최근의 한 사례를 들자면, 어느 철학자의 관점에 주목할 필요가 있다. 그는 소위 "철학

죄의 노예

죄와 그 결과들에 대한 개혁주의적 관점을 알고 있는 독자들이라면, 우리 논의의 현 지점에서 다소 불편함을 느낄 수 있다. 개혁주의 신학은 다음 관점들을 지속적으로 확언한다. 우리는 모두 "허물과 죄로 죽었"다(엡 2:1). "육에 속한 사람은 하나님의 성령의 일들을 받지 아니하나니 이는 그것들이 그에게는 어리석게 보임이요, 또 그는 그것들을 알 수도 없나니 그러한 일은 영적으로 분별되기 때문이라"(고전 2:14). "육신의 생각은 하나님과 원수가 되나니 이는 하나님의 법에 굴복하지 아니할 뿐 아니라 할 수도 없음이라"(롬 8:7). 성경은 죄가 우리 안에 (단지 질병 정도가 아니라) 영적 죽음을 불러일으켰다는 사실을 명시한다. 그것은 우리로 하여금 "성령의 일들"을 깨달을 수 없게 만들었다. 우리의 생각을 사로잡아 우리를 하나님께 복종할 수 없게 만든 것이다. 성경에 따르면 타락한 의지는 그리스도를 따르기로 선택할 수 없는데, 어떻게 우리가 감히 의지의 자유에 대해 말할 수 있겠는가?

이때쯤이면 다들 예상하겠지만 이 질문에서도 우리의 친구, 신비를 불러낼 수밖에 없다. 그러나 이 맥락에서 중요한 또 하나의 구분을 인

적 아르미니우스주의"(Philosophical Arminianism)라고 스스로 명명한 것을 옹호하고 나섰다. "역설의 위협을 받을 때 종종 이뤄지는 믿음의 신비에 대한 광포하고 유창한 호소들은 그저 궤변가들이 끌고 다니는 반지성주의 사상일 뿐이다. 그것과는 대조적으로, 철학적 아르미니우스주의의 변론은 … 단지 신비에 대한 호소를 수습하기 위한 것이 아니라 이해 추구를 위한 온전한 헌신의 맥락에서 발현된다"(Jonathan L. Kvanvig, *Destiny and Deliberation: Essays in Philosophical Theology*[Oxford : Oxford University Press, 2013], xiv-xv).

식하는 것도 도움이 될 수 있다. 웨스트민스터 신앙고백 제9장 첫 단락에서, 우리는 사람의 의지와 관련해 "본성의 어떤 절대적인 필요"가 없다는 진술을 강조한 바 있다. 그 의지 자체는 본성적으로 자유로운 것이다. 자연적인 자유는 하나님의 형상을 나타낸다. 우리 자신이 바로 하나님의 형상이기 때문에, 우리는 언제나 선택할 수 있는 능력을 보유한다. 하나님의 형상으로 존재한다는 것은 생각할 수 있는 능력을 보유한다는 것을 의미하지만, 의지 역시 마찬가지다. 말하자면, 선택하는 것은 의지가 하는 일이다. 의지가 존재한다면, 거기에는 선택도 존재한다. 타락 후에도 우리는 의지를 보유하고 있기에, 이에 따라 선택할 수 있는 자연적 능력 또한 보유하고 있다.

그러나 단지 선택할 수 있는 자연적 능력을 가진다고 해서, 우리가 마치 아담과 하와처럼, 선과 악 사이에서 선택할 수 있는 능력까지 가진다는 의미는 아니다. 죄로 타락했기 때문에, 즉 그리스도 밖에서 우리의 죄 안에서 죽었기 때문에, 우리는 그리스도를 선택할 수 있는 능력을 상실했다. 그러나 하나님이 창조하신 인간으로서 하나님의 형상 자체가 죄로 인해 완전히 소멸된 것은 아니기에 우리는 여전히 선택한다. 의지는 언제나 선택한다. 그러나 의지는 선택을 행하는 사람의 본성에 따라 선택하기 마련이다. 에덴 동산에서, 아담의 의지는 순종이나 불순종을 선택할 수 있었다. 타락 후에도 우리는 여전히 선택하지만, 항상 우리가 원하는 것을 선택하며, 우리는 항상 죄를 원한다. 우리의 부패한 상태는 우리가 선택할 수 없음을 의미하지는 않는다. 오히려 우리가, 우리의 죄 안에서, 항상 죄를 선택한다는 것을 의미한다.

그러나 우리가 그리스도께 회심하게 될 때, 우리의 본성 안에 한 가지 변화가 생기게 된다. 이 변화로 말미암아 우리는 마치 아담이 그랬듯, 순종이나 불순종 중 하나를 선택할 수 있게 되었다. 새 하늘과 새 땅에서 우리, 아니 우리의 본성이 영화롭게 될 것이기에, 우리는 여전히 선택을 할 것이지만, 항상 그리고 오직 선만을 선택하게 될 것이다. 그 어떤 경우에도 우리는 자신의 의지를 잃지 않는다. 의지는 자연적 상태 안에 남아 있다. 그러나 그 의지는, 마치 정신처럼, 그 인격의 본성을 따르며, 그 본성은 변화의 가능성에 종속되어 있다.

예루살렘 백성이 선지자들과 그리스도 자신을 거부한 것으로 인해, 예수께서 예루살렘에 대해 애통해 하셨던 일을 회상해 보라. 그분은 암탉이 새끼들을 날개 아래 모음같이 그들을 모으길 거듭 원하셨다. 그러나 무엇이 문제였는가? 예수께서는 그들의 문제에 대해 명확히 말씀하신다. "너희가 원하지 아니하였도다"(마 23:37, 눅 13:34). 그것이 곧 도덕적 속박 상태이며, 그것이 곧 죄가 가져오는 문제다. 우리는 여전히 의지를 보유하고 있으며, 자연적으로 선택할 능력을 갖고 있다. 그러나 죄성 안에서 우리는 언제나 오직 죄만 선택하길 원한다.

성경적 송영

지금까지 각 장에서 강조해 온 것처럼, 하나님과 그분이 피조물과 맺으시는 관계에 담긴 신비는 우리가 드리는 찬양과 예배의 원동력이다. 성경을 통해 우리에게 주어진 바, 하나님의 성품의 본성 속으로 더 깊이 들어가면 갈수록, 그리고 하나님이 피조물과 맺으신 관계에 대해 더 깊이 생각하면 할수록, 복잡한 문제들이 더욱 신비롭고 장엄하게 여겨지기 마련이다. 이러한 복잡성은 우리에게 다음 말씀을 상기시켜 준다. "깊도다 하나님의 지혜와 지식의 풍성함이여, 그의 판단은 헤아리지 못할 것이며 그의 길은 찾지 못할 것이로다"(롬 11:33). 각각의 신비들은 우리에게 하나님과 그분의 사역의 새롭고 헤아릴 수 없는 단면을 제시해 준다. 그 모든 신비는 우리가 하나님께 주목하며, 하나님의 거룩한 이름을 찬미하고 영화롭게 하기 위한 것이다.

우리가 그동안 우리의 선택과 관련해 살펴본 하나님의 섭리에 대한 진리 또한 예외가 아니다. 다시 언급하지만, 그것은 우리가 이미 살펴봤던 하나의 긴 문장, 에베소서 1:3-14에서 말하는 요지이기도 하다. 그 본문은 송영과 함께 시작한다.

찬송하리로다 하나님 곧 우리 주 예수 그리스도의 아버지께서 그리스도 안에서 하늘에 속한 모든 신령한 복을 우리에게 주시되 곧 창세 전에 그리스도 안에서 우리를 택하사 우리로 사랑 안에서 그 앞에 거룩하고 흠이 없게 하시려고 그 기쁘신 뜻대로 우리를 예정하사 예수 그리스도로 말미암아 자기의 아들들이 되게 하셨으니 이는 그가 사랑하시는 자 안에서 우리에게 거저 주시는 바 그의 은혜의 영광을 찬송하게 하려는 것이라 우리는 그리스도 안에서 그의 은혜의 풍성함을 따라 그의 피로 말미암아 속량 곧 죄 사함을 받았느니라 이는 그가 모든 지혜와 총명을 우리에게 넘치게 하사 그 뜻의 비밀을 우리에게 알리신 것이요 그의 기뻐하심을 따라 그리스도 안에서 때가 찬 경륜을 위하여 예정하신 것이니 하늘에 있는 것이나 땅에 있는 것이 다 그리스도 안에서 통일되게 하려 하심이라 모든 일을 그의 뜻의 결정대로 일하시는 이의 계획을 따라 우리가 예정을 입어 그 안에서 기업이 되었으니 이는 우리가 그리스도 안에서 전부터 바라던 그의 영광의 찬송이 되게 하려 하심이라 그 안에서 너희도 진리의 말씀 곧 너희의 구원의 복음을 듣고 그 안에서 또한 믿어 약속의 성령으로 인치심을 받았으니 이는 우리 기업의 보증이 되사 그 얻으신 것을 속량하시고 그의 영광을 찬송하게 하려 하심이라(엡 1:3-14).

여기서 이 본문을 다시 소개하는 이유는, 지금까지 우리의 모든 논의에 비추어 이 본문을 천천히 읽다 보면, "모든 일을 그의 뜻의 결정대로 일하시는" 하나님의 영광을 조금이나마 일별할 수 있기 때문이다. 그러나, 하나님이 그렇게 결정대로 일하시며, 하나님의 섭리가 역사하는 가운데서도 우리는 또한 우리가 결정해야 할 수많은 선택이 있음을 보게 된다. 하나님은 우리를 그리스도 안에서 택하셨다. 그 기점을 시작으로, 우리가 그분 안에서 최종적으로 발견되지 않을 가능성은 없어졌다. 그러나 그러한 사실이 "거룩하고 흠이 없게" 살려는 우리 선택의 우연성 자체를 무효화하지는 않는다. 우리는 자녀로 입양되기로 예정받았다. 그리고 성경은 우리에게 거룩할 것을 명령한다(벧전 1:15-16). 그러므로 우리는 구원과 거룩함으로 택함 받고 예정받았으며, 그와 동시에 구원을 받고 거룩할 것을 명령받는다.

하나님의 섭리와 우리의 실제적이고 우연적인 선택에 주목할 때 생기는 모든 긴장은 결국 우리를 찬양으로 이끌기 위한 것이다. 에베소서 1:3에서처럼, 그것은 하나님이 교회에게 베푸신 측량할 수 없는 복으로 말미암아 하나님께 드리는 "찬송"으로 시작한다.

스크루지는 옳았다. 우리의 (역사적) 관점에서 볼 때, 스크루지가 자신의 행로에서 벗어난다면, 결말은 실제로 바뀌게 될 것이다. 그러나 단지 행로에서 벗어났다고 해서 결말이 바뀌는 것은 아니다. 결말이 무엇이든 간에, 그것은 모두 하나님에 의해 영원히 작정되고 정해진 것이다. 두 진리는 함께 적용된다.

이러한 긴장과 신비들이 우리의 사고 속에서 해결되어야 한다는 암시는 없다. 해답을 찾기 위한 시도들은 언제나 이와 같은 맥락 속 문제가 안고 있는 진리를 흐리게 한다. 이에 대한 성경적인 관점은 두 가지 다 긍정하고, 성경적인 균형을 유지하는 것이다. 하나님은 그들이 우리 예배를 위한 하나의 기폭제가 되도록 고안하셨다. 하나님의 섭리에 대해 생각할 때, 반드시 결정해야 할 선택의 기로에 서 있을 때, 우리는 하나님이 그 순간에도 일하고 계심을 인식해야 한다. 우리는 그분의 깨질 수 없고 헤아릴 수 없는 계획에 주목해야 하며, 거룩하기로, 순종하기로 선택해야 한다. 우리는 하나님의 섭리와 우리의 책임 있는 선택이 우리에게 나타내는 신비의 위엄으로 인해 하나님을 찬양해야 한다.

우리 모두의 마음과 노래가
그 잔치를 사모하며 모인 가운데,

우리 각자에게서 터져 나오는 감사.

"주여, 어찌 저를 초대하셨나이까?"

어찌 제가 당신의 목소리를 듣고서

아직 방이 있을 때 들어오게 되었습니까,

수많은 사람이 불행한 선택으로

들어오지 않고 여전히 주리고 있을 때."

아이작 왓츠, "그곳은 얼마나 아름답고 두려운가"How Sweet and Awful Is the Place

✝

성경의 하나님, 기도를 들으시는 이로서 자신을 계시하신 그분은 단순한 지적 존재나 능력이 아니다. 그분은 사랑이시다. 그분은 생각하실 뿐 아니라 느끼신다. 아비가 그의 자녀를 긍휼히 여기는 것처럼, 주님도 자신을 경외하는 자들을 긍휼히 여기신다. 그분은 온유하심과 긍휼하심, 오래 참으심과 자비하심으로 충만하다. 단순히 신인동형론을 말하는 것이 아니다. 성경의 이러한 선포들은 단순한 규범적 진리가 아니다. 그것들은 하나님이 실제로 어떤 분이신지 나타낸다.

— 찰스 핫지 Charles Hodge, 『조직신학』에서

8
우리의 기도에 담긴 신비의 위엄

우리 그리스도인들의 신앙생활에서 기도만큼 명백하면서도 소홀히 여겨지는 것도 없을 것이다. 우리는 우리 자신이 "쉬지 않고 기도"해야 하고(살전 5:17), "간청"해야 하며(마 9:38, 새번역), 오로지 기도에 힘써야 하고(행 1:14), "기도에 항상 힘써야" 한다(롬 12:12)는 사실을 잘 알고 있다. 따라서 성경의 많은 본문은 우리가 기도해야 할 것을 당연한 것으로 여기고 있으며, 우리의 기도가 어떤 방식으로 드려져야 하는지 규정하고 있다(예를 들면, 마 6:5-15을 보라).

그러나 우리가 이 장에서 중점적으로 살펴볼 주제는 기도의 실천 자체가 아니다. 기도의 실천은 우리 그리스도인의 성장에 이루 말할 수 없이 중요한 요소임이 분명하며, 여기서 그 부분을 다루지 않는다고 해서 기도가 갖고 있는 성화적 의미를 폄하하려는 것은 아니다. 단지 우리는 하나님과 그분이 우리와 맺으시는 관계의 신비라는 관점 아래서 기도에 대해 논의하고자 하는 것이다. 기도와 관련해 언급할 수 있는 부분이 무수히 많은 것이 사실이다. 하지만 우리는 의도적으로 우리의 초점을 좁혀 그리스도인을 위한 기도의 실재를 고찰할 때 존재하는 긴장을 강조하고자 할 것이다.

서두에 나온 찰스 핫지의 글귀는 그의 저서 『조직신학』 안에 '기도'라는 부제의 단락에서 인용한 것이다. 핫지 자신도 강조하고자 했던 것처럼, 그리스도인들이 하나님께 기도하는 행위 자체가 하나님이 사랑하시고 느끼시며 사유하시는, 인격적인 분임을 상정한다. 그분은 온유하심과 긍휼하심으로 충만하시다. 하나님은 자녀들에게서 듣기를 즐거워하신다. 핫지는 우리가 그동안 설명하고자 애써 왔던 내용을 확증해 주고 있다. 즉, 무한하시고, 영원하시고, 불변하시는 성삼위 하나님이 "온유하심과 긍휼하심, 오래 참으심과 자비하심으로 충만하다"는 것이다. 핫지의 지적처럼, 이것은 "단순히 신인동형론anthropomorphism을 말하는 것이 아니다." 즉, 성경이 이러한 진리들을 단순한 은유로 제시하는 것이 아니라는 의미다. 핫지가 언급한 대로, 하나님의 긍휼하심과 온유하심 등의 진리는 "하나님이 실제로 어떤 분이신지" 나타내고 있다. 이미 살펴보았듯 이 진리는 하나의 신비이며, 우리는 지금까지 그러한 신비들을 어떤 방식으로 생각하는 것이 타당할지 제시해 보고자 했다.

그러나 하나님의 광범위한 작정과 섭리에 관한 성경적 진리를 상고할 때, 피조 세계의 우연성이라는 관점 아래서 하나님의 작정과 섭리의 긴장을 조명하는 것으로 기도에 대한 성경적 강조만큼 중요한 주제는 없을 것이다. 이러한 긴장은 아마 이렇게 표현될 수 있을 것이다. 하나님이 "장차 일어날 모든 일"을 이미 작정하시고 섭리로 통제하고 계시는데, 우리의 기도에 과연 무슨 의미가 있을까? 하나님이 영원 전에 이미 모든 것을 결정하셨다면 우리는 왜 하나님께 무엇이든 간구해야 하는가? 모든 일이 영원히 정해져 있다면, 우리의 간구에는 과연 어떤 의미가 있는가?

이러한 긴장이 우리 대부분에게 기도를 등한시하게 되는 근본적 이유는 아닐 수 있다. 하지만 하나님의 주권적 통치라는 관점 아래서 기도에 대해 생각해 본 그리스도인이라면 누구든지 이러한 의문을 가졌을 것이다. 이제 이 시점에서는 우리가 이 긴장에 대해 얼마나 논의하고 싶은지 분명하게 보일 것이다. 그렇다면 이 책은 성공한 것이다. 이 책은 독자들이 "둘 중 하나/또는"이 아니라, "둘 다/그리고"라는 등식 안에서 성경 속 신비의 위엄을 보는 연습을 하도록 가르쳐 왔다. 이러한 공식은 앞선 논의 전반에서 적용했기 때문에 여기서는 좀 더 간략하게 적용해 보고자 한다.

성경적 교리

우리는 장엄한 신비의 모형, 즉 하나님의 언약적 낮아지심에 대해 충분히 살펴보았다. 그리고 이제 하나님의 섭리를 피조 세계에서 일어날 수 있는 일(우연성)과 결합하는 "둘 다/그리고"에 대해 생각해 볼 것이다. 그러한 "둘 다/그리고"를 통해 우리는 장차 일어날 다른 모든 것이 그렇듯 기도 역시 하나님에 의해 작정되었음을 보게 될 것이다. 여기서는 이 정도를 출발점으로 삼고자 한다. 그러나 우리는 또한 우리의 기도가 하나님의 작정에서 하나의 필연적 요소에 그치는 것이 아님을 보게 될 것이다. 기도는 그 이상의 것이다. 기도는 하나의 우연적인 순종의 선택으로서, 신비한 방식으로 하나님의 계획에 참여하는 것이다.

기도에 대한 우리의 논의는 지난 장에서 한 논의에 대한 보다 구체적인 실례다. 기도라는 선택이 하나님의 불변하신 작정과 세밀하신 섭리에 포함된 것임을 인식하는 순간에도, 기도는 여전히 우리가 내리는 선택의 한 예다. 지난 장에서 이미 다룬 주제를 연이어 논의하는 것이기에, 이 장에서는 기도에 대한 논의의 초점을 보다 좁혀 접근할 수 있을 것이다. 이러한 초점 속에서, 예수 그리스도의 핵심적인 기도 몇 가지를 생각해 보고자 한다.

예를 들면, 누가복음 22장에서 예수님의 제자들은 자신들의 특권적 지위를 인식하고 있다. 그들은 자신들이 예수 그리스도의 측근으로 선별되었음을 알았다. 그러나 그들이 자신들의 주인으로부터 받은 위대한 축복은 어느 순간 불화의 씨로 돌변하고 말았다. 어떤 연유로 그런 대화가 오가게 되었는지 정확히 알 수 없지만, 그들은 자신들 중에 누가 주의 나라에서 가장 큰 자가 될 것인지를 놓고 논쟁을 벌이기 시작했다. 마태는 그 다툼이 세베대의 두 아들(야고보와 요한)로부터 시작했다가, 나머지 제자들이 그로 인해 분개했다고 전한다(마 20:20-28). 예수님은 그들의 논쟁에 응수하시면서, 먼저 이방인들이 행하는 것과 그들의 모습을 비교하신다.

예수께서 이르시되 이방인의 임금들은 그들을 주관하며 그 집권자들은 은인이라 칭함을 받으나(눅 22:25).

그런 후에 주님은 그들에게 다소 수수께끼처럼 들릴 수 있는 말씀을 하신다.

너희는 그렇지 않을지니 너희 중에 큰 자는 젊은 자와 같고 다스리는 자는 섬기는 자와 같을지니라 앉아서 먹는 자가 크냐 섬기는 자가 크냐 앉아서 먹는 자가 아니냐 그러나 나는 섬기는 자로 너희 중에 있노라(눅 22:26-27).

이는 예수께서 제자들에게 가르치시던 복음의 논리다. 그것은 메시아 자신의 삶의 모범을 따른 논리다. 하나님 나라에서 큰 자는 섬기는 자다. 이는 그들의 구주께서 보이신 모범이었다. 인자께서는 섬김을 받기 위해 오신 것이 아니라 섬기러 오시지 않았는가. 예수께서는 실질적으로 그들에게, 자신의 나라는 스스로 가장 크다고 생각하는 자들이 나머지를 주관하는 나라가 아니라고 말씀하신다. 오히려, 그 나라는 자신을 겸손히 낮추고 섬기러 오신 왕, 즉 자신의 위엄과 지위를 수단으로 여기지 않으신 그분 같을 것이다(빌 2:7-11을 보라).

바로 이런 맥락에서 성경은 주님과 베드로 사이에 오갔던 짧고도 흥미로운 대화를 기록하고 있다. 예수께서 베드로에게 말씀하신다.

> 시몬아, 시몬아, 보라 사탄이 너희를 밀 까부르듯 하려고 요구하였으나 그러나 내가 너를 위하여 네 믿음이 떨어지지 않기를 기도하였노니 너는 돌이킨 후에 네 형제를 굳게 하라(눅 22:31-32).

예수님은 즉시 시몬 베드로를 지목해 말씀하신다. 이 때 베드로를 지목하셨던 이유 가운데 하나는 예수께서 곧 베드로가 세 차례 부인할 것을 염두에 두셨기 때문이다(눅 22:34을 보라). 비록 그리스도께서 베드로를 직접 겨냥해 말씀하시긴 했지만, 그분은 사탄이 제자들 모두에게 눈독을 들이고 있다고 말씀하신 것이었다. "사탄이 너희를 밀 까부르듯 하려" 한다는 말씀에서 사용된 "너희"는 복수형이다. 그러나 여기서 그리스도께서 특별히 염려하시는 대상은 베드로다. 주님은 베드로가 자신을 부인할 것임을 아셨다. 그러면서도 유다의 배신과는 달리 베드로의 세 차례 부인이 베드로 자신을 멸망케 하지는 않을 것도 아셨다.

그리스도의 십자가와 이를 둘러싼 모든 사건은 사탄의 파괴 음모로 포화 상태에 있었다. 사탄은 그리스도의 사역과 메시지, 그리고 제자들을 어떤 식으로든 훼방할 수만 있다면 자신의 승리가 보장될 것이라는 생각에 스스로 속임을 당했다. (우리는 사탄이 맹공격을 퍼붓는 가운데서도 그의 자기기만 또한 계속될 것을 너무나 잘 알고 있다.) 따라서 사탄은 하나님께 요청한다. 사탄은 자신이 그리스도의 제자들의 믿음을 흔들고 무너뜨려도 되는지 하나님께 질문했던 것이다.

예수께서 은밀히 알고 계셨던 이 천상의 장면은 욥기 서두에서 묘사하는 장면과 유사하다. 사탄은 하나님께 요청해 욥을 저주하도록 허락받는다(욥 1:7-12). 누가복음 22장에서 우리는 이와 유사한 상황이 발생했으며 예수께서 이를 아셨음을 보게 된다. 사탄이 하나님 앞에 나아와 베드로를 비롯한 제자들의 믿음을 밀 까부르듯 송두리째 흔들어도 되는지 허락을 구한 것이다.

믿음이 흔들릴 위험에 처한 예수님의 모든 참 제자 가운데서도, 베드로는 가장 취약한 대상 중 하나였다. 결국 십자가의 공판이 이뤄질 때 예수님의 모든 제자가 도망했지만, 특히 베드로는 사탄이 유독 집중적으로 시험할 대상임을 예수께서 아신 것이다. 사탄은 베드로를 시험해 그의 주님을 부인하게 만들 터였다. 한 차례도, 두 차례도 아닌 무려 세 차례나. 그렇듯 심층적이고 반복적인 부인으로 결국 베드로는 자신의 구주를 완전히, 최종적으로 거부하게 될 수 있었다. 그러나 베드로는 최종적으로 그리스도를 거부하는 지경까지는 이르지 않는다. 어떻게 그럴 수 있었을까? 그 이유를 예수께서 말씀하신다. "내가 너를 위하여 네 믿음이 떨어지지 않기를 기도하였노니."

이것은 베드로의 믿음을 둘러싸고 하늘에서 벌어지고 있는 싸움에 대한 하나의 그림이다. 그리스도께서는 거침없이 십자가를 향해 나아가고 계셨다. 이 때 어리석게도 사탄은 자신이 그리스도께서 이루실 성취를 훼방할 절호의 기회를 맞았다고 생각했다. 예수 그리스도의 십자가를 아무것도 아닌 것처럼 전락시킬 한 가지 방법은 결국 예수의 제자들이 그분을 거부하고 그분의 메시지를 부인하게끔 만드는 것이었다. 사탄은 그리스도의 십자가의 메시지가 널리 퍼지고, 진전되고, 교회에 대대로 전수되는 것을 두려워한다.

베드로의 고백("주는 그리스도시요 살아 계신 하나님의 아들이시니이다", 마 16:16) 위에 교회가 세워질 것이었다. 그뿐 아니라 예수께서는 교회가 역사 속에서 진군하는 가운데 "음부의 권세가" 그 교회를 "이기지 못하리라"고 약속하셨다(마 16:18). 사탄은 이 약속을, 그리고 베드로의 고백이 "반석"이 되어 교회가 그 위에 세워질 것을 너무나 잘 알고 있었다. 사탄은 그 약속을 증오했다. 사탄은 제자들을 포함해 그리스도를 따르는 모든 하나님의 백성을 음부의 권세에 잡아 가두길 원했다.

따라서 사탄은 열두 제자를 하나님께 요청한다. 그는 그들의 영혼을 앗아가길 원했다. 제자들이 누가 가장 큰 자인지 서로 다툰 것은 사탄의 이러한 요청이 작용한 까닭 아니었을까? 동산에서 하와에게 속삭였던 것처럼("너희가 … 하나님과 같이 되어," 창 3:5), 사탄은 제자들에게 그리스도와의 친밀한 교제만으로 충분하지 않다고, 그들에겐 다른 무언가가 필요하다고, 하나님 나라에서 최고가 되어야 한다고 속삭였던 것은 아닐까? 어쩌면 그랬을 수도 있다. 그러나 이 본문에서 분명히 알 수 있는 한 가지가 있다. 사탄이 열두 제자에게 고난의 길이 가장 위대한 길일 수 없다는 생각을 심어 주었다는 것이다. 제자들은 자신들의 주인, 즉 "고난 받는 종"의 발자취를 따르기보다는 자신의 안녕을 추구하는 데 마음을 빼앗겼다.

예수께서는 사탄이 베드로를 시험할 것을 아셨다. 그리고 베드로는 그분을 부인할 것이기에 그 시험은 성공할 것이다. 주님은 이를 예고하신다. 그분의 예언은 미래에 대한 그분의 확실한 지식에 근거해 있다. 일단 예언된 이상, 베드로가 자신의 주인을 부인하지 않을 가능성은 이제 없어졌다(이미 보았다시피, 그 부인에 대한 책임은 베드로 자신에게 있다). 이러한 지식이 주어진 상태에서 예수께서 행하신 것은 무엇인가? 그분께서는 작정된 미래에 자신을 맡기지 않으신다. 오히려 주님은 기도하신다! 주님은 베드로의 부인이 완전한 거부로 이어지지 않도록 기도하신 것이다.

베드로가 하나님의 택하심을 받은 자 가운데 한 명이란 사실에는 의심의 여지가 없다. 베드로는 주님의 여느 백성처럼, 창세 전에 이미 택함 받았다. 자신의 첫 서신에서 베드로는 자신과 마찬가지로 "하나님 아버지의 미리 아심을 따라 성령이 거룩하게 하심으로 순종함과 예수 그리스도의 피 뿌림을 얻기 위하여 택하심을 받은 자들에게" 편지를 쓰고 있다(벧전 1:2).

예수께서는 물론 이 또한 다 아셨다. 그럼에도 불구하고, 하나님의 보좌 앞에서 사탄이 허락을 구하고 있었을 때 그리스도의 반응은 기도였다. 그분은 선택의 진리로부터 유추해 베드로의 믿음이 실패할 가능성은 없다고 결론 내리는 식으로 반응하지 않으신다. 오히려 주님은, 사탄의 계략의 총공세 속에서도 베드로의 믿음이 온전하기를 하늘 아버지께 간구하셨다.

만약 베드로가 하나님의 택하심을 받은 자 가운데 한 명이라면, 예수께서는 왜 베드로의 믿음을 위해 기도해야 한다고 생각하셨을까?

이는 앞장에서 성경적으로 사고하는 법을 훈련하면서 보았듯이, 택함 받은 자들의 구원이 보장된다고 해서 우리에게 "일어날 수도 있는 일"을 무시하거나 경시하도록 허용하지는 않기 때문이다. 하나님의 선택에 대한 진리는 우리 일상에서의 선택과 관련한 현실적인 우연성을 감안해 다뤄야 한다.

베드로의 믿음이 사탄의 영향 아래서 무너질 가능성이 있다는 것인가? 영원의 전망에서 본다면, 결코 그렇지 않다! 하나님의 작정 안에서는—그리고 하나님의 작정은 모든 것을 망라한다—그 무엇도 궁극적으로 실패하지 않는다. 그런데도 베드로를 위한 그리스도의 기도는 그러한 가능성을 현실로 상정하고 있다. 하지만 이 가능성은 영원의 시각으로부터 나온 것이 아니라 역사의 시각에서 나온 것이다. 우리의 일상적이고 우연적인 삶의 관점에서 보면 베드로의 믿음은 실패할 수 있었다.[1] 예수께서 드리신 기도는 그러한 우연성을 상정하고 있다. 우리는 영원한 작정의 세부 사항에 대해 알지 못한다. 따라서 그리스도는 자기 자신과 우리의 일상 경험에 비추어 기도의 중요성을 (그리고 그 효과를) 인식하고 계셨던 것이다.

우리가 이미 이 책의 논의에서 보았듯이 장엄한 신비의 모형은 하나님이 피조물과 교통하시는 가운데, 우리로 하여금 서로 반대되어

---

1. 다른 말로 하면, 우리는 영원의 시각과 역사의 시각에서 가능성을 생각하는 훈련을 해야 한다. 영원한 작정에 따르면 가능하지 않은 것은 가능하지 않다. 그것으로 끝이다. 그러나 우리는 영원한 작정의 세부 사항을 엿보도록 허락된 존재가 아니기에, 우리가 내리는 매일의 결정이란 맥락 안에서 가능성을 조정해야 한다.

보이는 것들이 연합과 조화 속에서 역사하고 있음을 보게 한다. 하나님이 택하신 목적이 베드로의 믿음이 무너질 가능성과 무조건 반대되는 것은 아니다. 예수 그리스도의 기도는 (그 기도에서 선포된 바대로) 베드로의 최후 인내를 위해 꼭 필요한 것이었다. 어떤 식으로든 신비하고 장엄한 방식으로, 그 둘은 서로 완벽하게 작용한다. 실제로, 하나님의 영원한 작정의 진리는 기도의 실재를 필요로 한다. 이는 기도 자체가 하나님이 작정하신 것의 일부이기 때문이다.

우리 구주께서 끔찍한 운명을 향해 거침없이 발걸음을 옮기고 계셨을 때 취하신 태도를 잘 보여 주는 한 본문이 있다.

> 예수께서 나가사 습관을 따라 감람산에 가시매 제자들도 따라갔더니 그곳에 이르러 그들에게 이르시되 유혹에 빠지지 않게 기도하라 하시고 그들을 떠나 돌 던질 만큼 가서 무릎을 꿇고 기도하여 이르시되 아버지여 만일 아버지의 뜻이거든 이 잔을 내게서 옮기시옵소서 그러나 내 원대로 마시옵고 아버지의 원대로 되기를 원하나이다 하시니 천사가 하늘로부터 예수께 나타나 힘을 더하더라(눅 22:39-43).

우리는 이전 장들을 통해, 예수 그리스도의 십자가가 창세 전에 이미 결정되고 협의된 확정적 사건임을 보았다. "그리스도 안에서" 택함 받은 것에는 십자가의 길을 통한 그리스도의 구속 사역의 성취도 포함된다(엡 1:4-6). 십자가는 성부, 성자, 성령 사이에 이뤄진 구속 언약의 중심적이고 핵심적인 요소였다. 영원 전에 계획된 이상, 그것은 역사 안에서 계획된 대로 정확히 일어나야 한다.

이제 우리는 이에 수반된 모든 일을 인식하면서 그리스도께서 십자가 사건으로 가까이 이르시는 순간을 읽고 있다. 우리는 십자가를 향하는 그리스도의 태도가 일종의 거룩한 체념일 것이라 예상할 수 있다. 그분은 자신이 죽어야 함을 잘 알고 계셨다. 스스로도 그 점을 분명히 하셨다(예를 들면, 마 20:18; 막 10:33, 45; 눅 22:14-20; 요 16:4-7). 복음서에는 예수께서 자신의 죽음에 대해 확신을 갖지 못하셨거나 의심스러워하셨다는 암시가 전혀 없다.

그러함에도 불구하고 성경은 예수께서 죽으시기 전 아버지께 드린 기도의 실제 내용을 우리를 위해 들려준다. 주님은 십자가 외에 다른 길이 있기를 아버지께 간절히 구하셨다. 그리스도께서 결국 자신의 뜻을 아버지 뜻에 복종시키셨지만 자신의 뜻 또한 드러내시고 이를 위해 간구하셨다. 그 번민의 순간에 예수께서는 자신의 열망은 다른 것임을 인정하셨다. 자신의 아버지로부터—아들을 향한 사랑이 어떤 사랑과도 비할 수 없이 강하고 친밀하신 분으로부터—거절당한다는 실재에 대해 깊이 생각하시면서, 예수께서는 성부로부터의 거절이 현실이 되지 않길 간구해야 하는 상황으로 내몰리신다.

이 기도에 대해 알아야 할 두 가지 중요한 사실이 있다. 첫째, 예수께서 자신의 하늘 아버지께 간구했던 요청은 결코 죄악 된 것이 아니었다. 예수께서는 아버지께 온전히 순종하셨기 때문에 이 또한 죄가 될 수 없었다. 따라서 우리의 현실에서 이뤄지는 것처럼 보이는 상황과 반대되는 무언가를 아버지께 간청하는 것 자체는 죄가 아니다. 마치 아버지를 의지하지 않기라도 하듯 우리가 우리 앞에 있는 모든 것을 받아들이기만 해야 하는 것은 아니다. 그리스도인의 삶은 눈앞에 닥친 모든 일을 그저 수용하기만 하는 모습으로 특징되지 않는다. 우리 앞에 일어나는 많은 일은 세상의 죄와 악의 결과인 경우가 많다. 우리가 하늘 아버지께 그러한 죄악의 결과들을 중단시켜 달라고 요청하는 것은 잘못된 것이 아니다. 어떤 의미에서 본다면, 예수께서는 바로 그 기도를 하고 계신 것이다. 십자가 형벌 자체가 죄의 결과다. 십자가에는 모든 악이 집약되어 있다. 십자가가 가져올 죽음은 모든 인류 역사상 유일하게 무고한 자의 죽음이며 합당하지 않은 죽음이다. 예수께서는 다른 길이 있다면, 십자가의 길로 가지 않길 원하셨다.

둘째, 기도 가운데 우리가 구한 것이 허락되지 않을 때, 우리는 하나님이 우리 기도를 듣지 않으셨거나 우리의 기도가 응답받지 못했다고 생각해서는 안 된다. 우리는 종종 응답받은 기도에 대해 이야기한다. 주께서 자신의 요청을 듣고 허락해 주셨다고 말한다. 그러나 사실 주께서 요청대로 허락하지 않으셨다 하더라도, 그분은 여전히 들으시고 응답하신 것이다.

이는 예수께서 동산에서 간절히 기도하시던 장면에서도 분명히 드러난다. 당시 그 사건에 대해 히브리서 기자가 설명한 내용에 주목해 보라.

그는 육체에 계실 때에 자기를 죽음에서 능히 구원하실 이에게 심한 통곡과 눈물로 간구와 소원을 올렸고 그의 경건하심으로 말미암아 들으심을 얻었느니라(히 5:7).

주께서 겟세마네 동산에서 기도하신 장면을 성경이 스스로 해석하고 있다. 예수께서는 "심한 통곡과 눈물로" 기도하셨다. 아버지께서 자신을 "죽음에서 능히 구원하실" 수 있음을 아셨기 때문이다. 그리고 성경은 "그의 경건하심으로 말미암아 들으심을 얻었다"고 기록한다. 다시 말하면, 예수께서 그 기도에 응답받으셨다는 것이다. 그 응답은 아버지께서 사랑하는 아들을 통해 행하고자 하신 일이 무엇인지 보여 준다. 히브리서 기자는 계속해서 말한다.

> 그가 아들이시면서도 받으신 고난으로 순종함을 배워서 온전하게 되셨은즉 자기에게 순종하는 모든 자에게 영원한 구원의 근원이 되시고(히 5:8-9).

아버지께서 아들에게 "노no"라고 응답하신 이유는 아들이 계속해서 받게 될 고난을 통해 순종을 배우셔야 했기 때문이다(빌 2:8). 아들이 순종을 배우셔야 했던 이유는 이를 통해 그분이 우리의 영원한 구원이 되실 수 있기 때문이었다.

그렇다면 아들이 아버지께 드린 기도에 관한 다음의 진리는 우리를 진지하고도 겸손케 한다. 성부는 성자의 기도를 들으셨다. 그리고 아들을 위해서가 아니라 우리를 위해 아들에게 "노no"라고 응답하셨다. 예수께서는 고난을 받으셔야 할 만한 어떤 잘못도 행하지 않으셨다. 그분의 고난은 그를 위해서가 아니라 우리를 위해 필요했다. 아버지께서 그날 아들에게 "예스yes"라고 응답하셨다면, 그 누구를 위한 구원도 가능하지 않았을 것이다!

이 사실을 더 깊이 생각하면 할수록, 신비의 위엄 위에 더해지는 신비의 위엄을 깨닫게 된다. 여기서 우리는 육신의 몸 안에 거하시는 영원하신 성자께서 인성의 뜻에 따라, 영원 전에 이미 성부, 성자, 성령 안에서 작정된 것을 취하하는 무언가를 성부께 간구하는 장면을 보고 있다.

그러나 복음의 논리는 우리가 이 모든 것을 피조 세계 안에서의 하나님의 신비로운 조화로 보게 한다. 그리스도께서는 자신의 고통스러운 탄원 속에서 아무런 충돌도 찾지 않으셨다. 그분의 인간적인 뜻은 십자가로 가는 행로가 바뀌는 것이었다. 그러나 아버지의 뜻은 달랐다. 그분은 "노no"라고 답하셨다. 그분은 아들의 기도를 들으셨지만 요청은 거절하신다. 이 모든 것을 감안할 때 예수 그리스도의 마음에서는 십자가를 피할 수 있는 가능성이 실제로 존재했으며, 아버지께 간곡히 청할 가치가 있었음을 짐작할 수 있다.

우리는 그것을 다음의 방식으로 이해할 수 있을 것이다. 성삼위 하나님이 피조 세계 및 자기 백성과 언약을 맺기 위해 낮아지신 가운데, 그분의 영원한 작정 안에서 행하신 모든 것은 역사에서 장차 일어날 모든 일의 기초가 된다. 영원 전에 작정되지 않았다면, 그 어떤 일도 일어날 수 없다. 그러나 작정 자체가 피조 세계에서의 현실적인 우연성까지 모두 무효화하는 것은 아니다. 작정은 반드시 우연성의 조명에 비추어 이해해야 한다.

하나님의 언약적 낮아지심 안에서 반드시 일어나야 할 일(영원한 작정)은 (역사 안에서) 일어날 수 있는 일과 완벽한 조화를 이룬다. 이는 성자 안에 반드시 있어야 하는 것(그분의 신적 본성)이 있을 수 있는 것(그분의 인간적 본성)과 완벽한 조화를 이루는 것과 같은 이치다. 역사 가운데 그리스도의 두 본성을 연합하시는 하나님이 또한 역사 안에서 자신의 섭리와 기도를 연합하신다. 그것이 어떻게 가능할 수 있는지는 우리에게 여전히 신비로 남아 있다. 하나님의 길이라는 불가해한 대양을 미약하게나마 들여다 볼 수 있다면, 신비 위의 신비는 우리가 계속해서 하나님을 예배하게 만들 것이다.

성경적 송영

예배에 대해 다루면서, 앞서 우리가 읽은 본문 가운데 하나님의 계획과 우리의 기도 안에 있는 "둘 다/그리고" 관계에 대한 올바른 이해를 위해 특히 중요한 본문 하나를 다시 살펴보려 한다.

사도 요한이 환상 가운데 하늘 보좌가 있는 곳으로 옮겨졌을 때, 그는 하나님이 그 보좌에 앉으신 것을 보았다(계 4:2-11). 하나님에 대한 환상 후에 요한은 그리스도의 구속 성취에 대한 또 다른 천상의 이미지를 목격하게 된다.

내가 보매 보좌에 앉으신 이의 오른손에 두루마리가 있으니 안팎으로

썼고 일곱 인으로 봉하였더라 또 보매 힘 있는 천사가 큰 음성으로 외치기를 누가 그 두루마리를 펴며 그 인을 떼기에 합당하냐 하나 하늘 위에나 땅 위에나 땅 아래에 능히 그 두루마리를 펴거나 보거나 할 자가 없더라 그 두루마리를 펴거나 보거나 하기에 합당한 자가 보이지 아니하기로 내가 크게 울었더니 장로 중의 한 사람이 내게 말하되 울지 말라 유대 지파의 사자 다윗의 뿌리가 이겼으니 그 두루마리와 그 일곱 인을 떼시리라 하더라 내가 또 보니 보좌와 네 생물과 장로들 사이에 한 어린양이 서 있는데 일찍이 죽임을 당한 것 같더라 그에게 일곱 뿔과 일곱 눈이 있으니 이 눈들은 온 땅에 보내심을 받은 하나님의 일곱 영이더라 그 어린양이 나아와서 보좌에 앉으신 이의 오른손에서 두루마리를 취하시니라 그 두루마리를 취하시매 네 생물과 이십사 장로들이 그 어린양 앞에 엎드려 각각 거문고와 향이 가득한 금 대접을 가졌으니 이 향은 성도의 기도들이라 그들이 새 노래를 불러 이르되 두루마리를 가지시고 그 인봉을 떼기에 합당하시도다 일찍이 죽임을 당하사 각 족속과 방언과 백성과 나라 가운데에서 사람들을 피로 사서 하나님께 드리시고 그들로 우리 하나님 앞에서 나라와 제사장들을 삼으셨으니 그들이 땅에서 왕 노릇 하리로다 하더라(계 5:1-11).

이 본문에서 보좌에 앉으신 이의 손에는 일곱 인으로 봉한 두루마리가 있다. 이 두루마리는 하나님의 구속 계획이다. 그리고 그것을 열어 보기에 합당한 자가 없다. 그때 어린양이 나타나 인을 떼고 두루마리를 펼치기에 합당하신 분으로 선포된다.

이 본문에 나오는 비유는 두루마리에 기록된 하나님의 구속 계획에 대한 것이다. 그것은 하나의 완전한 계획이며, 그렇기에 "안팎으로" 빼곡히 쓰여 있었다. 그렇게 완벽하게 작성된 계획을 이행하기에 합당한 자만이 그 두루마리를 펼쳐 볼 수 있다. 하나님의 계획을 이행하려면, 그 사람도 완벽해야 한다. 그는 하나님을 기쁘시게 하고, 그 계획을 완벽하게 수행할 수 있는 자여야만 한다. 오직 어린양만이 그 일에 합당하다. 어린양은 하나님의 오른손에 있는 두루마리를 취해, 두루마리가 있던 곳(하나님의 오른손)으로부터 그 계획을 이행한다(예를 들어, 시 110:1, 히 1:1-3).

여기서 유념할 것은, 사도 요한이 보는 이 환상은 그가 그것을 볼 당시 이미 일어났던 일이라는 것이다. 우리는 요한계시록이 장차 미래에 일어날 일에 대해서만 보여 준다고 생각하는 경향이 있다. 그러나 그렇지 않다. 여기서 요한은 어린양께서 완수하신 일이 무엇이고, 그분의 그러한 성취가 역사에 가져온 의미가 무엇인지 보고 있다.

사도 요한의 이러한 계시에는 기도에 대한 논의와 직접적으로 관련되는 두 가지 측면이 있다. 첫째, 그 두루마리에는 완전하고도 포괄적인 하나님의 계획이 담겨 있다. 두루마리 안팎에는 글씨가 빼곡하게 쓰여 있다. 더 이상 기록할 수 있는 여백이 남지 않다. 달리 말하자면, 그것은 모든 것을 망라하는 하나님의 구속의 작정이며, 이제 그 작정을 이행할 권한이 있는 누군가가 필요한 상황이다(마 28:18ff.).

그러나 주목할 것은 또 있다. 둘째, 어린양께 드리는 예배에 포함된 내용에 주목해 보라. "그 두루마리를 취하시매 네 생물과 이십사 장로

들이 그 어린양 앞에 엎드려 각각 거문고와 향이 가득한 금 대접을 가졌으니 이 향은 성도의 기도들이라"(계 5:8).

어린양께서 하나님의 구속의 작정을 수행하시자 그에게 예배가 드려진다. 그 예배에는 향이 포함되는데, 그 향은 다름 아닌 성도들의 기도다! 다른 말로 하면, 하늘 보좌 앞에서 어린양께서 완전하고 포괄적인 하나님의 계획을 개시하실 때, 예배 가운데 성도들이 드린 기도를 배경으로 그 일이 이뤄지는 것이다.

이 천상의 제단에서는 더하거나 뺄 것이 없는 하나님의 완전한 구속 계획이 성도들의 기도와 결합된다. 그리고 이 결합의 결과가 바로 구속 자체인 것이다! 본문의 "새 노래"가 보여 주듯, 그 구속은 어린양(또한 사자^{Lion}이신 분, 계 5:5)과 그분께서 완벽하게 이루신 사역에 초점이 맞춰져 있다. 그런데 그 사역 안에 성도들의 기도가 함께 섞여 있는 것이다.

단순히 말해 이것은 하나님의 작정/섭리와 우리 기도의 효력 '둘 다/그리고'를 우리에게 그림으로 보여 주는 또 하나의 예다. 천상의 무대에서 주님은 두 진리를 함께 나타내신다. 이 땅에서 어린양의 임무는 완성되었다. 오직 그분만이 하나님이 영원 전에 계획하신 구속 사역을 이루기에 합당하시다. 그러나 어린양께 드려진 예배와 그분의 완전한 사역 속에는 성도들의 모든 간구가 포함되어 있다. 그 모든 간구는 아름다운 향기로 하나님 앞에 올라가 하나님의 계획과 어린양을 향한 예배의 필수 요소를 이루게 된다.

그런데 우리 논의의 결론이 될 기도에 관한 영광스럽고 경이로운 사실이 한 가지 더 있다. 예수께서 베드로를 위해 기도하신 장면에서 이렇게 생각한 사람도 있을 것이다. "예수님이 나를 위해서도 기도해 주신다면 얼마나 굉장한 일일까?" 사실, 그것은 정말로 굉장한 일이다. 그리고 실제로 주님은 그렇게 하신다(예를 들면, 요 17:20, 23-24)!

히브리서 7:25에서 저자는 천상에서 계속되는 그리스도의 사역에 대한 의미심장한 사실을 알려 준다.

> 그러므로 자기를 힘입어 하나님께 나아가는 자들을 온전히 구원하실 수 있으니 이는 그가 항상 살아 계셔서 그들을 위하여 간구하심이라.

죽임 당하신 어린양의 사역이 지속되는 가운데, 심지어 이제 만왕의 왕으로 보좌에서 통치하시는 순간에도(히 1:3), 그분은 우리를 위해 중보하신다. 그분은 참되신 마지막 선지자시며(히 1:2), 또한 우리의 가장 위대한 대제사장이시다. 우리의 대제사장으로서 그분은 항상 살아 계시며—그의 아버지이자 우리의 아버지이신—하늘 아버지의 보좌 앞에 서서 우리를 위해 간구하신다. 그분의 지상 사역은 끝났지만, 우리를 "온전히" 구원하기 위한 그분의 사역은 하늘에서 계속된다.

이처럼 경이롭고 장엄할 만큼 신비한 무언가를 상상하거나 추론하기란 어려울 것이다. 지금까지 논의한 모든 것이 이제 그리스도의 중보 사역 안에 합쳐진다는 사실을 생각해 보라. 하나님의 아들, 성삼위일체 가운데 제2위격이신 그분은 참되고 완전한 하나님이시다. 성삼위 하나님이 우리처럼 유한하고 일시적 존재인 인간과 관계를 맺으시는 가운데, 성자께서 친히 영구적으로 인성을 덧입으셨으며, 그것은 그분의 한 인격 안에서 연합을 이루었다. 그 아들은 아버지와 성령과 더불어 영원 전의 경륜 안에서 자기 백성을 택하셨다. 택한 백성의 구원을 위해서는 아버지께로 다시 나아갈 수 있는 길이 마련되어야 했고 그 일은 오직 아들만 하실 수 있었다. 그리스도께서는 자신의 순종적 삶과 순종적 죽음으로 그 길을 예비하셨다. 그분은 많은 사람을 불러 회개하고 믿게 하시며, 진정으로 그들이 자신을 따르길 원하신다.

그리고 이제 그분은 하늘로 높임을 받으사 아버지의 우편에서 우리를 위해 기도하신다. 모든 성도들의 기도가 하나님의 주권적 계획과 함께 어울려 역사하는 가운데, 심지어 하늘에서도 하나님의 아들 예수 그리스도는 우리를 위해 중보하신다. 의문의 여지 없이 그 중보 기도는 하나님 앞에서의 우리 지위를 구별되게 한다. 그것은 우리의 인내 속에, 우리의 거룩한 삶에 변화를 가져온다. 지금 그리스도께서 우리를 위해 중보하시기 때문에, 우리는 지금 그분 안에 살고 있다. 우리를 위한 그분의 지상 사역—그분의 생애와 죽음과 부활—은 우리의 구원을 위한 필수 요소였다. 그러나 그것이 그리스도의 사역의 전부가 아니었다.

우리 구주께서 행하셔야 하는 일이 더 있었고 지금도 그렇다. 그분은 우리를 위한 영원한 대제사장이 되셔야 한다(히 5:6; 6:20; 7:3, 17, 21, 24, 28; 13:8). 그리고 그분께서 제사장으로서 계속해서 행하시는 사역은 우리를 위한 중보다. 그리스도께서는 하나님 아버지와 우리 사이에 서서 간극을 메우신다. 우리가 마지막까지 "온전히" 구원받을 수 있는 이유는 오직 그분께서 거기 서 계시기 때문이다. 사실, 그리스도의 중보는 우리 기도를 위해 없어선 안 될 배경이다. 그분이 기도하시기에 우리도 기도할 수 있는 것이다.

여기서 우리는 그 히브리서 본문에 대한 존 오웬의 통찰력 있는 주해와 함께 논의를 마치려 한다.

하나님의 보좌의 영광이 어떠한지, 그 성도들과 거룩한 자들의 신분과 사역이 무엇인지, 보좌에 앉으신 그분께, 그리고 어린양께 드려지는 예배의 양식이 어떠한지 성경은 매우 절제해 전달하고 있습니다. 이는 우리가 육신을 옷 입고 육의 장막에 거하는 한 그러한 초월적인 영광들을 제대로 이해할 수 없음을 알기 때문입니다. 이 사실로부터 우리가 가질 수 있는 최선의, 그리고 가장 견고한 전망은 그리스도의 중보에 대한 설명 안에 있습니다. 이 안에서 우리는 여전히 제사장의 예복을 입고 그 직무를 수행하시는 그분의 모습을 믿음으로 보게 됩니다. 이로써 하늘은, 전에 이미 그렇게 언급되었듯, 하나의 성전이 되며 규정된 예배의 자리가 됩니다… 이 모든 이유 때문에, 이 모든 목적을 위해, 그분께서는 지극히 거룩한 곳에서 주 그리스도의 지속적인 중보 사역을 위임하셨습니다. 그분께서는 이 일을 교회의 구원과 자신의 영광을 위해 필요하며 마땅한 것으로 여기셨습니다. 그분께서는 끝을 향해 자신의 전능하신 능력을 모조리 쏟아 부으실 것입니다. 선하신 주여, 나를 도우사 그 신비를 믿고 더욱 사

모하게 하소서.[2]

일어나라, 내 영혼아, 일어나라; 죄로 인한 두려움을 떨쳐 버려라;
나를 대신해 피 흘리신 제물이 나타나셨도다:
그 보좌 앞에 나의 보증인이 서 계시니,
나의 이름이 그분의 손에 기록되어 있도다.

그분은 저 높은 곳에 영원히 살아 계시니 나를 위해 중보하심이라;
그분의 모든 구속의 사랑, 그분의 보배로운 피가 나를 변론하니:
그분의 피 모든 민족을 대속하셨네,
그리고 이제 그 은혜의 보좌에 뿌리셨네.

나의 하나님과 화목하게 되었네; 그분의 죄 사하시는 음성 내가 들으니;
그분이 나를 자기 자녀로 삼으시니; 나는 더 이상 두려움 없어라:
이제 나는 담대함으로 가까이 나아간다네,
그리고 외치네, "아버지, 아바 아버지."

찰스 웨슬리, "일어나라 내 영혼아Arise, My Soul, Arise"

---

[2]. John Owen, "An Exposition of the Epistle to the Hebrews," ed. W. H. Goold. *The Works of John Owen 5* (Edinburgh: Johnstone and Hunter, 1855), 544.

✚
그리스도는 너무나 영광스러운 분이다. 천국이 그리스도의 영광을 보는 것이 아니라면 무엇이겠는가? 설사 하나님이 영광스러운 피조 세계를 창조하셨어도, 피조물은 그분의 영광을 결코 그분의 아들만큼 표현하지 못할 것이다. 그러므로 천국은 요한복음 17장에서 이 같이 표현된다. "[그들이] 나 있는 곳에 나와 함께 있어 … 나의 영광을 그들로 보게 하시기를 원하옵나이다." 그러므로 천국에서 있을 이 친교는 어떤 점에서 위대하고도 영광스러운가? 그것은 예배를 받으실, 보이지 아니하시는 하나님의 형상인 그리스도의 영광을 보는 데 있다.
- 토마스 굿윈 Thomas Goodwin, 히브리서 설교 중에서

9
우리의 영원한 기쁨에 담긴 신비의 위엄

지금까지 성경이 우리에게 제시하는 신비의 위엄에 초점을 맞춰 온 만큼, 이 장에서도 같은 주제에 초점을 맞추고 그에 대해 결론을 내리고자 한다. 여기서는 그리스도와 영원히 함께 거하는 데 대해 세밀하고도 성경적인 주해를 하려는 것이 아니다. 우리의 영원한 미래와 관련해 사고하는 데 도움을 주는 유용한 자료는 이미 많다.[1] 그 대신 우리가 하고자 하는 것은 새 하늘과 새 땅에서 삼위일체 하나님을 예배하고 찬양할 때 우리를 충만하게 채울 영광스러운 신비들을 고대하는 하나의 방식을 제시하는 것이다.

죽음 이후, 그리고 그리스도의 재림 이전의 우리의 존재 양식과 방

---

[1]. 다음 자료는 이에 대한 유용한 자료 가운데 하나다. Anthony A. Hoekema, *The Bible and the Future* (Grand Rapids: Eerdmans, 1994). 『개혁주의 종말론』 부흥과개혁사.

식에 대해 성경은 다만 몇 가지 단서만 제공할 뿐이다. 이는 죽음 이후, 그리고 그리스도의 재림 이전 우리의 존재는 사실, 이 세상에 죄가 들어온 것으로 인한 하나의 결과이기 때문이다. 다른 말로 하면, 소위 말하는 '중간 상태'—육신의 죽음과 그리스도의 재림 때 있을 우리 몸의 부활 사이에 우리의 존재 상태—는 부자연스런 존재다. 그것이 그렇게 된 이유는 세상으로 죄가 들어왔고, 죄를 통해 죽음이 들어왔기 때문이다(롬 5:12). 중간 상태의 부자연스런 실재에는 두 가지 중요한 함의가 있다.

첫째, 그것은 중간 상태가 임시적 상태임을 의미한다. 우리는 사랑하는 이들의 죽음을 맞이할 때 그들이 마지막 본향이 아닌 다른 곳에 들어가게 된다는 것을 자주 잊곤 한다. 그들은 최종 목적지를 기다리는 일종의 과도기 단계로 들어가게 된다. 따라서 심지어 죽음 이후에도, 여전히 기다림이 존재하며 이는 그곳에서의 우리 존재의 특징이다.

둘째, 중간 상태의 실재 자체가 부자연스런 것이기 때문에, 그곳에서의 우리 존재 양식 또한 부자연스럽다. 사실, 죽음 이후에 우리가 우리의 육신과 분리되는 것 자체가 죄로 인한 산물이다. 그것은 애초에 우리가 인간으로서 기능하도록 의도된 방식이 아니다. 우리가 우리의 몸에서 분리되는 것은 부자연스런 것이며, 우리가 장차 영원히 살아가게 될 방식도 아니다(고전 15:50-54을 보라).

한편, 우리의 부자연스런 중간 상태를 둘러싼 신비는 그에 관해 성경이 우리에게 제공하는 정보의 희소성과 관련이 있다. 그렇다고 해서 주님이 우리에게 필요한 모든 정보를 주지 않으셨다는 의미가 아니다.

그보다는, 주어진 정보가 있지만 우리가 여전히 답을 알 수 없는 질문들이 남아 있다는 의미다. 성경은 우리가 이 세상에서 그리스도인으로 살아가는 데 필요한 모든 것을 제공할 만큼 충분하기에, 여전히 몇 가지 의문이 남아 있다 할지라도, 주께서 자신의 말씀 안에서 우리에게 허락하신 데 만족하는 것 또한 우리의 의무다.

성경적 전개

히브리어 '스올'Sheol은 구약 성경에서 약 67회 사용되는 용어다(헬라어로는 "하데스"로 번역된다). 구약에서는 죽은 이들이 존재하는 장소를 가리켜 '스올', 때로는 '아바돈'이라고 부른다. '스올'은 어떤 구덩이나 골짜기를, 또는 망자를 위한 어떤 장소를 의미할 수 있다. '아바돈'('멸망'을 의미함)이란 단어와 같이 사용될 때, 그것은 전형적으로 형벌을 위해 준비된 어떤 장소를 의미한다. 구약에서 스올에 관해 분명히 밝힌 것 하나는 그곳이 결코 가고 싶을 만한 곳이 아니라는 것이다(예를 들어, 창 37:35, 민 16:30, 신 32:22, 삼하 22:6, 욥 7:9, 시 6:5, 잠 7:27, 사 14:11, 호 13:14).

스올이 죽은 사람 모두 그리스도의 재림 때까지 기다리는 곳으로 추정하는 사람들도 있다. 이 시나리오에서는 스올에는 두 개의 별도의 공간이 있는데, 하나는 악인들을 위한, 다른 하나는 의인들을 위한 곳이라고 여긴다. 이러한 해석은 부자와 나사로에 관한 예수님의 비유와 일치하는 면이 있다(눅 16:19-31). 그 비유에서 의인 나사로와 악인 부자는 모두 기다림의 장소에 있다. 나사로는 부자와 멀리 떨어져 아브라함 품에 있고 부자는 고통 중에 있지만(16:23), 그들 모두 최후의 때를 기다리고 있다.

구약에서 스올이란 장소는 명백하게 규정되지 않는다. 예를 들어, 호세아서에서 여호와께서는 이렇게 질문하신다. "사망아 네 재앙이 어디 있느냐 스올아 네 멸망(쏘는 것)이 어디 있느냐?"(호 13:14). 바울이 고린도전서 15:55에서 이를 반복하고 있기에, 그 질문은 낯설지 않을 것이다. 그런데 바울은 호세아서의 이 질문을 헬라어로 옮기면서 '스올'의 전형적인 헬라식 대체어인 '하데스'란 단어를 사용하지 않는다. 오히려 바울은 헬라어로 '사망'을 뜻하는 '타나토스'^{thanatos}란 단어를 사용한다.

이러한 이해는 구약에 나타난 스올의 일반적인 의미와 일치한다. 그러면 스올은 죽음의 실재가 가져온 하나의 산물인 것이다. 그런 의미에서 스올은 어떤 보상이 아니라, 우리의 최종 종착지를 고대하는 한 장소인 것이다. 그것이 무엇이든, 어디에 있든 간에 스올이 결국 죽음이라는 마지막 원수 때문에 존재한다는 점에는 의문의 여지가 없다. 그런 의미에서 스올은 단순히 무덤을 가리키는 것일 수도, 또는 그리스도께서 심판하기 위해 강림하실 때까지 죽은 자들이 계속해서 존재하는 장소를 의미하는 것일 수도 있다.

스올(하데스)이 무엇이든, 그리고 어디에 있든 분명한 두 가지 사실이 있다. 첫째, 죽음 자체와 마찬가지로 스올의 존재는 죄의 결과이며, 따라서 일시적이다. 이는 스올이 가고 싶을 만한 곳이 아니라고 성경이 강조하는 근본적인 이유다. 스올이 존재하는 이유는 죽음이 세상

안으로 들어왔기 때문이다.

성경은 죄를 부자연스런 것으로 여긴다. 비록 이 세상에서는 정상적인 방식처럼 보일 수 있지만, 사실 죄는 본래 창조된 방식의 것이 아니다. 죄는 하나님의 선한 피조 세계 안에 들어온 추악하고 파괴적인 침입자다. 죄로 말미암아 우리는 우리 자신의 이기적인 욕망에 따라 하나님의 선한 피조 세계를 왜곡하고 난도질하고 싶어 한다. 따라서 우리가 이 세상에서 보는 대다수의 것이 그러한 죄악 된 욕망이 낳은 결과물이라 할 수 있다.

죄는 결코 정상적인 것이 아니다. 하나님이 만드신 것에 침투해 들어가면서—한편으론 내적으로 하나님의 형상을 왜곡시키고 다른 한편으론 외적으로 피조 세계가 죄로 인해 탄식하는 가운데—그것은 (그리고 우리는) 창조의 본래 의도를 훼손시키길 원하고 있다.

그런 의미에서 스올(하데스)과 아바돈은 비정상적인 장소다. 이 세상에 죄와 불순종이 유입해 일어난 불가피하고 일시적인 현상일 뿐이다. 죄가 세상에 들어와 하나님의 완벽한 피조 세계를 훼방한 것처럼, 스올 또한 주님의 백성의 최후 여정을 방해한다. 그러므로 하나의 방해물로서 스올은 죄와 사망의 결과이며, 그 둘은 주님의 재림 때 완전히 제거되어 없어질 것이다.

둘째, 성경에서 분명한—물론 구약보다 신약에서 더 분명한—사실은 다음과 같다. 스올이 무엇이든, 어디에 있든 간에 그리스도 안에서 죽은 자들은 최종적인 완성을 기다리는 동안 그분과 함께 거하러 간다는 사실이다. 여기에는 의문의 여지가 없다.

앞서 언급한 비유에서도 이 점을 충분히 암시하고 있다. 부자가 고통 가운데서 기다리는 동안, 나사로는 아브라함의 품에서 기다리고 있다. 이 비유는 그리스도의 사역이 완성되기 전에 주어진 것이기에, 여호와의 참 백성이 거할 자연스런 장소는 구약의 아버지 품일 것이다. 이 기다림의 장소는 예수께서 언급하셨듯 살아 있는 자들을 위한 장소다(마 22:30-33). 부자와 나사로 둘 다 죽음 후에도 의식적으로 깨어 있고 살아 있다. 여호와께서는 자기 스스로를 산 자들의 하나님으로 규정하신다. 그분께 속한 자들은 살아 있는 자들이며, 이는 그분께서 살아 계신 분이기 때문이다. 예수께서는 구약을 제대로 아는 사람들이라면 이 진리를 인정할 것이라고 시사하신다.

신약에서는 주의 백성이 죽음 이후에 사는 동안 아브라함의 품에서 기다리는 상태로부터 그리스도와 더불어 기다리는 상태로의 전환이 이뤄진다(고후 5:6-8; 빌 1:23; 계 6:9, 7:9, 15:2).

성경에서 분명한 사실은, 여호와께서 사람에게 생기(생명의 숨)를 불어넣어 그가 생령(살아 있는 영혼)이 되게 하시고(창 2:7), 아담에게서 하와를 창조하신 이상 각 사람에게 주어진 생명은 결코 소멸되지 않는다는 것이다. 죄의 철저한 영향으로 변화는 일어날 수밖에 없다. 우리는 그리스도의 재림 때까지 한동안 육신으로부터 분리될 것이다. 그러나 그 순간에도 우리 모든 각 사람은 죽음 후 의식이 있는 상태로 어떤 곳에 존재하게 될 것이다.

그러므로 육신의 물리적 죽음은 모두에게 하나의 과도기 단계일 뿐 결말은 아니다. 그것은 친숙한 곳에서 낯선 곳으로 옮겨지는 것이다. 자신의 죄 가운데서 아담 안에서 죽은 사람들에게 그 장소는 (생전에 그들의 존재 또한 그러했듯) 하나님의 진노로 특징되는 장소가 될 것이다. 반면, 그리스도 안에서 죽은 자들은 죽음에서조차 그분과 함께 있으며, 심지어 생전에 그분과 함께했던 시간보다 "훨씬 더 좋은" 상태로 있을 것이다(빌 1:23). 따라서 비록 그리스도인의 죽음은 새 하늘과 새 땅에 있는 우리의 최종 목적지로 이어지지는 않지만, 우리가 현재 경험하는 것보다 훨씬 더 좋은 곳으로 옮겨 줄 것이다. 그런 방식으로 그곳은 우리가 새 하늘과 새 땅을 기다리는 동안 기꺼이 거하는 과도적 장소인 셈이다.

그러므로 죽음 후 우리의 존재 안에서, 우리가 아담 안에 있든 그리스도 안에 있든 상관없이, 하나님이 인간과 세우신 언약 관계는 지속된다. 그것은 결코 끝나지 않는 관계다. 그리스도께서 다시 오실 때, 그러한 관계는 마지막 완성의 시점에 다다를 것이다. 아담 안에 있는 자들은 영원히 그분의 진노 아래서 지옥에 거할 것이며, 그리스도 안에 있는 자들은 새 하늘과 새 땅에서 영원토록 그분의 과분한 은혜의 참여자가 될 것이다. 하나님이 일단 우리와 관계를 형성하신 이상, 아담 안에서, 아담을 통해 최초에 시작된 그 관계는 영원히 중단되지 않는다. 하나님은 자신의 생기를 우리에게 불어넣으셨으며, 이는 영원까지 지속되는 우리 존재를 보장하는 신호다.

성경을 통해 하나님이 우리에게 말씀하신 것들을 감안할 때, 우리의 중간 상태뿐 아니라 새 하늘과 새 땅에서 우리 존재가 구체적으로 어떠할지 아는 것은 우리로서는 불가능하다. 우리는 그 장소에 대한,

또는 그 장소에서의 우리 존재에 대한 구체적인 그림을 제공받지 않았다. 하나님은 피조된 모든 인간과 계속해서 함께 거하실 것이며, 그분의 임재 안에 존재하는 것은 영원한 고통 또는 영원한 만족 중 하나일 것이다. 우리가 아는 것은 그것이 전부다. 이 또한 현재 이쪽 편에 있는 우리로서는 다 헤아릴 수 없는 신비의 영역이다. 심지어 죄로 말미암아 존재하게 된 상태에서조차 그리스도와 함께하는 "훨씬 더 좋은" 삶을 고대할 수 있다니 그리스도인에게 이는 영광스러운 신비가 아닐 수 없다! 그 이후 우리의 존재는 완전한 축복일 것이다. 우리는 그리스도 안에서 창조된 대로 존재하고 행하며 영원히 거할 것이다.

성경적 운명

고린도전서에는 내용 자체에 가려져 심오한 요지가 잘 드러나지 않는 한 본문이 있다. 고린도전서 13장은 '사랑 장'으로 잘 알려져 있다. 이 장은 사랑에 대한 성경적 관점을 잘 설명한 본문임에 틀림없다. 그것이 그 본문의 중심 주제이기도 하다. 그러나 왜 그러한 설명이 필요했는지를 인식하는 것도 중요하다.

고린도 교인들은 바울에게 편지를 보내 몇 가지 질문을 했다. 바울은 고린도전서 7장을 시작으로 그들이 보낸 질문에 대한 답변을 제시한다. "너희가 쓴 문제에 대하여 말하면"(고전 7:1)에 주목하라. 그들이 쓴 편지의 질문들을 차례로 다루면서 바울은 그들의 질문에 응대할 때마다 특유의 방식으로 시작한다. "… 에 대하여는"(고전 7:25, 8:1, 12:1).

그리고 12장부터 바울은 영적 은사에 관한 그들의 질문을 다룬다.

고린도 교인들이 바울에게 영적 은사에 관해 무엇을 질문했는지는 명확하지 않다. 분명한 것은 고린도교회 안에서 그들이 자신들의 은사를 어떤 관점으로 보고 어떻게 사용했는지 바울이, 아마도 그들의 편지를 통해, 알고 있었다는 점이다. 고린도 교인들은 주님께서 교회 안에 세우시고 교회에게 허락하신 선한 은사들을 취해 불화와 교만의 수단으로 삼았다. 그리스도의 나라에서 누가 가장 큰 자인지를 놓고 다투던 예수의 제자들처럼, 고린도 교인들은 누구의 은사가 가장 큰 것인지를 놓고 논쟁하고 다퉜다. 그들은 자신들의 영적 은사를 비교하며 가장 작은 것에서 가장 큰 것으로 순위를 매겼다. 소위 "가장 큰" 은사를 지닌 이들은 자신들보다 "더 작은" 은사를 지닌 이들이 필요 없다고 생각했다. 따라서 교회의 많은 이들은, 하나님이 자신들에게 은혜로 베푸신 은사 때문에, 자신에게 교회가 필요하지 않다고 판단했다. 그들은 자신에게 "더 큰" 은사가 있으니 그걸로 충분하다고 여겼다.

바울은 그들의 자기중심적 교만에 대해, 그리고 교회를 마치 군대처럼 등급으로 나눈 개인의 집단으로 생각하는 데 대해 책망한다. 그리고 몸이 정상적으로 기능하기 위해서는 교회의 모든 지체가 동등하게 중요하고 동등하게 필요하다는 것을 보이기 위해 바울은 몸의 비유를 사용한다. 몸의 어떤 지체도 다른 지체를 향해 "나는 네가 필요하지 않다"고 말할 수 없다. 그럴 경우 몸이 제대로 기능하지 못하게 되기 때문이다. 마찬가지로 교회 내 구성원들은 그리스도의 몸으로 기능하되, 더 귀하거나 덜 귀한 개개인으로 작용하는 것이 아니라 다양성 안에서 연합을 추구하며 함께 작용해야 한다.

이처럼 바울은 고린도 교인들이 영적 은사에 대해 질문한 것을 배경으로 '사랑 장'을 기술한다. 그 장의 요지는, 궁극적으로, 사랑의 은사가 지닌 탁월함을 보여 주는 데 있다. "그런즉 믿음, 소망, 사랑, 이 세 가지는 항상 있을 것인데 그 중의 제일은 사랑이라"(고전 13:13). 만약 고린도 교인에게 은사의 등급이 그토록 중요하다면, 사랑이야말로 예언, 방언, 그리고 가르치는 은사보다 가장 뛰어난 은사일 것이라고 바울은 가르친다. 실제로 성도들이 어떤 은사들을 가졌건 간에, 사랑의 은사는 그들을 균등하게 하는 데 가장 탁월한 역할을 할 수 있다. 교회 모든 성도들은 사랑의 은사를 소유해야 하며, 서로를 대할 때 그 은사를 사용해야 한다(참고. 마 22:36-40).

바울이 고린도전서 13장에서 주장하는 방식 가운데 하나는 우리 그리스도인의 삶에서 중요하고 필수적이라고 생각하는 대부분의 것 안에 있는 일시적인 특성을 상기시키는 것이다. 이제 그 본문을 펼쳐 놓고 신비에 관한 지금까지의 논의에 비추어 이를 생각해 보는 것도 도움이 될 것이다.

사랑은 언제까지나 떨어지지 아니하되 예언도 폐하고 방언도 그치고 지식도 폐하리라 우리는 부분적으로 알고 부분적으로 예언하니 온전한 것이 올 때에는 부분적으로 하던 것이 폐하리라 내가 어렸을 때에는 말하는 것이 어린아이와 같고 깨닫는 것이 어린아이와 같고 생각하는 것이 어린아이와 같다가 장성한 사람이 되어서는 어린아이의 일을 버렸노라 우리가 지금은 거울로 보는 것같이 희미하나 그 때에는 얼굴과 얼굴을 대하여 볼 것이요 지금은 내가 부분적으로 아나 그 때에는 주께서 나를 아신 것 같이 내가 온전히 알리라 그런즉 믿음, 소망, 사랑, 이 세 가지는 항상 있을 것인데 그 중의 제일은 사랑이라(고전 13:8-13).

바울은 가장 큰 영적 은사로서 사랑의 탁월성을 설명하기 위해 두 종류의 비유를 환기한다. 하나는 어린아이에서 장성한 사람으로의 성장에 대한 비유이고, 다른 하나는 실체를 비추는 거울의 반영에 대한 비유다.

이 두 가지 비유는 범주 상으로 동일하지는 않지만, 이생과 다음 생의 관계에 관한 두 가지 진리를, 즉 중요하고 구별되나 서로 연관되는 두 가지 진리를 제시하기 위해 사용된다. 첫 번째 비유는 이생이 어린아이의 때와 유사하다는 것을 우리에게 가르친다. 어린아이는 어른과 다르게 말한다. 어린아이의 사고는 부분적이며, 성장하는 과정에서도 그렇다. 이 첫 번째 비유는 특히 우리 그리스도인의 삶에서 이생은 성장의 한 과정이며 성숙을 향해, 그리고 영광 가운데 완전을 향해 나아가는 하나의 과정임을 보여 준다.

두 번째 비유는 우리 모두가 이 땅에 사는 동안 경험하는, "어린아이에서 장성한 사람으로의" 단계에 관해 더 많은 것을 말해 준다. 바울에 따르면, 우리가 "말하는 것이 어린아이와 같고", "생각하는 것이 어린아이와 같은" 이유는 "우리가 지금은 거울로 보는 것같이 희미하기" 때문이다. 여기서 '희미한'으로 번역된 헬라어 단어는 '아이니그마'ainigma로서, 영어의 '에니그마'enigma라는 단어의 유래이기도 하다. 에니그마는 신비롭고 난해한 무언가를 의미한다. 바울의 요지는 이생에서 우리가 믿음의 눈으로 무엇을 볼 때, 그것을 수수께끼같이 enigmatically 본다는 것이다. 우리는 보기는 본다. 그러나 그 방식은 거울을 통해 보는 것과 같다. 우리가 보는 것은 실상의 완전한 모습이 아니라, 실상에 대한 하나의 반영이다. 그리고 그 반영은 우리에게 에니그마로 남게 된다. 이 '희미한'이란 단어와 관련해 찰스 핫지는 자신의 주석에서 이렇게 설명했다.

> 이 개념은 우리가 어떤 신성한 것을 마치 에니그마로 포장된 상태로 보듯 한다는 의미일 수 있다. 우리는 실재를 있는 그대로 볼 수 없다. 다만 그들을 불완전하게 표현하는 어떤 상징이나 언어로 제시된 형태로 볼 뿐이다.[2]

이 단계에서는 바울이 이들 비유에서 말하고 있지 않은 것을 인식하는 것이 중요하다. 우리는 현재 말씀을 통해 주님으로부터 받은 진리가 본래 의도된 계시를 드러내기에는 불완전하고 불충분하다는 식으로 결론 내리는 오류를 범할 가능성이 있다. 그러나 여기서 바울은

---

2. Charles Hodge, *An Exposition of the First Epistle to the Corinthians* (New York: Robert Carter & Brothers, 1857), 274.

그런 의미로 말하고 있는 것이 아니다.

예를 들면, 어린아이에서 장성한 사람으로의 비유는 참된 화법과 참된 지식으로의 과정을 말하기 위한 것이지, 거짓된 지식과 참된 지식의 대조를 말하기 위한 것이 아니다. 따라서 거울은 비록 희미하게나마 반영하고 있는 실재를 적절히 비추고 있다. 거울은 본연의 임무를 다하고 있다. 다만 거울 안의 그 이미지가, 비록 그것이 적절한 것임에도 불구하고, 결국 실재에 대한 간접적인 반영일 뿐이라는 것이다. 여기서 바울의 요지는 어린아이의 때와 거울이 있는 그대로의 실재에 대한 왜곡이나 부정이 아니라는 것이다. 바울의 주된 요지는 그 이상의 더 많은 것이 올 것이라는 데 있다.

바울이 그런 비유들을 논하고 있는 방식 자체를 통해 우리는 그 용례를 알 수 있다. 바울은 "어린아이/장성한 사람" 그리고 "거울의 이미지로 보는 것/얼굴과 얼굴로 대하여 보는 것"에 관한 비유를 "온전한 것이 올 때에는 부분적으로 하던 것이 폐하리라"고 말할 때의 의도를 설명하기 위해 사용한다. 여기서 '온전한'(헬. '텔레이온'teleion)이란 단어는 어떤 도덕적 자질을 의미하는 것이 아니다. 그것은 완성 또는 충만을 의미한다. 따라서 장성한 성년의 때는 온전한 상태와 유사하고, 어린아이의 때는 부분적인 상태에 비견된다. 거울에 비치는 형상은 부분적인 그림에 불과하지만, "얼굴과 얼굴을 대하여 보는 것"은 실상에 대한 완전한 시각을 제공한다. 두 경우 모두 "부분적인 것"과 "온전한 것" 사이에 불연속성이 아닌 연속성이 존재한다. 아동기는 성인기로 이어진다. 거울의 형상은 비추고 있는 실재를 가리킨다.

따라서 신비에 관한 논의 전체와 관련해 이 본문에 대한 우리 논의의 요지는 바울이 12절 하반절에서 한 말에서 찾을 수 있다. "지금은 내가 부분적으로 아나 그 때에는 주께서 나를 아신 것 같이 내가 온전히 알리라." 이 구절은 문맥을 고려하지 않고 그 자체만 놓고 본다면 다소 난해하게 들릴 수 있다. 이 구절만 놓고 본다면, 언젠가 우리가 모든 것을 알게 될 때, 즉 "온전히" 알게 될 때가 온다고 말하는 것처럼 느껴질 수 있다. 그 때가 되면 우리가 모든 것을 알게 되면서 더 이상 신비는 존재하지 않게 될 것이다. 그런데 사실 이것은 바울의 요지가 아니다. 문맥을 보면 성경이 우리에게 무엇을 말하고자 하는지가 더 분명해진다. 바울은 역사가 최종 목적지를 향해 전진하는 가운데, 교회가 과정 속에 있다고 설명한다. 그 과정에는 이생에서의 위로와 영적 성장을 위해 교회가 받아 누리고 있는 선하고 필수적인 은사들이 포함된다. 그러나 아동기와 마찬가지로 그런 은사 가운데 일부는 단지 한시적일 뿐이다. 그러한 것들은 지금도 부분적인 것이며, 시간이 모두 사라지고 완전함이 임하는 순간, 더 이상 필요하지 않게 될 것이다. 그러한 은사들이 주어진 것은 온전한 실체가 아직 우리에게 주어지지 않았기 때문이다. 그러한 은사들은 이생에서 거울을 통해 실체를 희미하게 보아야 하는 자들을 위해 주어졌다.

따라서 이 본문은 우리가 아무것도 모른다고 말하는 것이 아니다. 다만 우리가 부분적으로 알고 있다고 말한다. 이 본문은 우리가 볼 수 없는 무능한 상태라고 말하는 것이 아니다. 우리는 볼 수 있다. 다만 거울을 통해서만 본다. 우리는 수수께끼를 보듯 본다. 그러나 우리가 더 이상 거울로 희미하게 보지 않게 될 때가 올 것이다. 더 이상 믿음으로 행할 필요가 없는 때가 올 것이다. 지금 이생에서 우리에게 필요한 믿음은 장차 새 하늘과 새 땅에서는 직접 보는 것으로 대체될 것이다. 현재 우리가 보는 수수께끼 같은 이미지들은 예수 그리스도를 마주 대하며 얻는 지식으로 대체될 것이다. 그 때에는 믿음과 소망이 사라지게 되지만, 사랑은 언제나 우리 안에 우리를 위해 남아 있을 것이다. 사랑은 우리를 향한 하나님의 영원한 사랑이 낳은 직접적인 결과다. 워필드는 우리의 영원한 기쁨이 갖는 이 같은 측면을 탁월한 방식으로 요약한다. 그 글귀는 하나같이 모두 의미심장하다.

분명코 우리는 때가 차지 않은 이 시대 안에서 이미 이루어진 것만으로 하나님의 구원 사역을 측량하길 바라지 않을 것입니다. 모래알 같은 시간의 수명은 아직 다하지 않았습니다. 우리 앞에는 오랜 시간뿐 아니라 하나님 약속의 무궁무진함과 풍성함이 펼쳐져 있습니다. 성도들이 땅을 유업으로 받을 것 아닙니까? 재창조된 땅이 그들의 것 아닙니까? 이 세상 나라들이 하나님 나라가 될 것 아닙니까? 물이 바다를 덮음같이 하나님의 영광을 아는 지식이 온 땅을 뒤덮어야 할 것 아닙니까? 가장 작은 자로부터 가장 큰 자까지 모두 그분을 알도록 사람이 자기 이웃을 향해 "여호와를 알라"고 말할 필요가 없는 그 날이 도래할 것 아닙니까?

오, 여러분에게 간절히 청하노니, 여러분의 눈을 들어, 여러분의 눈을 들어 저 멀리 지평선 너머를 바라보십시오. 여러분의 두 눈이 거룩한 은혜의 목적이라는 극단적인 한계로부터 벗어나지 못하게 하십시오. 그리고 여러분이 거기서 보는 것을 나에게 말해 주십시오. 그것은 궁극의, 영광스러운 하나님의 사랑의 분출 아닙니까. 그 사랑은 단지 이 세상 이곳저곳의 일부가 아니라 유기적 완전체로서의 온 세상을 사랑하신 사랑이며, 세상을 심판하기 위해서가 아니라 아들을 통해 세상을 구원받게 하시고자 그를 주신 사랑 아닙니까?

그리고 그분께서 내게 말씀하십니다. '이르되 이리 오라 내가 신부 곧 어린양의 아내를 네게 보이리라 하고…하나님께로부터 하늘에서 내려오는 거룩한 성 예루살렘을 보이니…그 성은 해나 달의 비침이 쓸 데 없으니 이는 하나님의 영광이 비치고 어린양이 그 등불이 되심이라 만국이 그 빛 가운데로 다니고 땅의 왕들이 자기 영광을 가지고 그리로 들어가리라 낮에 성문들을 도무지 닫지 아니하리니 거기에는 밤이 없음이라 사람들이 만국의 영광과 존귀를 가지고 그리로 들어가겠고 무엇이든지 속된 것이나 가증한 일 또는 거짓말하는 자는 결코 그리로 들어가지 못하되 오직 어린양의 생명책에 기록된 자들만 들어가리라.' 오직 어린양의 생명책에 기록된 자들만, 그러나 만국이! 이는 장차 구원받을 세상에 대한 놀라운 환상이 아닐 수 없습니다. '하나님이 세상을 이처럼 사랑하사 독생자를 주셨으니 이는 그를 믿는 자마다 멸망하지 않고 영생을 얻게 하려 하심이라.' 이 환상은 측량할 수 없는 하나님 사랑의 완성된 목적을 보여 줍니다.[3]

---

3. B. B. Warfield, *The Saviour of the World* (1916; repr., Carlisle PA: Banner of Truth,

이것이야말로 사랑이 가장 위대한 은사인 이유 아니겠는가? 이것이야말로 믿음과 소망이 더 이상 필요 없을 때에도 우리 안에 사랑이 머무는 이유 아니겠는가? 바울의 표현처럼 "온전히" 아는 것은 하나님의 사랑의 완성에 따라 아는 것을 의미한다. 그 사랑은 우리가 영원히 두 눈으로 바라보게 될 마지막 날에 드러날 것이다. 그날에 영화로운 아들 안에 나타난 성삼위 하나님의 계시를 자세히 볼 때, 우리는 이 책을 통해 우리를 사로잡았던 신비들을 모두 마주하게 될 것이다. 그 때에야 비로소 주님이 우리를 알고 계시는 것처럼 우리도 알게 될 것이다.

영원한 신비

이것은 우리의 영원한 운명에 관한 영광스러운 진리다. 새 하늘과 새 땅에서 우리가 영원으로 들어가는 것은 그리스도 안에 있는 우리 모두에게 정해진 운명이다. 그러나 충만하고 완전한, 영원한 미래로 들어가는 것조차 그리스도인의 믿음에 담긴 신비의 위엄을 결코 소멸시키지 못하며, 오히려 더욱 향상시킬 것이다. 온전히 안다는 것은 이 공부를 통해 우리를 사로잡았던 모든 신비를 얼굴과 얼굴을 대하여 ("두 눈으로") 보는 것이다.

찰스 핫지는 마지막 날에 있을 우리의 온전함에 대해 이렇게 언급

1991), 129-130.

한다. "우리는 우리 자신의 협소한 범주 안에서 완전할 것이며, 이는 하나님이 그분 자신 안에서 그러하신 것과 같은 이치다. 그러나 하나님과 우리 사이의 차이는 여전히 무한대로 남아 있게 된다."[4] 다른 말로 하면, 우리가 살아 계신 성삼위 하나님과 영원히 함께 거하며 충만하고 완전하게, 그리고 얼굴과 얼굴을 대하여 아는 날, 신비의 위엄이 중단될 것을 기대해선 안 된다.

지금까지의 논의에 비추어 이것이 무엇을 의미하는지 생각해 보자. 우리는 하나님이 삼위일체로 존재하시고, 항상 그러하실 것이라는 진리를 확인했다. 삼위의 하나님으로서 그분은 또한 언제나 한 하나님이다. 우리는 심지어 영원한 미래에서조차 하나님의 존재론적 삼위일체에 담긴 신비의 깊이를 다 이해할 것이라 기대해서는 안 된다. 하나님의 본질을 전부 간파한다는 것은 결국 하나님이 된다는 것이다. 하나님의 영은 하나님의 깊은 것까지 아신다(고전 2:10-11). 그러나 사람은 결코 하나님이 아시는 것처럼 알 수 없다. 우리에게 하나님의 영이 거하시면, 우리는 참으로 알 수 있고 알고 있다(고전 2:12). 그러나 우리가 모든 것을 면밀하게 아는 것은 아니며, 앞으로도 영원히 그러할 것이다. 완전히 거룩하시고 전적으로 독립적이신 하나님의 본질은 우리에게 신비의 위엄으로 남을 것이며, 이는 우리로 하여금 그분을 영원토록 예배하게 할 것이다.

---

4. Charles Hodge, *First Epistle to the Corinthians* (New York: Robert Carter & Brothers, 1857), 274.

또한 우리는 성삼위 하나님이 스스로 낮아지셔서 피조물, 특히 피조된 인간과 관계를 맺기로 작정하신 것을 보았다. 그분의 낮아지심에는 그분과 우리의 관계를 시작하고, 유지하고, 규정하는 특징에 대한 새로운 표현들이 포함된다. 예를 들면, 홀로 자족하시는 하나님은 또한 아브라함과 이삭과 야곱의 하나님이시다(출 3:1-14). 그분은 자격 없는 자들에게 은혜를 베푸시는 하나님이시다. 그러나 그분은 또한 죄인들에게 진노하시며, 죄를 그대로 간과하지 않으시는 하나님이시다(출 34:6, 민 14:18).

마지막 날이 임하고 우리가 새 하늘과 새 땅으로 들어가게 될 때, 성삼위 하나님이 영원 전에 작정하시고 수립하신 이 관계는 영원한 미래에서 그 최고조에 달하게 될 것이다. 하나님과 우리의 관계의 초점은 우리를 향한 그분의 언약적 낮아지심에 있다. 다음 구절에 주목하라.

> 그 때에 나는 보좌에서 큰 음성이 울려 나오는 것을 들었습니다. "보아라, 하나님의 집이 사람들 가운데 있다. 하나님이 그들과 함께 계실 것이요, 그들은 하나님의 백성이 될 것이다. 하나님이 친히 그들과 함께 계시고"(계 21:3, 새번역).

사도 요한은 우리에게 사람의 집이 하나님 가운데 있을 것이라고 말하고 있는가? 아니다. 어쩌면 그렇게 읽는 것이 더 편할 수도 있다. 그러나 여기서 요한은 "하나님의 집이 사람들 가운데 있을 것이다"라고 말한다. 이것은 그 모든 영광스럽고 완전하고 영원한 충만 가운데 이뤄지는 하나님의 언약적 낮아지심이다! 영원 전에 시작한 것이 영원 미래에서 완성에 도달할 것이다. 무한하신 성삼위 하나님이 자기 백성과 함께 영원히 거하기 위해 낮아지신다.

그러한 함께 거하는 모습은 어떠할까? 그것은 성경 전체에서 하나님의 특별한 임재의 장소로 제시된 성전의 절정이자 완성으로 보인다.

> 성 안에서 내가 성전을 보지 못하였으니 이는 주 하나님 곧 전능하신 이와 및 어린양이 그 성전이심이라(계 21:22).

구약에서 하나님과 백성의 관계에 그토록 중추적이고 근원적인 역할을 감당했던 성전은(예를 들어, 겔 40-43장), 마지막에 이르러는 건물에서 벗어난다. 건물은 영원한 하나님의 집을 대표하는, 부분적인 거울의 형상 같은 것이었다. 이러한 개념은 성경에서 매우 긴밀하게 연관되는데, 요한은 그 성전이 곧 전능하신 주 하나님이자 어린양이라고 말한다. 사람이 아니라 하나님이 지으신 그 성에 우리가 살게 될 때(히 11:10), 우리가 실제로 거주할 그 곳은 바로 주 하나님과 어린양 안인 것이다. 우리와 함께하시는 그분의 임재가 너무나 강렬하기 때문에 그곳에는 더 이상 창조의 넷째 날, 하늘에 설치된 광명체들이 필요 없다. 거기서는 마치 창조의 첫 사흘처럼, 하나님이 친히 우리의 빛이자 등불이 되실 것이다.

여기서 우리는 다소 간접적으로 묘사되고 있음을 감안해, 성령께서도 우리와 함께 거하실 것임을 언급할 필요가 있다. 성경에서 성전은 성령이 거하시는 곳으로 표현된다(요 14:16-17, 고전 2:16). 성전이 거룩한 장소가 되게 하는 것은 거룩한 영이신 성령의 임재다.

따라서 새 하늘과 새 땅에서도, 하나님의 성전의 최종적이고 완성된 형태로서의 그곳에서도 성령께서는 거하실 것이다. 그분은 "하나님과 및 어린양의 보좌로부터" 흘러나오는 "수정같이 맑은 생명수의 강"이시다(계 22:1, 또한 요 7:37-39을 보라). 예수께서 하나님의 영광을 나타내실 분이라 말씀하셨던 것처럼(요 16:14), 성령께서는 주 하나님과 어린양을 영화롭게 하신다. 예수께서 성령에 대해 말씀하셨던 것처럼, 성령은 그리스도께 속한 것을 취해 자신의 백성에게 선포하실 것이다. 성령의 사역은 그리스도의 완성된 사역으로 자주 규정되기에 성경은 그 둘을 동일한 것으로 다루기도 한다(고후 3:17, 고전 15:45).

그러므로 우리의 영원한 하늘 도성의 장엄한 신비 안에서 우리가 보는 것은 주님의 백성인 교회와 함께 영원히 거하시는 경륜적 삼위일체―세 위격으로 계시는 한 분 하나님―의 놀라운 신비다.

우리의 예상대로 그 영원한 거하심은 특별히 (독점적인 것은 아니지만!) 삼위일체의 제2위격에 초점이 맞춰진다. 새로운 하늘의 성전, 하나님의 도성에서 빛과 등불이 되실 이는 주 하나님과 어린양이시다. 다른 말로 하면, 스스로 인간 본성을 취하셨던 하나님의 아들은 언제나, 영원한 미래에도 완전한 하나님이자 완전한 사람으로 남아 계신다. 요한계시록이 그분을 "어린양"으로 종종 부르는 이유 가운데 하나는 그분이 항상 자기 백성을 속량하기 위해 하나님께 드려진 대속물 되심을 강조하기 위해서다(계 5:9).

이 진리는 오직 성육신에 담긴 신비의 위엄을 확장하고 확대한다. 창세 전에 성삼위 하나님이 그리스도 안에서 자기 백성을 구원하기로 결정하셨을 때(엡 1:4-6), 성자께서는 승천하신 후에는 성육신하지 않은 상태로 돌아갈 것을 가정하시고, 당분간 지상에서만 인성을 덧입기로 하신 것이 아니다. 그분이 인간 본성을 취해 우리 구원을 완성하신 후에는 그 본성을 버리고 자신의 성육신 이전 상태로 돌아가신 것이 아니다. 하나님의 영원한 은혜에 담긴 영광스러운 신비는 성자께서 인간 본성을 취하고 나면 영원히 유지된다는 데 동의하셨다는 것이다! 우리의 중보자가 되기로 헌신하신 그분께서는 영원무궁토록 우리를 위한 중보자가 되신다.

이 신비의 풍성함은, 심지어 영원 안에서도, 결코 고갈되지도, 사라지지도 않을 것이다. 우리가 그리스도를 얼굴과 얼굴을 대하여 보는 순간조차, 그래서 주님이 우리를 아시는 대로 우리도 주님을 아는 순간조차, 여전히 우리는 성삼위 하나님의 영원한 은혜와 낮아지심의 심오함을 다 헤아릴 수 없을 것이다.

그리스도와 우리 관계의 완성에 대한 성경적 그림 가운데 하나는 혼인 관계이다. 하나님의 가족으로 받아들여지는 순간 우리는 "그리스도 안에서" 발견되지만(예를 들어 엡 1:3-14), 그 연합은 고린도전서 13장에 나온 바울의 언어에 따르면, 여전히 "부분적"이다. 우리는 마치 거울로 보듯 그것을 간접적으로 안다. 그러나 역사의 완성에 이르면, "어린양의 혼인 잔치"가 이뤄지고, 그리스도의 신부가 된 교회는 스스로 단장하여 준비할 것이다. 그날에 우리는 우리의 신실하신 영광의 구주 예수, 하나님의 어린양과 충만하고 완전하고 온전한 연합을 이루게 될 것이다(계 19:6-9).

지금까지 이 책에서 살펴본 모든 신비 위의 신비가 이제 궁극의 최고점에 도달하고 있다. 그것은 새 하늘과 새 땅에서 영원토록 우리를 사로잡을 것이다. 여기서 우리가 논의한 기독교 신앙의 신비들은 현재로서는 부분적으로 "거울로 희미하게" 볼 뿐이다. 어린양을 보고 혼인 잔치에 참여할 때, 비로소 우리는 이러한 신비들을 온전히 알게 될 것이다. 즉 우리는 그 신비의 위엄을 얼굴과 얼굴을 대하듯 목도하게 될 것이다. 그리고 우리의 성삼위 하나님이 얼마나 장엄하고 불가해하신지 완벽하고 충만하게 알아 그분을 영원토록 찬양하고 예배하게 될 것이다. 그러한 신비를 스스로 해결하고자 하는 것은, 물론 가능지도 않지만, 그 신비의 위엄을 훼손하고 부정하는 것이다. 신비와 위엄은 이제부터 영원까지 항상 함께할 것이다.

이제 우리는 존 오웬의 글귀를 인용하는 것으로 마무리하고자 한다. 그 가운데 어떤 것은 이전에도 소개한 바 있다. 지금까지 우리가 논의했던 것을 감안하고 우리 믿음의 신비들이 지닌 영원한 특성을 고려한다면, 오웬이 진술한 이러한 진리들은 우리의 영원한 운명에 담긴 신비의 위엄 속으로 우리를 안내해 줄 것이 분명하다.

성경 안에는 교리들과 계시들이 있습니다. 너무나 장엄하고 영광스러우며, 매우 심오하고 신비롭도록 탁월하기에 처음 들을 때 우리는 본성상 자신을 뛰어넘는 것과의 대면에 깜짝 놀라고, 움츠러들며, 공포에 휩싸이게 됩니다. 우리 본성이 감당하기에는 너무나 위대하고 탁월하기에 회피하고 사양하길 간절히 원합니다. 그러나 한편 그러한 진리에 온전히 집중하게 될 때 우리 본성은, 비록 다 헤아릴 수 없을지라도 그 진리를 받아들이고 복종하지 않는 한, 우리가 받은 모든 것을 다시 내어놓아야 할 뿐 아니라, 피조물로서 하나님께 의존한 모든 것 또한 와해되거나 본성 자신에게 끔찍하고 두렵고 파멸적으로 돌아갈 수밖에 없음을 굴복하고 깨닫게 됩니다. 삼위일체, 하나님 아들의 성육신, 죽은 자들의 부활, 신자의 거듭남 등에 관한 교리들이 바로 그러한 것들입니다.[5]

따라서 나는 단지 이렇게 말할 뿐입니다. 이러한 믿음의 대상에 친숙하지 않은 사람들—불가해한 것들을 찬미하고 묵종하는 것을 즐거워하지 않는 마음의 소유자들… 모든 것을 자신의 이해 수준으로 격하시키는 자들, 또는 자신이 이해할 수 없는 것을 의도적으로 등한시하며 사는 자들—은 영광 안에 있는 이 같은 것들에 대한 환상을 위해 자신을 거의 준비시키고 있지 않다는 것입니다. 사실 우리의 복락이 그 안에 있는데도 말입니다.[6]

---

5. John Owen, *The Works of John Owen*, ed. William H. Goold (Edinburgh: T&T Clark, 1862), 16:339-340.
6. John Owen, *The Works of John Owen*, ed. William H. Goold (Edinburgh: T&T Clark, 1862), 1:152.

신비의 위엄은 영원히 우리의 것이 될 것이다. 우리의 영원한 삶은 그러한 신비로 영광스럽게 둘러싸여 우리의 성삼위 하나님께 영광과 찬양이 될 것이다. 우리는 신비를 인정하기만 할 뿐 아니라, 그것을 인정함으로 언제나 영원한 기쁨을 누릴 것이다. 이생에서처럼 영원 안에서 그리고 영원토록 우리는 또 다시 이렇게 고백할 것이다.

깊도다 하나님의 지혜와 지식의 풍성함이 그의 판단은 헤아리지 못할 것이며 그의 길은 찾지 못할 것이로다 누가 주의 마음을 알았느냐 누가 그의 모사가 되었느냐 누가 주께 먼저 드려서 갚으심을 받겠느냐 이는 만물이 주에게서 나오고 주로 말미암고 주에게로 돌아감이라 그에게 영광이 세세에 있을지어다 아멘(롬 11:33-36).

수정 같은 바다 옆에, 성도들이 영광 가운데 서 있네,
무수히 많은 사람들, 모든 나라에서 왔다네,
흰 의복을 입고서, 예수님의 피로 씻김 받아,
이제 저들은 하나님의 어린양과 함께 천국에서 다스리리.

환난에서, 죽음에서, 사탄의 손아귀에서,
저들이 주의 명령에 벗어나 옮겨졌으니.
그들의 손에는 승리의 종려나무를 쥐고 있다네;
들으라! 기쁨 가득한 합창의 소리로 승리를 외치네:

"전능하신 하나님, 보좌에 앉으신 그분께,
그리고 승리하신 어린양께, 오직 찬양할 지어다,
하나님이 구원을 이루셨네, 그분께서 기이한 일들을 행하셨네,
누가 주님을 찬양하지 않으리오, 거룩하신 만왕의 왕께."
윌리엄 카이퍼, "수정 같은 바다 옆에"By the Sea of Crystal

결론

우리는 하나님의 측량할 수 없는 심오함을 생각함으로 기독교에 담긴 신비의 위엄을 바라보기 시작했다. 우리는 하나님의 백성으로서 그분의 특성으로 인해, 심지어 그 특성을 온전히 이해할 수 없다는 사실로 인해 그분을 예배할 수 있는 우리의 특권을 강조했다. 다른 말로 하자면, 우리가 그분을 예배하는 것은 하나님으로서 그분을 그분의 말씀에 따라 알 수는 있지만 인간의 사유로 샅샅이 파헤칠 수 없기 때문이다.

다음으로는 그러한 불가해하신 하나님이 삼위일체로 존재하신다는 것이 무엇을 의미하는지 생각해 보았다. 다시 한 번 인정하는 바이지만, 우리가 세 구별된 위격 안의 한 하나님을 고백할 때 이 고백은 우리 인간의 인지 능력을 초월한다. 우리가 그것을 고백하는 것은 문자 그대로 그것이 복음의 진리이기 때문이라고 말할 수밖에 없다. 그 진리를 고백할 때 우리는 우리가 고백하는 것이 무엇인지 묘사할 수는 있다. 그러나 묘사하면 할수록 우리 자신이 지성적 한계 너머로 나아가게 됨을 인정하지 않을 수 없다. 이러한 까닭에 우리는 도저히 가늠할 수 없는 하나님을 예배한다.

측량할 수 없는 신비 위에 측량할 수 없는 신비를 더해 우리는 그리스도의 성육신의 심오함을 엿보았다. 거기서 우리는 삼위일체 하나님의 제2위격이신 그분께서, 완전한 하나님 되심을 유지하신 채 역사의 한 특정한 시점에 스스로 인간의 본성을 취하셨음을 보았다. 우리는 그분의 말씀이 우리에게 전하는 바에 따라, 성령께서 한 위격 안에 이 인간 본성을 연합하셨음을 알고 있다. 신성과 인성이 그 고유의 구분되는 특성을 유지한 채 서로 상충하는 것이 아니라, 오히려 그 아들의 인격 안에서 인격적 조화를 이루는 것이다. 우리는 그 진리가 어떻게 그러한지 알 길이 없다. 그러나 친히 진리 되시는 그분께서 자신이 어떤 분인지 말씀하셨기에 우리는 그것이 진리임을 안다.

우리가 숙고한 영광스러운 난제들은 하나님 그분 자신을 가리킨다. 그분은 우리에게 불가해하신 분이자 삼위일체시며 아들 안에서 성육신하신 하나님이다. 이러한 사실들을 고려한 후에, 우리는 장엄한 신비의 모형, 즉 삼위일체 하나님의 언약적 낮아지심에 주목했다. 물론 성육신 사건은 하나님의 낮아지심의 본질이자 정점이다. 그러나 그뿐만이 아니다. 우리가 논의했던 모든 것이 알려진 것은 오직 성삼위 하나님이 자신을 우리에게 계시하기 위해 낮아지셨기 때문이다. 그런 면에서 이 장엄한 신비의 모형은 우리가 확언하는 모든 것을 아우른다. 하나님의 존재론적 삼위일체와 같이 하나님의 낮아지심의 산물이 아닌 것조차 오직 그분이 낮아지셔서 우리에게 말씀하셨기 때문에 알려진 것이다.

그러므로 하나님의 언약적 낮아지심은 우리가 논의한 모든 것을 아우른다. 오직 그것만이 우리가 하나님에 관해 알고 확증하는 유일한 방법이기 때문이다. 낮아지심 안에서 성삼위 하나님은 피조된 인간과 영원한 관계를 맺으셨다. 성삼위 하나님이 유한하고 죄악된 피조물과 스스로 관계를 맺으신다는 것 자체가 불가해하기에 이 관계의 모든 면에 신비의 요소가 있을 것임을 예상할 수 있다. 무한하신 하나님이 우리에게 내려오기로 결정하신 이상, 신비는 그 내려오심의 모든 측면과 과정의 밑바탕이 되어야 할 것이다.

우리가 보았듯 장엄한 신비의 모형에는 하나님의 영원한 작정과 모두가 회개하기를 바라는 하나님의 열망에 대한 "둘 다/그리고"의 실재와 진리가 포함된다. 둘 중 하나만 인정하는 것은 성경적으로 둘 다에게 불의를 행하는 것과 다를 바 없다. 세상의 기초가 놓이기 전에 이미 자기 백성을 택하셨던 그분은 그럼에도 불구하고 악인들의 죽음에 기뻐하지 않으신다. 그분은 모든 사람을 회개로 부르시며 이는 선의의 부르심이다. 적절하게(즉, 성경적으로) 이해하자면, 이 모든 진리는 각 진리의 조명 안에 서로를 확증한다.

이는 "장차 일어날 모든 일"과 우리의 책임 있는 선택 둘 다 아우르는 하나님의 섭리에서도 마찬가지다. 여기서 우리는 하나님의 일하심과 우리의 일이 협력하는 것을 볼 수 있다. 하나님은 각각의 모든 선택을 작정하셨다. 그리고 자신의 섭리 안에서 하나님은 그 모든 선택을 주관하고 이끄신다. 그러나 선택 자체는 그분이 아닌 우리의 선택이며, 선택에 대한 책임 또한 우리에게 있다. 하나님의 섭리를 인정하고 우리의 책임을 부인하는 것은 그러한 섭리를 제대로 이해하는 것이 아니다. 마찬가지로, 우리의 선택을 우리의 책임으로 인정하고 하나님이 "장차 일어날 모든 일"을 통제하시는 것을 부정한다면, 이 또한 우리 선택을 오해하는 것이다. 만약 두 주제를 온전히(성경적으로) 이해하고자 한다면, 둘 모두 인정해야 한다.

기도의 실재에 관한 진리에 대해서도 동일한 원리가 적용된다. 우리가 기도하는 것은 단지 하나님이 이를 명령하셨기 때문만이 아니다. 물론 그것도 분명히 맞는 말이다. 그러나 우리가 기도하는 것은 하나님의 작정과 섭리 안에서 우리의 기도가 참으로 다른 결과를 가져올 수 있기 때문이다. 그러한 기도들은 하늘의 보좌 앞에 향기로 올라간다. 성도들의 기도는 하나님의 포괄적인 계획과 어우러져 역사를 움직여 그리스도 안에서 이뤄질 절정을 향하게 한다.

이 모든 "둘 다/그리고"의 언약 관계에 대한 가장 중요한 요지를 반복해야겠다. 각각의 경우에서 존재론적인 것이 역사적인 것보다 우선권을 갖는다는 점이다. 다른 말로 하면, 다양한 신비가 갖는 이중적 측면을 함께 고려해야 한다고 해서 두 요소가 서로 동등하다거나 모든 면에서 대등하다는 의미는 아니다. 모든 경우에 있어 신적인 측면은 역사적인 측면보다 앞선다. 따라서 하나님의 작정은 단순히 하나님이 제공하시는 선의의 복음을 고려해서 생각해야 하는 것이 아니다. 하나님의 영원한 작정은 선의의 제공의 근거이자 토대가 되며, 이를 반대로 생각해서는 안 된다. 이와 유사하게도 우리의 책임 있는 선택을 감안해 하나님의 섭리를 생각할 때도, 사실 하나님의 섭리가 우리의 모든 책임 있는 선택을 감독하고 이끈다. 짝을 이루는 다른 요소를 고려해 각각의 진리를 살핀다고 해서 두 요소가 동일한 수준에서 작용하는 것은 아니다.

장엄한 신비의 모형은 우리 예배의 동력이 되어야 한다. 물론 이 중 그 어떤 것도, 이러한 신비가 정확히 어떻게 작용하는지, 심지어 실제로 어떻게 존재하는지 완전히 설명하지 못한다! 그러나 그것이 그러하다는 것 자체가 우리 그리스도인의 모든 삶과 경험을 요약하는 골자다. 이러한 신비들을 긍정한다는 것은 삼위일체 하나님이 자신의 피조물과 우리 삶 각각의 모든 요소 가운데 친밀하고도 광범위하게 관여하신다는 사실을 인정하는 것이다. 그리고 하나님의 전적인 관여하심은 우리에게 하나님을 향한 헌신을 요구한다. 여기서 헌신은 이러한 신비들을 해결하기 위해 전력을 다한다는 의미가 아니다. 오히려 우리는 그 신비 안에서 즐거워해야 한다. 각각의 모든 신비는 그 자체로 그리스도인의 삶과 사유의 생명소이며, 그 안에서 우리는 마지막 날까지 하나님을 찬양하고 예배하게 될 것이다. 우리가 믿음으로 확증했던 신비들은 마지막 날 하나님의 영광 안에서 영원토록 하나님을 예배하는 가운데 우리가 눈으로 확증하는 영원한 신비가 될 것이다.

거룩하신 성부, 거룩하신 성자
거룩하신 성령, 우리가 당신을 셋으로 칭하옵니다;

본질은 오직 하나이신 하나님,

나뉘지 아니하시는 하나님 당신을 고백합니다;

흠모하며 당신께 무릎을 꿇으니,

우리가 그 신비를 소유합니다.

이그나츠 프란츠, "거룩하신 하나님, 우리가 당신의 이름을 찬양합니다."Holy God, We Praise Thy Name

부록: 웨스트민스터 신앙고백(1-9장)

웨스트민스터 신앙고백은 1643-1648년 영국 의회의 지시로 소집된 여러 목사들과 신학자들에 의해 작성되었다. 이는 개신 교회에 신학, 예배, 그리고 그리스도인의 품행과 관련해 조언하기 위함이었다. 이 신앙고백의 전문은 본래 33장으로 구성되어 있으며, 여기서는 9장까지만 소개한다. 본문은 미국정통장로교회 홈페이지에서 발췌했다www.opc.org/wcf.html. 더 많은 연구를 원한다면 다음 문헌을 참고하라. B.B. Warfield, *The Westminster Assembly and Its Work* (New York: Oxford University Press, 1931).

1장: 성경에 대하여

1. 본성의 빛과 창조와 섭리의 사역 가운데 하나님의 선하심과 지혜와 능력이 분명하게 나타나 있어서 아무도 하나님을 모른다고 핑계할 수가 없다. 하지만 그것들은 구원에 필요한 하나님과 그분의 뜻을

알게 하는 데 부족하다. 그러므로 주께서 여러 시대에 여러 방법으로 자기 교회에 자신을 계시하시고 자신의 뜻을 선포하기를 기뻐하셨으며, 후에는 그 진리를 더 잘 보존하고 전파하기 위해, 그리고 육신의 부패와 사탄과 세상의 악에 대항하여 교회를 더 굳게 세우고 위로하기 위해 그 계시하신 내용을 전부 기록되게 하셨다. 이것이 성경이 지극히 필요하게 된 원인이다. 그러나 하나님이 자기 백성에게 자신의 뜻을 계시하시던 이전의 방법들은 이제 중단되었다.

2. 성경 곧 기록된 하나님의 말씀이라는 이름 아래 현재 구약과 신약에 포함된 모든 책들은 다음과 같다.

구약: 창세기, 출애굽기, 레위기, 민수기, 신명기, 여호수아, 사사기, 룻기, 사무엘상, 사무엘하, 열왕기상, 열왕기하, 역대상, 역대하, 에스라, 느헤미야, 에스더, 욥기, 시편, 잠언, 전도서, 아가, 이사야, 예레미야, 예레미야 애가, 에스겔, 다니엘, 호세아, 요엘, 아모스, 오바댜, 요나, 미가, 나훔, 하박국, 스바냐, 학개, 스가랴, 말라기.

신약: 마태복음, 마가복음, 누가복음, 요한복음, 사도행전, 로마서, 고린도전서, 고린도후서, 갈라디아서, 에베소서, 빌립보서, 골로새서, 데살로니가전서, 데살로니가후서, 디모데전서, 디모데후서, 디도서, 빌레몬서, 히브리서, 야고보서, 베드로전서, 베드로후서, 요한일서, 요한이서, 요한삼서, 유다서, 요한계시록.

이 모든 책은 신앙과 생활의 규범을 위해 하나님의 영감으로 주어졌다.

3. 일반적으로 외경이라고 부르는 책들은 하나님의 영감에서 나온 것이 아니므로 정경의 일부가 아니다. 따라서 하나님의 교회 안에서 아무 권위도 갖지 못하며 인간의 다른 저작과 다르게 인정되거나 사용되어서는 안 된다.

4. 우리가 믿고 순종해야 하는 성경의 권위는 어떤 사람이나 교회의 증언이 아니라, 진리 자체이시며 저자이신 하나님께 있다. 그러므로 우리가 성경을 받아들여야 하는 이유는 그것이 하나님의 말씀이기 때문이다.

5. 우리는 교회의 증언에 감동되고 권유받아 성경을 아주 존귀한 것으로 여길 수 있다. 또한 내용의 거룩함, 교리의 효력, 문체의 장엄함, 모든 부분의 상호일치, (모든 영광을 하나님께 돌리는) 전체의 목적, 사람의 구원의 유일한 길을 충만히 발견케 함, 기타 비교할 수 없이 많은 탁월한 점들, 그리고 전체적 완전성 등은 성경이 하나님의 말씀임을 풍부하게 증명하는 증거들이다. 그럼에도 불구하고 성경이 무오한 진리요, 하나님의 권위를 가지고 있음을 우리가 충분히 납득하고 확신하게 되는 것은 우리 마음속에 말씀에 의해 그리고 말씀과 함께 증거하시는 성령의 내적 사역으로부터 나온다.

6. 하나님 자신의 영광과 인류의 구원, 신앙, 생활에 필요한 모든 것에 관한 하나님의 모든 경륜은 성경에 명백히 기록되어 있거나, 건전하고 필연적인 결론으로 성경으로부터 추론할 수 있다. 어느 때를 막

론하고 성령의 새로운 계시에 의해서든 사람들의 전통에 의해서든 아무것도 성경에 추가될 수 없다. 그러나 우리는 말씀에 계시된 것들을 구원에 유효하도록 이해하는 데 성령의 내적 조명이 필요하다는 것을 인정한다. 그리고 하나님께 드리는 예배와 교회의 운영 문제에 있어서는 인간적인 활동이나 사회에서도 찾을 수 있는 어떤 격식들이 있음을 인정한다. 이러한 격식들은 반드시 준수되어야 하는 말씀의 보편적인 규범을 따라 본성의 빛과 그리스도인의 분별력에 의해 정해져야 한다.

7. 성경에 기록된 모든 것이 그 자체로 똑같이 평이한 것이 아니고 모두에게 동일하게 분명한 것도 아니지만 구원을 위해 꼭 알아야 하며, 믿고 준수해야 할 것들은 성경의 이곳저곳에 매우 명백하게 제시되고 개진되어 있다. 따라서 학식 있는 자들만 아니라 무식자라 할지라도 통상적인 방법을 적절하게 사용하면 충분한 이해에 도달할 수 있다.

8. (고대 하나님의 백성이 사용한 언어인) 히브리어로 된 구약과 (기록될 당시 여러 나라에 가장 일반적으로 알려져 있던) 헬라어로 된 신약은 직접 하나님의 영감을 받았으며 그분의 독특한 배려와 섭리로 모든 시대에 순수하게 보존되었으므로 믿을 만하다. 따라서 모든 종교적 논쟁에 있어 교회는 최종적으로 성경에 호소해야 한다. 그러나 성경을 읽을 권리와 관심을 가지고 있으며, 하나님을 경외함으로 그것을 읽고 연구하라는 명령을 받은 하나님의 모든 백성이 이러한 원어들을 아는 것은 아니기에, 성경은 각 나라의 대중 언어로 번역되어야 한다. 그리하여

하나님의 말씀이 모두 안에 풍성히 거함으로 사람들이 하나님이 받으실 만한 방식으로 예배하고 성경이 주는 인내와 위로로 소망을 갖게 해야 한다.

9. 성경을 해석하는 무오한 법칙은 성경 자체이다. 그러므로 어떤 성경구절의 참되고 온전한 의미에 관한 질문이 있을 때(그 의미는 여럿이 아니고 단 하나이다.) 그것은 더 분명히 말하고 있는 성경의 다른 본문에 의해 연구되고 이해되어야 한다.

10. 모든 종교적 논쟁을 판결하시고, 모든 공회의의 선언, 초대교회 교부들의 의견, 사람이 만든 교리, 그리고 개인적인 생각을 감찰하시고, 우리가 신뢰할 만한 판결을 내시는 최고의 재판장은 오직 성경 안에서 말씀하시는 성령밖에 없다.

2장: 하나님과 성삼위일체에 대하여

1. 유일하시고 살아 계시는 참되신 하나님은 존재와 완전함에서 무한하시며, 지극히 순결한 영이시며, 눈에 보이지 않으시고, 몸이 없으시고, 지체가 없으시며, 정욕도 없으시고, 불변하시고, 광대하시고, 영원하시며, 불가해하시고, 전능하시고, 가장 지혜로우시며, 가장 거룩하시고, 가장 자유로우시고, 가장 절대적이시다. 모든 일을 자신의 영광을 위해 자신의 불변하시며 지극히 의로우신 뜻의 계획을 따라 행하시며 지극히 사랑하시며 은혜로우시며 긍휼하시며 오래 참으시며 선하심과 진리가 풍성하시며 악과 범죄와 죄악을 용서하시며, 부지런히 자신을 찾는 자들에게 상 주시는 이시며, 더욱이 심판에 있어서 지극

히 공의로우시고 두려우시며, 모든 죄를 미워하시며, 죄 있는 자를 결코 죄 없다 하지 않으신다.

2. 하나님은 모든 생명, 영광, 선, 복을 자기 안에 또는 자기로부터 가지고 계신다. 홀로 자기 안에서 또는 자기에게 전적으로 만족하신다. 그분은 자신이 지으신 피조물의 도움이 필요하지 않으시며 어떤 영광도 그들로부터 얻으려 하지 않으신다. 오직 그들 안에서, 그들로 인해서, 그들에게, 그들 위에 자기의 영광을 나타내실 뿐이다. 그분은 홀로 만물의 근원이 되셔서 만물이 그에게서 나오고 그분으로 말미암고 그분에게 돌아간다. 그리고 그분은 만물을 다스리는 최고의 주권을 가지시고 만물에 의해서, 만물을 위하여, 만물 위에 자신이 기뻐하시는 바를 무엇이든지 행하신다. 만물은 그분 앞에 숨김없이 드러난다. 그분의 지식은 무한하고 무오하며 피조물에 의존하지 않기에, 그분에게는 무엇이든지 우연하거나 불확실하지 않다. 그분은 모든 계획, 모든 행사, 모든 명령에 있어 지극히 거룩하시다. 따라서 천사들과 사람들과 기타 모든 피조물은 예배, 봉사, 순종을 그분에게 드리는 것이 마땅하며, 그분은 그런 것들을 받기를 기뻐하신다.

3. 하나님은 삼위의 신격 안에서 하나이시며 동일한 본질, 능력, 영원성을 가지시는 성부 하나님, 성자 하나님, 성령 하나님이시다. 성부는 아무 것에도 속하지 않으시고 누구로부터 나오거나 발출하지 않으시며, 성자는 성부로부터 영원히 나시며, 성령은 성부와 성자로부터 영원히 발출하신다.

3장: 하나님의 영원한 작정에 대하여

1. 하나님은 영원 전부터 자신의 뜻으로 세우신 지극히 지혜롭고 거룩한 계획에 따라, 장차 일어날 모든 일을 원하시는 대로, 불변하도록 정하셨다. 그러나 그렇다고 해서 하나님이 죄의 창시자가 되시거나 피조물의 의지에 강제력을 행사하시거나 하지 않는다. 또한 제2원인들의 자유나 우연성은 제거되지 않고 오히려 보장된다.

2. 하나님은 모든 가능한 조건에서 장차 어떤 일이 일어날 수 있는지 아신다. 그러나 그분이 어떤 것을 작정하실 때, 그것이 장차 있을 것으로 예지했기 때문에, 또는 어떤 조건에 근거해 반드시 일어날 것으로 예지했기 때문에 작정하신 것이 아니다.

3. 하나님의 작정에 의해, 그분의 영광을 나타내기 위해, 어떤 사람들과 천사들은 영원한 생명에 이르도록 예정되었고, 나머지는 영원한 죽음에 이르도록 예정되었다.

4. 이렇게 예정된 천사들과 사람들은 개별적으로 변치 않게 계획되었으며, 그들의 수는 매우 확실하고 확정적이기 때문에 더하거나 뺄 수 없다.

5. 하나님은 세상의 기초가 놓이기 전에, 하나님의 영원하고 변하지 않는 목적에 따라, 그리고 하나님의 뜻 안에 있는 비밀스러운 계획과 선하시고 기쁘신 뜻에 따라, 생명에 이르도록 예정한 사람들을 영광에 이르게 하셨다. 그것은 그리스도 안에서 순전히 값없이 주시는 은혜와 사랑으로 하신 것으로, 피조물에 속한 믿음이나 선한 행실이나 노력이나 다른 어떤 것을 예견하시고 그들을 선택하는 조건이나

원인으로 삼지 않으셨다. 그 모든 것은 하나님의 영광스러운 은혜를 찬양하게 하기 위한 것이었다.

6. 하나님이 택하신 자들을 영광에 이르도록 작정하신 것과 마찬가지로 자기 뜻의 영원하고 지극히 자유로운 계획에 의해 그것을 위한 모든 방편도 예정하셨다. 그러므로 아담 안에서 타락하였으나 택하심을 입은 그들은 그리스도에 의해 구속되고, 때를 따라 일하시는 성령으로 말미암아 효과적인 부르심을 받으며 그리스도를 믿고 의롭다 하심을 얻고 양자가 되고 거룩해지고 그분의 능력으로 믿음을 통해 구원에 이르도록 보호하심을 입는다. 오직 택하심을 입은 자들 외에는 아무도 그리스도에 의해 구속되거나 효과적인 부르심을 받거나 의롭다 하심을 얻거나 양자가 되거나 거룩해지거나 구원받지 못한다.

7. 기뻐하시는 대로 긍휼을 베풀기도, 거두기도 하시는 바 하나님은 자기 뜻의 측량할 수 없는 계획에 따라 자기 피조물을 다스리는 주권적 권능의 영광을 위해 나머지 인류를 기꺼이 내버려 두셨다. 그분은 그들이 죄로 인해 수욕과 진노를 받도록 작정하셔서 자신의 영광스런 공의를 찬송하게 하셨다.

8. 예정이라는 이 지극히 신비한 교리는 특별히 신중하고 조심스럽게 다루어야 하는데, 하나님의 말씀에 계시된 그분의 뜻에 주의하며 그것에 순종하는 사람들은 그들의 효과적인 부르심의 확실함으로부터 그들의 영원한 선택을 확신할 수 있다. 그러면 이 교리는 복음에 진심으로 순종하는 모두에게 하나님께 대한 찬송, 경외, 감탄을 불러일으키고, 겸손, 근면, 풍성한 위로를 심어 줄 것이다.

4장: 창조에 대하여

1. 성부, 성자, 성령 하나님은 자기의 영원한 능력, 지혜, 선하심의 영광을 나타내기 위하여 태초에 엿새 동안 세상과 보이든, 보이지 않든 그 안에 있는 모든 것을 무로부터 창조하기를 기뻐하셨는데, 모두 심히 좋았다.

   2. 하나님은 다른 모든 피조물을 만드신 후에 사람을 남자와 여자로 창조하셨는데, 이성적이고 불멸하는 영혼을 갖게 하셨으며, 자신의 형상을 따라 지식, 의, 참된 거룩을 부여하셨다. 그들의 마음에 하나님의 법이 기록되게 하시고 그것을 수행할 능력을 소유하게 하셨다. 그러나 그들의 의지에는 자유가 있어 변할 수 있었기에 그들은 범죄할 가능성 아래 있었다. 그들의 마음에 기록된 이 법 외에, 그들은 선악을 알게 하는 나무의 열매를 먹지 말라는 명령을 받았다. 그들은 그 명령을 지키는 동안 하나님과 교제하며 행복을 누렸고 피조물을 다스릴 수 있었다.

5장: 섭리에 대하여

1. 만물의 위대한 창조주 하나님은 모든 피조물, 활동, 사물을 가장 큰 것에서부터 가장 작은 것에 이르기까지 보존하시고, 지휘하시고, 배치하시고, 통치하시는데, 틀림없는 예지, 그리고 자유롭고 변치 않는 자기 뜻의 경륜을 따라 자신의 지극히 높은 지혜와 거룩한 섭리로 하시며, 이로써 자신의 지혜, 능력, 공의, 선하심, 긍휼하심의 영광이 찬양받게 하신다.

2. 제1원인이신 하나님의 예지와 작정과 관련해 모든 일은 변함없이, 틀림없이 일어난다. 그러나 동일한 섭리에 의해 제2원인의 본성에 따라 필연적으로나 자유롭게 또는 우연하게 일어나도록 명령하신다.

3. 하나님은 자신의 일반적 섭리 가운데 여러 수단들을 사용하신다. 그러나 자신의 기쁘신 뜻대로 그것 없이, 때로는 그것을 초월하여, 때로는 그것을 거슬러서라도 자유롭게 일하신다.

4. 하나님의 전능하신 능력, 측량할 수 없는 지혜, 무한하신 선하심은 그분의 섭리 가운데 분명하게 나타나는데, 최초의 타락, 그리고 천사들과 사람들의 다른 모든 죄에까지 그 섭리가 적용된다. 그러나 하나님은 단순한 허용에 의해서가 아니라, 허용하시되 지극히 지혜롭고 강력하게 제한하심으로, 또한 다양한 경륜 가운데 그것들을 정하시고 통치하심으로 자신의 거룩한 목적을 이루신다. 그러나 그 죄악성은 오직 피조물로부터 나오며, 하나님께로부터 나오지 않는다. 그분은 지극히 거룩하고 의로우셔서 죄의 조성자이거나 동의자가 되지 않으시고, 또한 그러실 수도 없다.

5. 지극히 지혜로우시고 의로우시고 은혜로우신 하나님은 때때로 자기 자녀들을 잠시 동안 여러 가지 시험과 그들 마음의 부패에 내버려 두신다. 그것은 그들이 이전에 범한 죄로 인해 그들을 징계하시는 것이거나, 그들 마음의 부패와 거짓됨의 강력함을 드러내셔서 그들로 하여금 겸손케 하시기 위함이다. 또한 하나님으로부터 도움을 얻고자 하나님께 더 가까이 나아가 꾸준히 의지하게 하기 위함이다. 또한 장차 죄를 지을 모든 계기를 대비해 그들이 더 깨어 있게 하기 위해, 그

리고 다른 여러 가지 의롭고 거룩한 목적들을 위해 그렇게 하신다.

6. 의로우신 재판관이신 하나님은 악하고 불경건한 사람들이 죄를 범하였을 때 그들의 눈을 어둡게 하시고 마음을 강퍅하게 하신다. 그런 자들에게는 그들의 지성에 조명해 마음에 작용하는 그분의 은혜를 억제하실 뿐만 아니라, 때로는 그들이 가지고 있었던 은사를 거두어 가기도 하시며, 자기의 부패를 죄의 기회로 삼는 대상에게 그들을 노출하기도 하시고, 그들을 자신의 정욕, 세상의 시험, 사탄의 권세에 내어 주신다. 그래서 심지어 하나님이 다른 사람들을 부드럽게 하려고 사용하시는 수단들을 통해서도 그들 스스로 강퍅해지는 일이 생긴다.

7. 하나님의 섭리는 모든 피조물에게 일반적으로 섭리하는데, 또한 아주 특별한 방식으로 그의 교회를 돌보며, 교회의 유익을 위해 모든 일이 처리되게 한다.

6장: 인간의 타락, 죄, 형벌에 대하여

1. 우리의 첫 부모는 사탄의 간계와 시험에 유혹되어 금지된 열매를 먹는 죄를 범하였다. 하나님은 자신의 지혜롭고 거룩한 계획에 따라 이 죄를 기꺼이 허용하셨는데, 자신의 영광을 나타내고자 정한 목적이 있으셨기 때문이다.

2. 그들은 이 죄로 말미암아 그들 본래의 의를 상실하고, 하나님과의 교제로부터 멀어졌으며, 죄 안에서 죽게 되었고, 영혼과 육체의 모든 부분과 기능이 전적으로 오염되었다.

3. 그들이 모든 인류의 기원이었기 때문에, 일반적인 출산에 의해 그들로부터 태어나는 모든 후손에게 그 죄에 대한 책임이 전가되었고, 죄로 인한 동일한 죽음과 부패성도 전달되었다.

4. 우리는 이 최초의 타락 때문에 선을 행하고자 하는 마음을 가질 수 없게 되었으며, 선을 행할 수 있는 능력도 없고, 선에 대해 반대를 일삼으며, 전적으로 모든 악을 행하고자 하는 성향을 갖게 되었다. 모든 자범죄는 바로 이 타락에서 비롯된다.

5. 이러한 본성의 타락은 이 세상에 사는 동안 중생한 자들 안에 남아 있다. 비록 그것이 그리스도로 말미암아 용서되고 억제된다 할지라도, 부패한 본성 자체와 그로 인한 모든 행위는 사실상 당연히 죄이다.

6. 모든 죄, 즉 원죄와 자범죄는 하나님의 의로우신 법에 대한 위반이자 거역이기 때문에, 본질상 죄인에게 죄책을 가져온다. 그것으로 말미암아 죄인은 하나님의 진노와 율법의 저주를 받을 수밖에 없고, 영적, 현세적, 영원한 고통을 동반하는 사망에 굴복하게 된다.

7장: 인간과 맺은 하나님의 언약에 대하여

1. 하나님과 피조물 사이의 거리는 너무나 멀다. 따라서 이성적인 피조물들에겐 창조주이신 하나님께 순종해야 할 의무가 있지만, 그들은 하나님께로부터 무슨 축복과 상급을 결실로 얻을 수 없었으며, 하나님 편에서 이뤄지는 자발적인 낮아지심으로만 가능했다. 그런데 하나님은 이를 언약의 방식으로 나타내기를 기뻐하셨다.

2. 사람과 맺으신 첫 언약은 행위 언약이었는데, 거기에서 완전하고 인격적인 순종을 조건으로 아담과 그 안에서 그의 후손에게 생명이 약속되었다.

3. 인간이 타락으로 그 언약에 의해 생명을 얻을 수 없게 되었으므로, 주께서는 보통 은혜 언약이라고 불리는 두 번째 언약을 기꺼이 맺으셨다. 그 언약에 의해 그분은 죄인들에게 예수 그리스도로 말미암는 생명과 구원을 값없이 주시고, 그들에게 구원을 얻도록 자신을 믿으라고 요구하시며, 생명에 이르도록 작정된 모든 사람에게 기꺼이 믿게 하시고 또 믿을 수 있도록 자신의 성령을 주기로 약속하셨다.

4. 이 은혜 언약은 성경에서 빈번히 유언이라는 이름으로 언급되는데, 그것은 유언자이신 예수 그리스도의 죽음과 관련해 그로 말미암아 증여되는 영원한 기업과 그에 속한 모든 것과 관계된다.

5. 이 언약은 율법 시대와 복음 시대에 다르게 시행되었다. 율법 아래서는 유대 백성에게 주어진 약속, 예언, 제사, 할례, 유월절 어린양, 그리고 다른 예표들과 규례들에 의해 시행되었으니 이 모든 것은 장차 오실 그리스도를 예표한 것들이었다. 당시에는 성령의 역사로 말미암아 약속된 메시아 신앙으로 택하신 자들을 가르치고 양육하기에 충분하고 효과적이었다. 이 메시아에 의해 그들은 온전한 죄사함과 영원한 구원을 얻었다. 이것을 가리켜 구약이라 한다.

6. 본체이신 그리스도께서 나타나신 복음 아래서 이 언약이 베풀어지는 방식은 말씀의 전파, 성례(세례, 주의 만찬)의 시행이다. 비록 수가 적고 더 단순하게 시행되며 외면적 영광이 덜하기는 하지만 그것

들 안에서 이 언약은 유대인과 이방인 모두에게 더욱 더 충분히, 명확히, 또는 영적으로 효력 있게 제시되니 이것을 신약이라 한다. 그러므로 실체가 다른 두 개의 은혜 언약이 있는 것이 아니라, 단 하나의 동일한 은혜 언약이 다양한 경륜들 아래 있는 것뿐이다.

8장: 중보자 그리스도에 대하여

1. 하나님은 자신의 영원한 목적 안에서 독생자 주 예수를 하나님과 인간 사이의 중보자, 선지자, 제사장, 왕, 교회의 머리와 구주, 만유의 후사, 세계의 심판주로 기꺼이 택하시고 임명하셨다. 하나님은 영원 전부터 그분에게 한 백성을 그의 씨로 주셔서, 때가 되면 그분으로 말미암아 구속함을 받고 의롭다 하심을 얻고 성화되고 영화되게 하셨다.

2. 삼위일체의 제2위격이신 하나님의 아들은 참되고 영원한 하나님이셔서 성부와 동일한 본질과 동등함을 가지신다. 때가 차매 그분은 인간의 본성을 취하시되, 그 모든 본질적 속성과 일반적인 연약함을 함께 취하셨으나 죄는 없으시다. 그분은 성령의 권능으로 동정녀 마리아의 몸에 실질적으로 잉태되셨다. 그렇게 전인적이고 완전하며 구별된 두 본성, 즉 신성과 인성이 전환되거나 합성되거나 혼동됨이 없이 한 인격 안에 분리될 수 없게 결합되었다. 그분은 참 하나님이고 참 인간이지만, 한 분 그리스도이시고, 하나님과 인간 사이에 유일한 중보자이시다.

3. 주 예수께서는 이와 같이 신성에 연합된 자기의 인성 가운데 한

량없이 성령으로 거룩해지셨고 기름부음을 받으셨으며 자기 안에 지혜와 지식의 모든 보화를 갖고 계셨다. 성부는 기꺼이 그분 안에 모든 충만함이 거하게 하셨고, 끝까지 거룩하고, 무흠하고, 순결하고, 은혜와 진리로 충만하여 그분이 중보자와 보증인의 직분을 수행하도록 철저히 준비되게 하셨다. 그분은 그 직분을 스스로 취한 것이 아니고, 성부에 의해 부르심을 입으신 것인데, 성부는 모든 권세와 심판을 그분의 손에 맡기시고 그 일을 수행하라는 명령을 주셨다.

4. 주 예수께서는 그 직분을 아주 기꺼이 맡으셨다. 그분은 이 직분을 수행하기 위하여 율법 아래 나셨고, 율법을 완전히 성취하셨다. 자기 영혼에 직면한 극심한 괴로움을 참으셨고, 자신의 육체에 지극히 고통스러운 고난을 견디셨다. 십자가에 못 박히셨고, 죽으셨고, 장사되셨고, 사망의 권세 아래 머물러 계셨으나 썩음을 당하지 않으셨다. 사흘 만에 고난을 받으신 동일한 몸으로 죽은 자 가운데서 살아나셨고, 또한 그대로 하늘에 올라가셨고, 아버지의 우편에 앉으셔서, 간구하시고, 세상 끝날 인간과 천사들을 심판하러 오실 것이다.

5. 주 예수께서는 자신의 완전한 순종과 영원하신 성령을 통하여 단번에 하나님께 드리신 자신의 희생 제사로 말미암아 성부의 공의를 완전히 충족시키셨다. 이로써 성부께서 그에게 주신 모든 자를 하나님과 화목하게 하실 뿐만 아니라 천국의 영원한 기업도 누릴 수 있게 하셨다.

6. 구속 사역은 그리스도의 성육신 후에야 그분에 의해 실제로 시행되었다. 하지만 그로 인한 효력, 효능, 은택들은 창세로부터 모든 시

대에 계속해서 택하심을 입은 자들에게 전달되었는데, 이는 그분이 뱀의 머리를 상하게 할 여자의 후손이시며 창세로부터 죽임을 당하신 어린양이라는 것이 계시되고 예표된 약속들, 양식들, 제사들을 통하여 이뤄졌다. 그분은 어제나 오늘이나 영원토록 동일하신 이시다.

7. 그리스도께서는 중보 사역에 있어 두 가지 본성에 따라 행동하시되, 각 본성에 적절한 대로 하신다. 그러나 인격의 통일성 때문에 성경에서는 때로 본래 한 본성에 적절한 행동을 다른 본성에 의해 명명된 인격에 돌리기도 한다.

8. 그리스도께서는 자신이 구속하신 모든 자에게 자신의 구속을 확실하게 효과적으로 적용하며 전달하신다. 그분은 그들을 위하여 중보하시고, 구원의 신비를 말씀에서 그리고 말씀에 의해 그들에게 계시하시고, 성령으로 그들을 효과적으로 설복하셔서 믿고 순종하게 하시고, 자신의 말씀과 성령으로 그들의 마음을 다스리신다. 그리고 전능하신 능력과 지혜로 놀랍고 측량할 수 없는 섭리에 가장 부합하는 방식들로 모든 원수를 물리치신다.

9장: 자유 의지에 대하여

1. 하나님은 인간이 날 때부터 인간의 의지에 자연적인 자유를 부여하셨는데, 그것은 강요된 것이 아니며, 선이나 악으로 결정된 본성의 어떤 절대적인 필요에 의한 것도 아니다.

2. 무죄 상태에 있던 인간은 선하고 하나님을 기쁘시게 할 만한 일을 할 자유와 능력을 갖고 있었다. 그러나 그는 변할 수 있어서 그로

부터 타락할 수도 있었다.

3. 죄의 상태로 타락하여 구원에 수반하는 영적 선을 향할 의지적 능력을 전적으로 상실했기 때문에, 자연인은 그 선을 전적으로 싫어하며 죄로 죽어 있어서 자신의 힘으로 회개하거나 회개를 위해 준비할 수 없다.

4. 죄인을 회심시키시고 은혜의 상태로 옮기실 때 하나님은 그를 자연적인 죄의 속박으로부터 해방시켜 주신다. 그리고 오직 하나님의 은혜로 영적으로 선한 일을 자유롭게 원하고 행할 수 있게 하신다. 그러나 그에게 남아 있는 부패한 본성으로 인하여 그는 항상 선한 일만 하려고 하지는 않으며, 오히려 악한 일을 원하기도 한다.

5. 인간의 의지는 오직 영광의 상태에서만 완전하고 변함없이 자유롭게 되어 선만을 행하게 된다.

참고문헌

Augustine. *On the Trinity*. Translated by Arthur West Haddon. New York: Christian Literature Publishing Co., 1887. 『아우구스티누스-삼위일체론』 분도출판사.
―――. *The Confessions of St. Augustine*. Translated by Edward Bouverie Pusey. Oak Harbor, WA: Logos Research Systems, 1996. 『고백록』 CH북스.
Barry, W. "Arianism." In *The Catholic Encyclopedia*. New York: Robert Appleton Company, 1907. http://www.newadvent.org/cathen/01707c.htm.
Bavinck, Herman. *Reformed Dogmatics*. Edited by John Bolt. Translated by John Vriend. 4 vols. Grand Rapids: Baker Academic, 2003–08. 『개혁교의학』 부흥과개혁사.
Baxter, Richard. *The Practical Works of the Rev. Richard Baxter*. Edited by William Orme. Vol. 16. London: James Duncan, 1830.
Beck, Andreas J. "Gisbertus Voetius (1589–1676): Basic Features of His Doctrine of God." In *Reformation and Scholasticism*, edited by Willem van Asselt and Eef Dekker, 205–26. Grand Rapids: Baker Academic, 2001.
Calvin, John. *Acts*. Crossway Classic Commentaries. Wheaton, IL: Crossway, 1995. 『칼빈주석 19(사도행전)』 CH북스.
―――. *Commentaries on the Epistles of Paul the Apostle to the Philippians, Colossians, and Thessalonians*. Translated by John Pringle. Edinburgh: Calvin Translation Society, 1851.
―――. *Commentaries on the Four Last Books of Moses Arranged in the Form of a Harmony*. Translated and edited by Charles William Bingham. Vol. 1. Edinburgh: Calvin Translation Society, 1852.
―――. *Commentary on the Epistle of Paul the Apostle to the Hebrews*.

Translated by John Owen. Edinburgh: Calvin Translation Society, 1853.

─── . *Commentary on the Epistle of Paul the Apostle to the Romans*. Edited and translated by John Owen. Edinburgh: Calvin Translation Society, 1849. 『칼빈주석 20(로마서)』 CH북스.

─── . *Commentary on the First Book of Moses Called Genesis*. Translated by John King. Vol. 2. Edinburgh: Calvin Translation Society, 1850.

─── . *Commentary on the Gospel according to John*. Translated by William Pringle. Vol. 1. Edinburgh: Calvin Translation Society, 1847. 『칼빈주석 18(요한복음)』 CH북스.

─── . *Institutes of the Christian Religion*. Edited by John T. McNeill. Translated by Ford Lewis Battles. Library of Christian Classics 1. Philadelphia: Westminster, 1960. 『기독교 강요』 복있는사람.

─── . *Institutes of the Christian Religion*. Translated and edited by Henry Beveridge. Edinburgh: Calvin Translation Society, 1845. Repr., Grand Rapids: Eerdmans, 1957. 『기독교 강요』 복있는사람.

Charnock, Stephen. *The Existence and Attributes of God*. 2 vols. Grand Rapids: Baker, 1979. 『하나님의 존재와 속성』 부흥과개혁사.

Dickens, Charles. *A Christmas Carol*. London: Blackie and Son, 1908. 『크리스마스 캐럴』 비룡소.

Eckhart, Meister. *Meister Eckhart*. Translated by C. de B. Evans. London: John M. Watkins, 1924.

Goodwin, Thomas. *The Works of Thomas Goodwin*. Vol. 5. Edinburgh: James Nichol, 1863.

Hefele, Charles Joseph. *A History of the Councils of the Church*. Translated by William R. Clark. Vol. 1. Edinburgh: T&T Clark, 1871.

Hodge, A. A., and J. A. Hodge. *The System of Theology Contained in the Westminster Shorter Catechism: Opened and Explained*. New York: A. C. Armstrong and Son, 1888.

Hodge, Charles. *An Exposition of the First Epistle to the Corinthians*. New York: Robert Carter & Brothers, 1857.

─── . *Systematic Theology*. Vol. 3. New York: Charles Scribner, 1873.

Hoekema, Anthony A. *The Bible and the Future*. Grand Rapids: Eerdmans, 1994. 『개혁주의 종말론』 부흥과개혁사.

Keil, C. F., and F. Delitzsch. *The Pentateuch*. Translated by James Martin. Commentary on the Old Testament in Ten Volumes 1. Grand Rapids: Eerdmans, 1980.

Keller, James M. *Handel's Messiah: Notes on the Program*. New York: New York Philharmonic, 2014. Concert program.

Kvanvig, Jonathan L. *Destiny and Deliberation: Essays in Philosophical Theology*.

Repr. ed. Oxford University Press, 2013.

Lewis, C. S. Introduction to *The Incarnation of the Word, Being the Treatise of St. Athanasius, De Incarnatione Verbi Dei*, by Saint Athanasius, 5-12. New York: Macmillan, 1946. 『말씀의 성육신에 관하여』 죠이북스.

―――. *The Lion, the Witch and the Wardrobe*. New York: Scholastic, 1995. 『나니아 나라 이야기 2: 사자와 마녀와 옷장』 시공주니어.

Muller, Richard A. *Post-Reformation Reformed Dogmatics: The Rise and Development of Reformed Orthodoxy*. Vol. 3. *The Divine Essence and Attributes*. Grand Rapids: Baker Academic, 2003. 『하나님의 본질과 속성』 부흥과개혁사.

Murray, John. "The Free Offer of the Gospel." In *Collected Writings of John Murray. Vol. 4, Studies in Theology*. Edinburgh: Banner of Truth, 1977.

―――. *The Epistle to the Romans*. Vol. 1. New International Commentary on the Old and New Testament. Grand Rapids: Eerdmans, 1959. 『로마서 주석』 아바서원.

Oliphint, K. Scott. *Covenantal Apologetics: Principles and Practice in Defense of Our Faith*. Wheaton, IL: Crossway, 2013.

Orthodox Presbyterian Church. "Confession of Faith." http://www.opc.org/wcf.html.

Owen, John. *The Works of John Owen*. Edited by William H. Goold. 16 vols. Edinburgh: T&T Clark, 1862. 『그리스도의 영광』 지평서원.

Schaff, Philip. "On the Trinity: Introductory Essay." In *St Augustine: On the Holy Trinity, Doctrinal Treatises, Moral Treatises*. Vol. 3 of *A Select Library of the Nicene and Post-Nicene Fathers of the Christian Church*, First Series. Edited by Philip Schaff. Buffalo, NY: Christian Literature Company, 1887.

―――, ed. *The Creeds of Christendom, with a History and Critical Notes: The Greek and Latin Creeds, with Translations*. Vol. 2. New York: Harper & Brothers, 1890. 『신조학: 신조의 역사와 신학』 CLC.

Turretin, Francis. *Institutes of Elenctic Theology*. Translated by George Musgrave Giger. Edited by James T. Dennison, Jr. Phillipsburg, NJ: P&R, 1992-1997. 『변증신학 강요』 부흥과개혁사.

Vos, Geerhardus. *Biblical Theology, Old and New Testaments*. Grand Rapids: Eerdmans, 1948. 『성경신학』 CH북스.

―――. *Reformed Dogmatics*. Vol. 1, *Theology Proper*. Translated and edited by Richard B. Gaffin with Kim Batteau, Annemie Godbehere, and Roelof van Ijken. Bellingham, WA: Lexham Press, 2012-2014.

Warfield, B. B. "The Emotional Life of Our Lord." In *The Person and Work of Christ*, 93-148. Phillipsburg, NJ: Presbyterian and Reformed, 1950.

―――. *The Lord of Glory: A Study of the Designations of Our Lord in the New*

Testament with Especial Reference to His Deity. New York: American Tract Society, 1907.

———. *The Westminster Assembly and Its Work*. New York: Oxford University Press, 1931.

———. *The Works of Benjamin B. Warfield: Biblical Doctrines*. Vol. 2. 1921. Repr., Grand Rapids: Baker, 2000.

하나님의 신비를 예배하다

초판 1쇄 인쇄 | 2022년 6월 20일
초판 1쇄 발행 | 2022년 6월 25일

지은이 | K. 스콧 올리핀트
옮긴이 | 김태형
펴낸이 | 신은철
펴낸곳 | 좋은씨앗
출판등록 제4-385호(1999. 12. 21)
주소 | (06753) 서울시 서초구 바우뫼로 156(양재동, 엠제이빌딩) 402호

페이스북 | www.facebook.com/goodseedbook
이메일 | good-seed21@daum.net

ISBN 978-89-5874-373-6 03230

The Majesty of Mystery: Celebrating the Glory of an Incomprehensible God

Copyright © 2016 by K. Scott Oliphint
published by the permission of Lexham Press,
1313 Commercial St., Bellingham, WA 98225, U.S.A.
All rights reserved.

This Korean translation copyright © 2022 by GoodSeed Publishing, Seoul, Korea.

이 한국어판의 저작권은 Lexham Press와 독점 계약한 좋은씨앗에 있습니다. 신저작권법에 의하여 한국 내에서 보호를 받는 저작물이므로 무단전재 및 복제를 금합니다.